철학 콘서트

1

철학 콘서트

1

노자의 인생론에서 마르크스의 자본론까지
위대한 사상가 10인과 함께하는 철학의 대향연

황광우 지음

생각정원

권두글

창조적인 삶을 꿈꾸는 이들을 위한 콘서트

정과리(문학평론가 · 연세대학교 교수)

황지우 시인의 동기간을 생각할 때마다 나는 그의 가계에 드리워진 묘한 운명을 떠올리고 기이한 느낌에 사로잡히곤 한다. 세 형제 중 장형은 스님이고 둘째는 시인이고 막내는 노동운동가다. 서양 사람이라면 한 시대의 의식을 최대치로 끌어올린다고 흔히 간주되곤 하는 철학자 · 예술가 · 행동가가 한 가족 안에 모여 있다는 데에 경탄을 표시할지도 모른다. 하지만 한국인의 눈에는, 이 부러운 사실이 곧바로 '파란만장'과 '가시밭길'과 '이 풍진 세상'의 칙칙한 너울에 휘감기는 광경이 선히 보이고야 말고, 그래서 마음속으로는 이내 '어째야 쓸까' 소리를 연발하기가 십상이다. 실제로 지금은 꽤 잘나가고 있는 황지우 시인 혹은 총장도 그 자신이 자주 발설해온 '포에틱 저스티스(poetic justice)'의 이름으로 오랫동안 고난과 빈한(貧寒)의 길을 자청해 걸어왔으며 아우인 황광우 선생도 학생운동 시절부터 지금까지 일하는 사람들을 위해 힘겨운 싸움을 벌여온 것으로 알고 있다.

나는 황광우 선생을 만난 적이 없지만(아니다, 황 시인의 모친상 때 그 뜰 넓은 시골집에서 수인사를 나눈 적이 있었던 것 같기도 하다) 그는 이 특별한 가족 이미지를 통해서 내 마음속에 깊이 새겨진 사람이기도 하다. 아마도 황지우 시인의 시 혹은 말을 통해서 형성된 이미지이기 때문에 더 극적인 느낌을 갖고 있는 것일 수도 있겠다. 그런데 이 원래의 이미지에 약간은 엉뚱스럽게 또 다른 이미지가 얹히게 된 사건이 있었다. 그것은 수년 전 우연한 기회에 글 솜씨가 뛰어난 어떤 학생을 만난 일 때문에 생긴 사건이다. 그 학생은 문학적인 글쓰기가 아니라 지적인 수필, 즉 에세이에서 또래들을 훨씬 앞서는 놀라운 수준을 보여주었다. 사고력과 추리 그리고 주제 구성뿐 아니라 문장의 정확성, 적절한 비유도 나무랄 데가 없었다. 도저히 대학 신입생의 글이라고는 믿기지가 않아서 눈이 휘둥그레진 상태로 얼마간을 그대로 있었는데, 그 정적은 그 학생에게 글쓰기를 가르친 선생님의 이름이 '황광우'라는 걸 알게 되었을 때 깨져 놀람의 비명으로 돌변했다.

이 책의 원고를 읽으면서 나는 수년 전의 탄성을 실증으로 푸는 작업에 참여하고 있음을 실감한다. 그 학생이 그렇게 뛰어난 에세이 능력을 가지고 있었던 데에는 그럴 만한 이유가 다 있었던 것이다. 그리고 그 이유의 절반은 그 학생에게 소속된 것이겠지만 나머지 절반은 그 선생님의 몫이었던 게 틀림없으니, 그것이 바로 이 책의 특별한 특성이라 할 수 있을 것이다.

첫째, 세상의 모든 사상의 기초를 이루는 핵심의 사상가들을 모았다는 것이다. 그는 풀이의 대상이 된 10명의 현자를 취향에 따라 고르지도, 교육적 추세 혹은 교육의 일반 문법에 따라 취하지도 않았다. 후자였더라면 소크라테스와 플라톤이 아니라 플라톤과 아리스토텔레스가 들어가야 했으리라. 그러나 아마도 저자는 사상의 기초라는 관점에서 보면, 플라톤과 아리스토텔레스는 동일한 인물이라고 판단했음이 틀림없다. 둘 다 원리를 세운 철학자라는 의미에서. 반면, 소크라테스와 플라톤은 직계를 이루고는 있지만 전혀 다른 기초를 제공한 스승들이었다. 소크라테스는 무지를 가르치고 플라톤은 앎의 체계를 세웠다는 점에서 말이다.

둘째, 구어체의 자연스러운 활용이다. 기본적인 문체는 교과서식 문어체다. 그런데 읽다 보면 어느새 구수한 입담을 듣는 기분에 젖게 되는데, 그것은 전혀 눈치 채지 못하는 사이에 슬그머니 구어체로 문체가 바뀌었기 때문이다. 특히 대화의 형식을 갖춘 사상가들의 발언은 요즘 젊은이들의 말투를 그대로 흉내 내고 있어서 마치 친구와 대화를 하는 듯한 분위기에서 자연스럽게 철학자의 생각을 피부로 느낄 수 있도록 해주고 있다. 내가 보기에 이러한 솜씨는 단순히 실감을 주고자 하는 문체적 능력에서 온다기보다 문제가 된 철학의 핵심을 저자가 명료하게 파악하고 있다는 사실에서 나온다. 명쾌한 이해가 없다면 그런 자연스러운 대화체의 말솜씨가 불가능했을 것이기 때문이다. 그게 없었다면 대화는 횡설수설이 되어 딱딱한 관념어로 기술되는 것보다도 못했을 것이다. 여기에 덧붙여, 저 현자들의 아주 오래된 이야기를 오늘날 일상에서 우리가 쉽게

접하면서도 깊은 고민이 필요한 일상철학적 문제들로 재구성하고 있다는 것도 같은 맥락에서 지적될 수 있는 이 책의 장점일 것이다.

마지막으로, 현자들의 사상에 대한 객관적인 방식으로의 판단 유보다. 다시 말해 문제가 된 철학을 실감하게 하면서도 그것에 전폭적으로 몰입하기보다는 그 장점과 단점을 따져 물을 수 있도록 판단의 여백을 제공한다는 것이다. 그럼으로써 읽는 사람에게 최종적인 판단의 몫을, 더 나아가 그 판단을 내리기 위해 스스로 발동해야 할 추론과 아이디어의 몫을 남겨주고 있다는 것이다. 그래서 루소와 노자를 비교하면서 서양인과 동양인의 생각하는 방식의 차이를 비교할 수 있게 해주고, 소크라테스가 무지를 가르치되 앎을 주지 않는 것이 보통 사람들을 얼마나 당황스럽게 만드는지 혹은 얼마나 자유롭게 하는지를 스스로 따져 묻게 한다.

그러고 보니, 황광우 선생의 이미지에 그 형들의 이미지가 겹쳐지고 있는 듯하다. 철학자와 예술가가 행동가의 몸에 압축되어 들었다고 할 수 있으려나? 아마 그것이 '후생'의 장점일 것이다. 물론 이 이야기는 형제에만 해당하는 게 아닐 것이다. 아우의 처지에서 형들의 삶과 생각이 항상 준거점이자 동시에 재가공의 원료라 할 수 있다면, 그것은 선생과 학생 사이에도, 저자와 독자 사이에도 똑같이 적용될 수 있는 일종의 '전승의 원리'일 것이다. 물론 그 전승의 원리를 창조적 방식으로 실행하는 것은 뒷사람들의 권리이자 책임이다. 이 책을 읽는 독자들이 그 작업에 적극 뛰어들기를 빌어마지 않는다.

추천사

— 고전에는 무르익어 곰삭은 지혜가 있다. 그동안 사람들은 고전의 지혜와 더불어 세상을 바꿔왔고, 고전은 그 모습 그대로 또 다른 사람과 세상을 기다린다. 저자 황광우가 불러 모은 동서양 10인의 현자들은《철학 콘서트》란 이름답게 각각의 목소리를 내며 멋진 앙상블을 이루고 있다.
특히 황광우의 지휘 솜씨는 예사롭지 않다. 그는 철학을 전공하지 않았지만 고전들의 핵심을 한 실에 꿰어 알아듣기 쉬운 악보로 바꿔서 무대에 올려놓았다. 학생으로, 노동자로, 저술가로 살아온 녹록지 않은 삶이 그를 담금질했으리라. 현실과의 긴장으로 항상 깨어 있는 그의 정신이 고전을 현실에서 살아 움직이는 철학으로 끌어내는 원동력이 되었다.
고전은 좋은 길잡이가 필요한데, 이 책을 통해 동서의 고전과 현자들을 만나는 사람들은 행복하리라. 무엇보다 즐겁고 재밌게 고전의 바다에 발을 담글 기회를 가진 사람들이 될 것이기 때문이다.

— **김교빈**(《동양철학 에세이》 저자, 호서대학교 교수)

— "인간은 사회적 동물이다." 우리가 왜 인문사회과학을 공부해야 하는지 명쾌히 말해주는 이 명제는, 그러나 오늘날 한국 사회에는 적용되지 않는다. 대부분의 사회 구성원이 소크라테스가 말한 '배부른 돼지'를 지향하는 경제동물로 축소되었다. 무지에는 자신의 무지에 대해서만큼은 알고 있는 무지와 자신의 무지에 대해서조차 모르는 무지의 두 가지가 있다. 오늘날 넘쳐나는 정보의 홍수는 오히려 후자의 무지를 양산한다. 이러한 대책 없는 무지가 가져오는 사회적 역기능은 둘째 치고 수많은 사람이 자기 삶의 주인이 되지 못한 채 부유하고 있다. 황광우 선생이 안내하는《철학 콘서트》를 읽기를 바라는 것은 무엇보다 자기 삶의 주인이 되어 세상을 바라볼 줄 아는 안목을 갖추기를 바라기 때문이다.

— **홍세화**(노동당 고문)

차례

개정판 서문

동·서양 현자들과 함께 철학을 연주하다

10년 전에 쓴 《철학 콘서트》와 오늘의 《철학 콘서트 1》은 다르다. 10년 전엔 《철학 콘서트》만이 외롭게 현자의 지혜를 노래했다면 오늘의 《철학 콘서트 1》은 두 동생들과 함께 현자의 사유를 노래한다. 2009년도에 《철학 콘서트 2》를 출간했고 2012년도엔 《철학 콘서트 3》을 출간했다. 똑똑한 두 동생 덕택에 혼자로는 이룰 수 없었던 '인문의 잔치'를 제법 볼 만하게 열게 되었다.

세 편의 《철학 콘서트》에는 공통점이 하나 있다. 편마다 모두 10명의 현자가 출현하는데, 그중 여섯 명이 서양인이고 네 명이 동양인이다. 출연진을 이렇게 구성한 데에는 나름의 사연이 있다.

학교 종이 땡땡땡 울리면서 우리는 초등학교에 들어갔다. 국어와 산수를 배운 것은 좋았다. 중·고등학교에 진학하여 영어와 수학을 배우면서 우리의 생각은 한쪽으로 물들어가기 시작했다. 대학교에 진학하여 몇 년 공부하다 보니 나의 머리는 완전히 서구적인 것으로 변질되어 있었다. '노란 흰둥이'가 되어 있었다.

그렇다고 서양의 정신을 제대로 이해한 것도 아니었다. 소크라테스가 어떤 사람인지 모르면서 '사상의 자유'를 떠들었고, 호메로스의 서사시가 어떤 글인지 모르면서 '인문학'을 논하였다. 우리의 앎은 위태로운 것이었다.

나는 나의 은사님들을 탓하고 싶지 않다. 식민지와 분단, 전쟁과 독재 밑에서 젊은 시절을 보낸 분들에게 우리가 무엇을 원망할 것인가? 하지만 이 역사의 비극이 강제한 '앎의 부실공사'만큼은 대물림되어서는 안 될 것이었다. 이것이 '철학 콘서트'를 연 나의 문제의식이었다.

얻는 것이 있으면 잃는 것이 있나 보다. 우리는 서양 문명을 제대로 배우지 못하였을 뿐만 아니라 서양 문명을 수입하면서 동양 문명을 잃어버렸다. 이것이 학교 종에 담긴 비밀이었다. 소리 없이 한문이 영문에 밀려버렸다. 나는 후회한다. 그 총명했던 10대의 나이에 내가 투자했던 영어 공부 시간의 10분의 1만이라도 한문 공부에 투자했더라면…….

세 권의 《철학 콘서트》는 인간이라면 반드시 읽어야 할 고전들을 망라하고 있다. 플라톤의 손으로 작성한 《소크라테스의 변론》과 《국가》, 그리고 《향연》과 《파이돈》을 어렵지 않은 문체로 전한다. 호메로스의 두 서사시 《일리아스》와 《오디세이아》에 등장하는 영웅들의 특질을 소개할 수 있어 나는 흐뭇하다. 아리스토텔레스의 방대한 저작을 소개하는 일은 어려우나 《철학 콘서트 2》는 아리스토텔레스의 《형이상학》과

《정치학》, 《시학》과 《니코마코스 윤리학》의 정수를 재치 있게 전한다. 독일 철학은 난해하다. 하지만 《철학 콘서트 3》을 보면 칸트의 《순수이성비판》과 니체의 《비극의 탄생》이 아주 쉽고 명료한 철학임을 알게 될 것이다.

세 권의 《철학 콘서트》는 동양의 고전을 소개하는 과제도 충실히 이행했다. 공자의 《논어》와 노자의 《도덕경》에 이어 《철학 콘서트 2》에서는 《맹자》와 《시경》을 요해했다. 이어 《철학 콘서트 3》에서는 《주역》과 《금강경》, 《장자》와 《묵자》를 풀어 썼다. 죽을 때까지 한 번 읽을까 말까 하는 이 지혜의 책들을 이나마 소개하다니 그저 즐거울 따름이다.

10년 만에 다시 쓰는 《철학 콘서트 2》와 《철학 콘서트 3》은 군살을 많이 뺐다. 다시 읽어보니 부끄러운 대목이 많았다. 도처에 숨어 있는 허세와 과시를 찾아내어 모두 걸러냈다. 이제 제법 볼 만한 글이 되었다.

세 권의 《철학 콘서트》로 만족하지 못하는 독자가 있다면 《철학 콘서트》 출간 이후 걸어온 나의 지적 여정에 주목해주길 바란다. 《사랑하라 : 단 한 권의 소크라테스 전》과 《철학의 신전》, 《역사 콘서트》를 보시길…….

2017년 1월 31일

빛고을에서 황광우

프롤로그

현자 10인과의 인터뷰

산다는 것은 무엇인가? 스무 살이 되기 전에 품었던 이 의문은 지천명(知天命)을 바라보는 이 나이에도 여전히 난제로 다가온다. 인생의 궁극적 의미가 무엇인지 조금 알 만할 때 내 인생의 꽃은 떨어질 것이다. 하여 우리는 먼저 간 현자들에게 꼭 들어보고 싶은 것이다. 현자들이여, 당신들이 21세기에 다시 태어난다면 우리에게 무슨 이야기를 하실 것인가? 여기 인류가 자랑하는 10인의 현자, 소크라테스, 플라톤, 석가, 공자, 예수, 퇴계, 토머스 모어, 애덤 스미스, 마르크스, 노자를 초대했다. 먼저 이분들의 간단한 내력을 묻자.

가장 단명한 사람은? 예수. 33세.

가장 장수한 사람은? 석가와 플라톤. 두 분은 80세까지 살았다.

사형을 당한 이는? 소크라테스와 예수 그리고 토머스 모어. 영혼이 너무 순결하여 죽은 이들이다.

출생 신분이 높은 사람은? 석가는 왕자, 플라톤은 명문 귀족 출신.

출생 신분이 미천한 이는? 공자의 어머니는 무당, 예수의 아버지는 목수.

권력의 최고 지위에 오른 이는? 토머스 모어. 모어가 맡은 대법원장직은 국회의장과 국무총리를 겸임한 자리.

부부 관계가 좋지 않은 이는? 공자. 예수와 스미스는 독신. 석가는 가출 가장. 모어와 퇴계는 부인과 사별. 소크라테스의 부인 크산티페는 남편에게 면회라도 온 여인. 공자는 부인을 쫓아낸 인물이다.

금슬이 좋은 이는? 마르크스. 귀족 출신의 예니가 중산층 출신의 청년 마르크스와 신분을 뛰어넘는 사랑을 했다.

가장 이상주의적인 인물은? 토머스 모어. 시장과 화폐 없는 세상을 꿈꾸었다.

가장 현실주의적인 인물은? 애덤 스미스. 《국부론》의 주인공은 이기심밖에 없는 상인이다.

가장 많은 이야기를 한 이는? 석가. 팔만대장경은 요즘 책으로 1000권.

가장 짧은 글은? 《반야바라밀다심경》. 260자로 이루어져 있다.

가장 단순하게 가르친 이는? 소크라테스. 그가 가르친 것은 '나 몰라!'.

가장 난해한 책은? 마르크스의 《자본론》. 〈상품과 화폐〉 편은 읽지 말아야 할 글이다.

가장 풍부한 책은? 플라톤의 《국가》. 《국가》는 엘리트를 위한 사상의 향연임에 틀림없다.

가장 심오한 책은? 공자의 《논어》. 14년의 천하주유를 마치고 귀향한 공자가 68세의 나이에 제자들과 주고받은 대화가 《논어》의 원형이다. 그러니 심오할 수밖에.

내가 플라톤을 처음 만난 것은 대학 신입생 때였다. 대학 입학식을 마치고 돌아온 나에게 한 선배는 대학 4년 동안 책 두 권만 읽으라고 했다. 한 권은 공자의 《논어》요, 다른 한 권은 플라톤의 《국가》였다. 역발산기개세(力拔山氣蓋世), 힘은 산을 뽑을 만하고 기개는 세상을 덮을 만큼 웅대하던 20대의 젊은 나이, 1만 권의 책을 다 읽어도 채워지지 않을 왕성한 탐구욕을 지녔던 그 나이의 젊은이에게 4년 동안 책 두 권만 읽으라니…….

물론 선배는 나에게 만만치 않은 조건을 주문했다. 국문이 아닌 원문으로 읽으라는 것이었다. 대학 공부란 어학 공부라면서 영어와 한문을 챙기라는 것이었다. 이후 대학 1년 내내 나는 영문판 《국가》를 가지고 다니면서 읽었다. 빈 강의실에서도 읽고 음악 감상실에서도 읽고 식당에서도 읽었다. 뭐가 뭔지 모르면서 읽었다. 하루 한 쪽도 좋고 두 쪽도 좋고 꾸역꾸역 읽어갔는데, 1977년 10월, 캠퍼스에 들어온 전투 경찰들과 다투다 학교를 그만두게 되었다. 이후 이어진 여러 인연의 고리를 지나 다시 《국가》를 손에 쥐게 된 것은 나이 40에 이르러서였다. 《국가》의 일독을 완료한 것이 두 해 전의 일이니 이 책을 읽는 데 무려 27년의 세월이 걸린 셈이다.

거친 밥 먹고 물 마시고 팔베개하며 잘지라도 인생의 즐거움은 이 가운데 있으니 불의한 부와 권세는 나에게 뜬구름이라.

《논어》의 이 구절을 처음 배운 때가 열일곱. 종로학원의 국어 수업은 아직도 기억에 생생하다. 수업의 절반은 그냥 교과서를 읽는 것이다. "참 좋다"라는 한마디가 그날 국어 수업의 전부였다. 시간이 남으니 《논어》 한 구절 공부하고 마치잔다. 이 희한한 국어 수업이 나는 좋았다.

내가 본격적으로 공자를 만난 것은 1990년, 서른세 살의 일이었다. 이때 《논어》를 완독하는 데 꼬박 6개월이 걸렸다. 이후 해마다 《논어》라는 숲속에 심어진 600여 그루의 거목을 감상하지만 공자는 정말 붙들기 힘든 사람이다. 나이 54세에 치국평천하(治國平天下)의 야심을 품고 천하를 유랑한 공자, 그가 고향에 다시 돌아온 것은 68세. 《논어》의 원형은 이 나이에 형성된 것임을 이번에야 감지했다.

자연과학은 20대에도 이해할 수 있다. 하지만 인문학은 인생의 깊이만큼만 이해된다. 21세기의 현대인이 여전히 플라톤과 공자로부터 인문학을 배워야 하는 이유가 여기에 있는 것이다.

그러니까 플라톤의 《국가》를 읽기 전에 나는 《소크라테스의 변명》과 《향연》을 먼저 읽어야 옳았다. 철학 하는 일만 그만두면 목숨을 살려주겠다는 제안을 거부하고 독배를 마시면서까지 철학의 자유를 옹호한 소크라테스, 그의 삶에 내재된 긴장을 먼저 더듬어야 옳았다. 함께(sym) 술(posium)을 마시며 나누는 대화가 사상의 향연(symposium)이란다. 그리스어와 함께 책을 읽으니 참 재미있다. 사랑(eros)이란 불멸의 이데아를 향한 그리움이란다. 참으로 멋진 상상력이다. 이후 2400년 동안 진행되어온 유럽인의 사유는 저마다의 영역에서 하나의 이데아를 찾는 작업이었다. 마르크스의 잉여가치론도 아인슈타인의 상대성이론도 이데아의 구체적 표현이 아닐까.

유럽의 철학이 세계를 이해하는 보편적 지식을 제공한다면 동양의 사상은 삶을 사는 아름다운 지혜를 준다. 석가의 '공(空)'은 자유를 향한 부정(negation) 정신의 극치다. 그 모든 집착으로부터 자유로운 정신을 추구한 석가의 가르침은 언제나 우리에게 울림을 준다. 공자는 치국평천하의 야심을 이루지는 못했으나 우리에게 어질고 바른 '군자의 상(像)'을 물려주었다. 유교는 사라졌지만 군자의 인격은 여전히 내 삶의 토대를 이루고 있음을 본다.

> 내가 보물처럼 소중하게 여기는 세 가지가 있다. 첫째는 자애로움이요, 둘째는 검소함이요, 셋째는 감히 천하에 드러나지 않는 것이다.

나이가 들수록 《도덕경》의 이 구절은 매력 덩어리다.

한 권의 고전은 100권의 신서보다 더 소중하다. 한 권의 고전에 담긴 철학과 지혜를 발견하기까지 인류가 수백 년의 세월을 공들였음을 기억하자. 하지만 고전을 권유하는 내 가슴 한구석에 늘 미안한 마음이 있었다. 고전을 읽는 것이 쉬운 일이 아니지.

이제 '철학 콘서트'가 열렸다. 편한 마음으로 감상하길 바란다. 윌 듀런트는 '철학 콘서트'에서 서양철학의 대표 주자들을 불러냈는데, 지금 우리의 '철학 콘서트'에는 동양과 서양을 대표하는 10인의 현자가 초대되었다.

10인의 현자를 한 번에 이해하려 하지 말자. 먼저 소크라테스와 예수, 모어와 스미스를 읽길 바란다. 여력이 있으면 석가와 공자, 퇴계와 노자를 읽으시라. 플라톤과 마르크스는 아무래도 어려울 것이다.

인간의 가치는 그의 사상과 행동이 공동체의 선을 위하여 얼마나 기여하느냐에 달려 있다고 한다. 《철학 콘서트》가 마음의 성숙에 조금이나마 기여했으면 좋겠다.

2006년 5월 18일

빛고을에서 황광우

Chapter 1

소크라테스가 독배를 든 까닭은?

소크라테스
Socrates

"당신의 생각은 옳은가요?" 끈질기게 질문하면서 상대편으로 하여금 진리에 도달하도록 안내하는 것이 소크라테스의 산파술이다.

기원전 399년, 평소 소크라테스를 눈엣가시처럼 여긴 아테네의 지도층 인사들은 신을 믿지 않는 불경죄와 청소년들의 정신을 타락시켰다는 것을 이유로 그를 법정에 세운다. 소크라테스는 최후의 변론을 시도하지만 압도적인 표차로 사형이 선고된다.

소크라테스에게 주어진 사형은 정당한 것일까? 철학 하는 일만 그만두면 무죄로 방면하겠다는 아니토스의 흥정은 무엇을 의미하는 걸까?

진정 소크라테스가 독배를 마신 까닭은?

'훌륭하게 아름답게 올바르게' 한 시대를 살고자 했던 소크라테스. 그가 추구한 '아름다운 영혼'은 우리에게 어떤 메시지를 주는가?

지금으로부터 2400여 년 전 아테네 아고라의 한 법정에서는 세계사에 길이 남을 희한한 재판이 열렸다. 때는 기원전 399년, 일흔 살가량의 노인이 피고석에 서서 500명의 시민을 향하여 완벽한 논리와 화려한 독설을 퍼붓고 있었다. 이들은 아테네 시민으로 구성된 배심원단으로서 피고인의 유·무죄를 판결하고 유죄일 경우 사형을 선고할 권리를 갖고 있는 재판관의 역할까지 겸했는데, 누가 죄인이고 누가 재판관인지 헷갈리는 재판이 전개되고 있었다.

노인의 이름은 소크라테스. 키는 작고 코는 들창코였는데, 나이 일흔에 어울리지 않게 목소리는 웅장했고 논변은 치밀했다. 고집은 있어 보이나 착하디착하게 생긴 이 영감이 사형 판결을 받게 되는 운명의 하루였다.

소크라테스를 고소한 이는 멜레토스와 리콘과 아니토스. 이들은 아테네의 유력한 지도층 인사였다. 멜레토스는 문학계를 대표했고, 리콘은 논술계를 대표했고, 아니토스는 정계를 대표했다. 사상의 여행에 동승한 이들은 이 세 사람의 이름에서 긴장을 느껴야 한다. 요샛말로 하면 정계, 문화계, 학계의 세 거두가 짜고서 소크라테스를 법정에 세운 것이다. 특히 아니토스는 당시 아테네인의 신망을 한 몸에 받던 중진 정치인이었다는 점에 주목할 필요가 있다.

이들이 소크라테스를 고소한 죄목은 두 가지였다. 하나는 신을 믿지 않는 불경죄요, 다른 하나는 청소년의 정신을 타락시킨 죄였다. 만일 이날의 재판에서 피고인이 무죄를 선고받으면 고소자들은 요즘 돈으로 억대에 달하는 1000드라크마의 벌금을 물고 공민권 제한을 받게 된다. 물질적 피해만이 아니라 사회적 명예에도 치명적 타격을 입게 되는 것이다. 특히 아니토스에게 공민권 제한은 그의 정치적 생명이 끝장나는 것을 의미한다. 시쳇말로 장난이 아니었다.

재판은 당일로 끝내야 하기 때문에 소크라테스의 재판은 아침부터 오후 늦게까지 진행되었다. 법정에 들어선 소크라테스는 먼저 늙은이의 공손하지 못한 말투에 대한 이해를 구한 다음 재판관의 바람직한 자세에 대해 충고한다. 진실과 허위를 구별하는 것이 재판하는 사람의 덕목이며, 진실을 말하는 것이 변론하는 사람의 덕목이라고 말이다. 다음으로 아테네 시민이 자신에 대해 갖고 있는 몇 가지 오해를 정정해달라고 요청한다. '소크라테스는 천상천하의 일을 골똘히 생각하여 엉터리 논리를 유포하는 사람이요, 신마저 부정하는 사람'이라는 선입견은 자신과 아무 관계없는 흑색선전임을 주장한다. 또 자신은 '누구보다 신의 목소리를 중요하게 여기는 사람'임을 강조한다.

당시 아테네는 제국이었다. 아테네의 청년들은 정계에 진출하려고 변론술을 배웠다. 유명한 소피스트들은 대단한 강사료를 받았다고 한다. 고르기아스와 같은 일급 소피스트는 요즘 돈으로 월 1억 원이 넘는 초고액의 수입을 올렸다. 아테네 시민은 소크라테스도 이들 소피스트와 똑같이 아이들에게 논술을 가르치는 사람으로 인식하고 있었던 모양이다. 그래서 재판의 첫머리에서 소크라테스는 '나는 평생 돈을 받고 지식을 가르쳐본 적이 없으며 오직 진리를 탐구하는 사람'이라고 자신의 정체를 분명하게 밝힌다.

필로소피아(philosophia). 지혜(sophia)를 사랑(philos)하는 사람. 소크라테스의 직업은 진리를 탐구하는 사람이었다. 동양인의 표현으로 바꾸면 '길을 찾는 사람', 즉 구도자였던 것이다.

이렇게 인생을 깨끗하고 훌륭하게 사신 분이 어이하여 송사에 연루되어 재판정에 끌려 나오게 되었는가. 법정에 서야 했던 그날 아침 소크라테스의 마음은 편하지 않았을 것이다. 소크라테스는 자신이 알고 있는 사태의 경위를 이렇게 해명한다.

"하루는 친구 카이레폰이 와서 그러더군요. '어이, 소크라테스, 델포이의 여제관 있잖아, 피티아 말이야. 그녀가 신탁을 받았는데, 아테네에서 가장 현명한 자가 소크라테스, 자네라는구먼. 친구, 어떻게 생각해?' (이 말을 들은 소크라테스, 과히 기분이 나쁘지 않았을 것이다.) 과연 델포이 신탁의 응답이 올바른 것인지 확인하고 싶었지요. 누가 아테네에서 가장 현명한 사람인지, 나보다 현명한 분이 분명히 있을 것으로 믿고 아테네의 지도층 인사들을 만나보았던 것입니다. 나는 정치인들에게 물었지요. 정의가 뭐냐, 덕이 뭐냐, 그리고 인간이 추구해야 할 삶의 궁극적 가치는 뭐냐 하고 물었던 겁니다.

정말 실망스러웠어요. 민중을 행복한 삶으로 이끌겠다고 호언하던 지도자라는 양반들이 정작 행복이 무엇인지 모릅디다. 뭐라더라, 돈이 행복이라고 하던가요? 고통이 없는 것이 행복이라고 하던가요? 아테네의 정치 지도자들은 정의가 무엇인지 모르고 있었고, 인간이 추구해야 할 궁극적 가치에 대해서는 고민조차 않더라 이겁니다. 위선자들이라는 생각이 들었지요. 인기 있는 정치인일수록 무식하데요. 한숨이 나왔어요.

다음으로 문인들을 만나보았지요. 문인은 아름다운 글을 많이 쓰잖아요. 세상의 존경을 한 몸에 받고 말이에요. 이분들은 정치인과 다를 줄 알았지요. 그래도 삶과 죽음, 우주의 생성과 몰락, 정의와 행복에 대해 나름대로 일가견을 갖고 있을 것으로 믿었지요. 제가 물었습니다. 그들이 쓴 책에 기록된 문구를 가지고 물었어요.

어이가 없습디다. 자기가 쓴 글인데도 어느 책 어느 대목에 나오는지조차 모르더라고요. 그래서 생각했지요. 아, 작가란 무슨 의미인지 모르는 것을 글로 마구 쓰는 사람이구나. 이럴 수가 있는 거예요?

마지막으로 장인들을 만나보았지요. 이분들은 자신이 담당하는 영역의 일에 대해서는 아주 해박한 지식을 갖고 있었어요. 조각하는 분은 돌의 성질에 대해 잘 알았고, 대장장이는 쇠의 성질에 대해 해박하더라고요. 그런데 불행하게도 인생 일반의 중요한 일들에 대해서는 아무것도 모릅디다. 그러면서 모든 일에 대해 다 잘 안다는 착각에 빠져 살고 있었습니다. 안타깝더군요.
그랬겠지요. 아마도 지도층 인사들은 꼬치꼬치 캐묻는 이 영감탱이가 매우 불쾌했을 겁니다. 존경받는 일에만 익숙해져 있는 사람일수록 자신의 체면이 깎일 때 걷잡을 수 없는 분노를 느끼지요. 인생에 대해 한 번도 진지한 고민을 해보지 않은 이분들이 나의 질문을 받고 얼마나 당혹했겠습니까?
나는 보고 느낀 것을 제자들에게 그대로 말했지요. 정치가며 문인이며 장인이며, 믿을 사람이 못 되더라, 자신들이 무엇을 모르는지 모르는 사람들이더라, 그러면서 민중을 지도한다고 호언하고 있더라, 세상일을 다 안다는 착각에 빠져 사는 사람들이더라, 이렇게 전했지요. 하여 지도층 인사들은 내가 젊은이를 타락시킨다고 생각하게 되었을 겁니다."

이렇게 소크라테스는 사태의 경위를 담담하게 진술했다.

소크라테스, 그는 누구인가

그런데 여기에서 소크라테스의 대화법이 얼마나 지독한 것이었는지, 왜 지도층 인사들은 소크라테스를 증오하게 되었는지 알아볼 필요가 있다. 소크라테스는 이성적 사유에서는 완벽했지만 논쟁에서 패배한 상대가 겪어야 하는 심리적 고통에 대해서는 아주 무감한, EQ 빵점인 사람이었던 모양이다. 그의 친구이자 연인이었던 알키비아데스의 증언을 들어보자.

'향연'이란 술을 마시면서 밤새 대화를 즐기는 아테네인의 연회였다. 플라톤은 《향연》이라는 조그만 책자에다 소크라테스와 함께 그들이 사랑에 대해 어떤 대화를 나누었는지 기록한다. 그리고 이 책의 말미에 소크라테스의 몸과 영혼을 흠모했던 알키비아데스가 이런 고백을 하는 대목이 나온다.

"나는 이분이 인간의 영혼을 만지는 영혼 조각의 대가라고 단언하네. 소크라테스, 이 양반이 빚어내는 조각품을 쪼개 열어보면 그 안에는 영혼의 신상(神像)이 들어 있지. 페리클레스처럼 이름난 연설가들의 웅변을 들으면 '저분 참 말 잘한다'는 생각이 들지만 소크라테스와 나누는 대화에서 받는 영혼의 떨림은 없지. 소크라테스, 이분으로 인해 나는 내가 지금까지 살아온 방식으로 더 이상 살아서는 안 되겠다, 새로운 삶을 살아야겠다는 다짐을 여러 번 했어.

이분의 말을 듣노라면 내가 참으로 모자라는 존재임을 절감해. 그래서 더 열심히 일해야겠다는 각오를 하게 되지. 솔직히 고백하네. 나는 마치 오디세우스가 귀를 틀어막고 요정 세이렌의 노랫소리를 피하려 했듯이 소크라테스에게서 도망치려 한 적도 있었다네. 도망치려 할수록 수치심을 느꼈고 말이야. 이분을 피해 도망 다니다가 우연히 이분과 마주치지. 그럴 때면 정말 죽고 싶은 수치심을 느꼈다네. 어떨 때는 이분이 아테네에서 사라져주었으면 하는 마음까지 들더군.
소크라테스, 이분은 독사야. 이분과 철학적 대화를 하다 한 방 물리는 날엔 죽는 거지. 자신 있게 전개해나가던 나의 논리가 뒤죽박죽되어버릴 때, 정신은 혼미하고 말은 횡설수설하고 있는 자신을 보게 될 때, 이때처럼 비참한 순간이 있을까? 철학적 대화를 할 때 드러나는 이분의 광기에 가까운 정열을 당신들은 보았는가."

이러한 알키비아데스의 고백만큼 소크라테스의 성품을 잘 전해주는 문구는 없을 것이다. 사람이 너무 완벽하면 불편한 법이다. 만날 때마다 훈계를 하는 선배는 피하고 싶은 사람이다. 논리적으로 완벽할 뿐만 아니라 도덕적으로도 흠잡을 데가 없는 선배는 부담스러운 존재다. 중종이 조광조에게 사약을 내린 것도 다 이런 맥락이었을 것이다. 보면 부담스러운 사람, 그 말이 올바르고 행실이 너무 완벽하기 때문에 나를 더욱 초라하게 만드는 사람, 그런 사람은 보기 싫어진다.

소크라테스는 자신이 타인을 얼마나 괴롭히고 다녔는지 몰랐던 것 같다. 오죽했으면 그를 흠모했던 알키비아데스마저 차라리 그가 사라져주었으면 하는 마음을 품었을까? 이것은 악마적 충동이다. 꿈속에서 친구를 살해한다면 우리는 깊은 자책감에 빠질 것이다. 그러니 이런 친구는 존재 자체가 나에게 부담스러워지고, 더욱 보기 싫어지고, 그래서 더욱 괴롭고……. 중종이 조광조에게 느꼈던 정신적 고통을 알키비아데스는 소크라테스에게 느꼈던 것이다.

알키비아데스가 소크라테스의 동성 애인이라니요? 아테네의 시민은 남녀 간의 육체적 사랑을 저속한 사랑으로 여긴 반면 남자끼리의 동성애는 품위 있는 사랑으로 여겼던 모양이다. 소크라테스가 동성애자였다는 사실은 공공연한 비밀. 어른 남성이 미소년을 사랑하는 것이 아테네의 습속이었다는 사실은 이제는 많이 퍼진 비밀이다.

이야기가 옆길로 샜는데 내친김에 소크라테스에 대한 알키비아데스의 사랑 고백을 더 들어보자.

> "선생은 나의 연인이 될 자격을 갖춘 유일한 사람이었지. 몸의 눈이 정지할 때 사유의 눈은 예리해지지……. 이분은 내 아름다운 몸을 무시했어. 이분과 나는 함께 잠을 잤으나, 아무 일이 없었던 거야. 또 아무도 없는 곳에서 둘만이 씨름을 했는데, 아무 일이 없었던 거야. 나는 완전히 조롱당한 느낌이었어. 나의 이 멋진 몸매를 완전히 무시한 거지."

그러니까 소크라테스는 젊은이들과 사랑을 나누었으나, 그들의 몸을 탐닉한 것이 아니라 영혼을 사랑했던 것이다. 소크라테스는 제자들의 영혼이 바르고 아름답게 자라길 희구했던 것이고, 그런 점에서 영혼의 조각가였던 것이다. 소크라테스의 성품을 엿볼 수 있는 소중한 진술을 알키비아데스로부터 들어보자.

> "한번은 포테이다이아 전투에 같이 참여한 적이 있었지. 소크라테

스와 나는 함께 식사한 전우가 되었어. 그런데 말이야, 고통을 참는 데 있어서 이분만큼 징글징글한 사람도 없을 거야. 그 위태로운 순간에 이분은 꿈쩍 않고 자리를 지키고 있었지. 적으로부터 나를 구출한 분도 이분이었다네. 이분은 그 어떤 힘든 일도 끄떡없이 해낸다네.

술도 죽여주지. 술을 좋아하지는 않지만 한번 마시면 주량의 끝이 없어. 나는 이분과 술을 많이 마셔보았지만 아직껏 술에 취한 모습을 본 적이 없어. 대단한 사람이야. 게다가 추위를 모르고 살지. 이분이 신발을 신는 때는 겨울뿐이야."

지금 알키비아데스는 소크라테스의 용맹과 절제력을 증언하고 있다. 용기와 절제는 플라톤이 강조하는 덕목들이다. 플라톤이 그의 이상국가를 건설하면서 수호자들에게 요구하는 세 가지 덕목이 있었으니 그것은 용기와 절제 그리고 지혜다. 지혜와 용기와 절제를 한 몸에 구현한 정의의 화신, 그가 소크라테스다. 이제 진리를 탐구하는 소크라테스의 집요함을 목격할 차례다.

"이런 일도 있었어. 하루는 그가 아침부터 깊은 생각에 빠지데. 정오가 되었는데도 그대로 서 있더군. 우리는 어쩌나 지켜보았지. 얼마나 갈까 했는데, 아니 글쎄, 밤이 깊었는데도 계속 그 자리에 서 있지 않겠나? 우리는 놀랐어. 한번 생각에 빠지면 모든 것을 잊어버리는 거지. 다음 날 아침이 되어서야 태양에 기도를 드린 다음 자리를 뜨더라니까."

멜레토스와 나눈 논변

소크라테스, 무서운 인간이었다. 오죽했으면 연인이자 제자의 입에서 독사라는 표현이 나왔을까? 독사를 잘못 건드린 멜레토스, 500명의 시민 앞에서 이제 독사의 논변을 이겨내야 한다. 다시 아고라의 법정으로 돌아가자.

소크라테스 | 멜레토스, 당신은 젊은이들을 타락시켰다는 죄목으로 나를 기소했지요. 그럼 젊은이들을 훌륭하게 만드는 분이 있다면 누굴까요? (소크라테스의 이 질문은 독이 묻은 질문이다. 인간은 누구나 불완전한 존재다. 멜레토스가 자신이 아는 어느 훌륭한 교사라고 지목하는 순간 소크라테스의 날카로운 역습이 쏟아질 것이다. 아테네 시민이 다 알고 있는 그 교사의 허물을 지적해 보이는 순간, 왜 그 교사는 청소년을 타락시킨 죄로 기소하지 않았는지, 캐물음의 제2탄이 나갈 것이다. 우리식으로 말해서 그 교사는 허구한 날 학부모들과 노래방 가던디.)

Meletos

멜레토스 | 젊은이들을 훌륭하게 이끄는 것은 우리의 법률이지요. (아주 영악한 답변이다. 구체적인 인물을 피해버렸다. 그리고 아

테네인이 그 권위를 인정할 수밖에 없는 보편적 제도를 지적해 보였다. 하지만 독사는 물러서는 법이 없다. 캐물음의 제2탄이 나간다.)

소크라테스 | 그렇다면 법률을 아는 사람이 누구요? (법률 그 자체를 가지고 논변하는 것은 아무 소득이 없다. 사람들에 관한 이야기로 논변을 유도해야 한다.)

멜레토스 | 재판관들입니다. (기분이 찜찜하지만, 이렇게라도 대답을 아니 할 수 없는 노릇. 법률을 아는 사람이 없다고 말할 수는 없잖아.)

소크라테스 | 이들 모두가 젊은이들을 훌륭하게 만든다는 말이지요?

멜레토스 | 그렇소. (이제 독사에게 먹히기 시작한다.)

소크라테스 | 이분들 모두가 말이오?

멜레토스 | 모두요. (한 번 더 다짐해두는 것이다.)

소크라테스 | 방청객들도 법률을 잘 알까요?

멜레토스 | 그렇소. (이게 소크라테스의 논법이다. 재판관들이 법률을 잘 안다면 방청객들도 법률을 잘 아는 사람이라고 말할 수밖에. 그렇게 답변하지 않으면 도대체 배심원으로 뽑힌 사람들과 방청객들의 자질이 왜 다른지 계속 물어올 것이다.)

소크라테스 | 협의회 의원들도요?

멜레토스 | 그렇소. (소크라테스는 논리를 계속 확장한다. 어디까지 갈까? 협의회 의원이란 우리식으로 말하면 시의원일 것이다.)

소크라테스 | 그러면 민회 사람들도 잘 알겠군요.

멜레토스 | 그렇소. (재판관에서 시작하여 방청객으로 확대되고 협의회 의원으로 확대되어 마침내 민회 사람들까지 왔다. 우리식으로 말하면 대법관에서 통반장까지 모두가 법률을 잘 안다는 것이다.)

소크라테스 | 당신의 답변에 따르면 아테네인 모두가 법률을 잘 알고 젊은이들을 훌륭하게 키우고 있다는 말이로군. 이 영감 한 사람만 제외하고 말이야. (논변의 승부는 여기에서 끝났다. 법률을 아는 자가 좋은 교사라면 아테네인 모두가 좋은 교사인 셈이다. 이렇게 훌륭한 교사들로 가득 찬 훌륭한 사회에서 청소년이 타락한다는 것은 있을 수 없는 일이다. 그렇잖은가? 여기 법률에 무지한 한 영감이 있어, 그로 인해 청소년이 타락했다면, 그렇다면 아테네인은 청소년의 교육을 방치하고 살았다는 것이다. 아테네인 모두가 청소년 유기죄를 저질렀음을 멜레토스는 자백해버린 것이다.)

소크라테스 | 만약에 오직 한 사람만이 젊은이를 타락시키고 나머지 모든 사람은 젊은이를 이롭게 해준다면 그것은 모든 젊은이에게 크나큰 복일 것이오. 하지만 멜레토스, 당신의 답변은 젊은이에 대한 아테네인의 직무유기를 자백하고 있는 것이오. (게임 오버.)

철학 하는 일을 그만두라

다음으로 신을 믿지 않는다는 죄목에 대해 논변할 차례다. 어떤 사회든 사회 구성원의 의식을 하나로 묶고 이끌어주는 공통 의식 혹은 이념이 있다. 이를 우리는 지배 이념이라 부른다. 중세 유럽의 지배 이념은 기독교 교리였고, 조선시대의 지배 이념은 성리학이었다. 지배 계급은 이 지배 이념을 앞세워 민중을 교화하고 순치하며 통치하는 것이다.

그런데 삐딱한 지식인이 나와 '임금님 귀는 당나귀 귀'라고 나발 불고 다니면 이거 성가신 일이다. 한 사람의 저항적 지식인이 나와 '왕후장상이 씨가 따로 있나'라고 떠들고 다니면 민심이 흔들리기 시작한다. 진시황이 고전을 불태우고 지식인들을 땅에 묻은 일이나, 교회가 태양중심설을 주장한 브루노를 화형에 처하고 갈릴레이를 종신 가택연금해 입을 봉한 일이나, 스탈린이 레닌의 유언장(스탈린은 무례하여 당 서기직을 맡아서는 안 된다는 내용이었다)을 본 동료들을 모조리 처형한 일이나, 일제가 조선의 독립 운동가들을 치안유지법으로 잡아 가두고 그것도 모자라 보호감옥에 집어넣은 일이나, 지금 아테네의 멜레토스와 리콘과 아니토스가 신을 부정했다는 죄목으로 소크라테스를 재판정에 세운 것이나, 이거 다 똑같은 거다.

이렇게 가슴속에 품은 신념 하나 때문에 권력의 탄압을 받는 이들을 우리는 사상범이라 부른다. 사상범은 잡범과 달리 자신의 생각 때문에 탄압받는 사람이다. 남의 물건을 훔친 것도 아니고 누구를 해코지한 것도 아니고, 다만 지배자들이 풀고 다니는 노가리와 다른 생각을 갖고 있다는 것 하나 때문에 고통을 당하는 사람이다.

사람이 의미 있는 새로운 사상을 발견할 경우 이 사상을 숨기는 것은 매우 고통스럽다. 관습적으로 반복되는 생각, 일상적으로 되풀이되는 생활양식이 아닌 새로운 생각, 새로운 생활양식을 발견한 사람은 어떤 방식으로든 이 천기를 누설하게 된다. 책을 써서 펴내든 유인물을 찍어 돌리든 상징적 비유로 시를 쓰든 새로운 사상은 인간의 소통을 요구한다.

그렇게 해서 집권자들에게 체포와 고문과 구속의 고통을 당하는 것이다. 그런데 지배층에게 사상범은 잡범과 달라서 생각만 바꾸어주면 된다. 내가 지닌 사상이 실은 오류였음을 자백하는 전향서 한 장만 써주면 무죄가 된다.

소크라테스는 무신론자냐 유신론자냐. 무엇이 진실이냐. 만일 소크라테스가 무신론자였다면 소크라테스에게 사형을 언도하는 것은 당연한 일이다. 물어보나마나다. 사형을 결정한 아테네 시민의 양심은 편안했을 것이다. 만일 소크라테스가 무신론자였다면 이 고집쟁이 영감은 끝끝내 '신은 존재하지 않음'을 주장했을 것이다. 교회의 재판정 앞에서는 《성경》의 말씀을 순순히 따르겠다고 서약해놓고, 재판정의 문을 나가면서 "그래도 지구는 돈다"라고 읊조린 갈릴레이와 소크라테스는 크게 달랐다. 소크라테스는 이성적 사유의 정당성을 확신한 인물이고 이성적 사유의 가르침대로 산 인물이다. 실제로는 무신론자이면서 목숨을 구하고자 "신은 존재한다"라고 말할 인물이 아니었던 것이다.

소크라테스는 유신론자였다. 제자 플라톤을 보면 안다. 플라톤은 그의 대저 《국가》를 저술하면서 모든 논지를 신의 완전함에서 끌어낸다. 제자가 유신론자였다면 스승도 유신론자였던 것이 확실하다.

그렇다면 멜레토스는 무슨 근거로 소크라테스를 무신론자라고 고소했던가.

소크라테스 | 멜레토스, 당신은 내가 신을 믿지 않는 사람이요, 신을 믿지 말라고 가르친다고 고소했지요?

멜레토스 | 그렇소.

소크라테스 | 해와 달이 신이 아니라고 말했다는 거지요? (이 대목에서 우리는 헷갈리면 안 된다. 당시 아테네인에게 해와 달은 신이었다.)

멜레토스 | 재판관 여러분, 소크라테스는 해는 돌이고 달은 흙이라고 말했습니다. (멜레토스는 참 비열한 인물이었던 모양이다. 해는 돌이고 달은 흙이라 가르친 소피스트가 있었는데, 그의 이름은 아낙사고라스였다. 멜레토스가 진정 아테네의 지배 체제를 수호하려는 충성심에서 무신론자를 잡아들이려 했다면 아낙사고라스를 고소해야 옳았다. 멜레토스는 지금 마녀사냥을 하고 있다.)

소크라테스 | 허허, 내가 아낙사고라스라도 된다는 이야긴가? (비열한 자들과는 논변이 되지 않는다. 진실을 밝히는 일엔 아무 관심도 없는 이들이 노리는 것은 사욕을 챙기는 일이기 때문이다.)

소크라테스는 이어 아테네인을 훈계한다. 신이 지시하는 일이라면 그 어떤 위험을 무릅쓰고라도 실천하는 것이 이성적 인간의 태도라고 말이다. 이어 소크라테스는 죽음을 호출한다. 당신들이 나에게 사형을 내린다 해도 이 소크라테스는 눈 하나 깜빡하지 않는다는 것이다. 죽음을 두려워하는 것은 현명하지 못한 자의 어리석은 사고라는 것. 죽음을 나쁜 것으로 아는 당신들의 천박한 사고야말로 무지의 산물이라며 재판관들을 훈계한다. 아니, 질타한다. 유죄 판결도 두렵지 않으며 사형 판결도

두렵지 않다는 것이다.

'배 째.' 상대가 무섭게 덤비면 덜컥 겁이 난다. 지금 두려워 떨고 있는 자는 재판관들이다. 멜레토스를 앞세워 소크라테스를 고소한 자는 아니토스였다. 아테네인의 신망을 한 몸에 받고 있던 중견 정치인 아니토스, 자신이 당한 수모를 앙갚음하기 위해 이 영감탱이를 재판정으로 불러냈던 아니토스. 하지만 자기는 뒤에 있고 멜레토스를 앞세워 소크라테스와 다투도록 원격 조종하고 있는 아니토스.

'어, 이거 아닌데.' 사태가 이상하게 흘러가고 있음을 직감한다. 이런 재판을 보러 온 것이 아니었는데. 재판정에 서면 피고인은 양처럼 유순해진다. 공손하게 고개 숙인 채 때로는 없는 눈물이라도 흘려가며, 제발 살려달라고, 발바닥이 손바닥 되도록 빌고 읍소하는 것이 피고인의 자세다.

죽어도 상관없다며 달려드는 소크라테스를 보면서 사태가 꼬이고 있음을 직감한다. 너무 나가는 것이다. 사태의 흐름을 읽는 것은 정치인의 동물적 직감이다. 정치인은 정치인이다. 지금이 때다. 영감에게 살길을 열어주자. 나서야 한다. 나서서 발언하자. 일어서는 아니토스.

아니토스 | 소크라테스여, 제발 철학 하는 일만 그만두라. 그러면 무죄로 하겠다.

"철학 하는 일만 그만두라. 그러면 무죄로 하겠다." 500명의 배심원이 보는 앞에서 아니토스는 자신의 본심을 토로해버렸다. 불경죄도 청소년을 타락시킨 죄도 다 껍데기였다. 아니토스가 불쾌하게 여긴 소크라테스의 죄는 '철학 하는 일'이었다. 철학 하는 일을 그만둔다면 무죄라는 것이다. 이게 뭐냐?

지금 아니토스는 무죄 방면이라는 미끼로 한 철인의 양심을 흔들고 있다. 흥정하자는 것이다. 여기에서 소크라테스, 타협할까? 아니토스는 몰라도 너무 몰랐다. 사익보다, 명예보다, 목숨보다 소중한 가치가 따로 있음을 몰랐던 것이다.

범인은 아니토스였다. 아니토스의 죄목은 무고죄. 착하고 깨끗하고 진실하게 살아가는 철학자를 엉뚱한 죄목으로 엮고 배심원들을 매수하여 독배를 들도록 음모한 것이다. "철학 하는 일만 그만두라. 그러면 무죄로 하겠다." 이게 뭐냐? 이제 남은 일은 소크라테스의 담담한 충언이다.

소크라테스 | 아테네인이여, 나는 여러분을 사랑합니다. 그러나 나는 여러분에게 복종하지 않습니다. 나는 신에게 복종합니다. 나는 내 목숨이 붙어 있는 한 진리를 사랑할 것이며, 여러분에게 충언하는 일을 그만두지 않을 것입니다. 아침이면 일어나 광장에 나가서 젊은이들과 이야기하는, 오랫동안 내가 해오던 일을 버리지 않을 것입니다.

보시오. 그대들은 위대하고 지혜롭고 씩씩한 나라 아테네의 시민입니다. 우리의 선조들은 그렇게 나라를 세웠고 일구었으며 그런 자랑스러운 나라를 우리에게 물려주었습니다. 지금 여러분의 정신 상태는 어떻습니까? 장사꾼처럼 온통 돈벌이에만 눈이 멀어 있지 않습니까? 참된 명예에 대해서, 진리에 대해서, 그리고 고매한 영혼에 대해서 아무런 신경도 쓰지 않는다면 이것이야말로 부끄러운 일 아니겠습니까?

2400년 전 아테네 아고라의 한 법정에서 울려 퍼지는 소크라테스의 충언은 시간과 공간을 초월하여 오늘 우리의 가슴을 후빈다. 사람보다 돈을 숭배하는 나라, 물신숭배의 나라, 대한민국 국민은 소크라테스의 충언을 조용히 음미해야 한다. 약은 쓰다.

소크라테스 | 여러분은 덩치가 크고 혈통이 좋은 말입니다. 그러나 덩치만 크고 굼뜬 말입니다. 이런 말에게는 착 달라붙어 괴롭히는 등에가 필요합니다. 나, 소크라테스는 여러분의 등에인 것입니다.

자유가 아니면 죽음을!

소크라테스는 무죄 판결을 애걸하지 않았다. 재판관의 동정을 사기 위해 눈물을 흘리고 빌고 탄원하는 것은 철학자의 일이 아니었던 것이다. 이성적으로 사유하고 정당한 판결을 내려야 할 재판관에게 동정심에 호소하는 것은 재판을 하지 말자는 짓이다. 주사위는 던져졌다. 유죄 280표, 무죄 220표.

아테네의 법정은 1차 재판에서 유죄와 무죄를 가르고 유죄가 인정될 경우 형량을 결정하는 2차 재판을 연다. 그리고 2차 재판의 첫머리에 형(刑)에 대한 원고와 피고의 진술을 듣는다. 아니토스는 멜레토스를 앞세워 소크라테스를 사형에 처할 것을 주장했다. 철학 하는 짓만 그만두면 무죄 방면해주겠다는 자신의 제언을 무시한 것이다. 아니, 500명의 시민 앞에서 자신의 인격을 박살 낸 것이다.

아니토스가 사형을 주장했던 데에는 모종의 음모가 있었다. '소크라테스, 너 죽기 싫지. 그러면 추방형을 선택해. 그래, 제발 꺼지라는 거다. 아테네에서 꺼지라니까.' 이것이 아니토스의 속마음이었다. 그런데 또 소크라테스는 추방형을 거부해버린다.

"형량이라. 내가 무슨 잘못을 했다는 거지? 나는 일생 동안 돈 받고 강의한 적이 없어. 나는 거지야. 벌금 낼 돈 없어.
나는 자랑스러운 아테네의 자유인이지. 잘 알잖아. 젊은 시절 세 차례나 전쟁터에 나간 것을. 나만큼 용맹하게 싸운 사람도 없을 거야. 그런 내가 노예나 하는 노역을 왜 해야 하는 거지?
추방이라고? 내가 왜 이 나이에 다른 나라에 가서 사나? 이 늙은이를 다른 나라 사람들은 좋아할까? 나는 다른 나라에서도 또 꼬치꼬치 캐묻고 따지고 싫은 소리 하고 살 터인데, 그러면 또 그 사람들도 나를 쫓아낼 것 아닌가? 내가 받아야 할 정당한 형량을 굳이 밝히자면, 내가 받아야 할 것은 영빈관의 만찬 초대장이지. 음, 나만큼 공익을 추구한 이가 있으면 나와봐."

이렇게 아니토스를 아니꼬운 인물로 몰아붙인 소크라테스, 죽음을 찬미해버린다.

"죽음이 무엇인가? 죽음은 몸의 영원한 잠이지. 몸이 수면 상태로 들어가면 혼은 몸으로부터 자유로워져. 그러면 나의 영혼은 행복한 섬나라로 가 우리의 영웅 아킬레우스와 오디세우스를 뵐 것이며 우리의 시인 헤시오도스와 호메로스를 만나 담소를 나눌 것이야. 이 영웅들과 시인들은 진리를 탐구한다는 이유로 사람을 죽이진 않겠지."

갈수록 태산이다. 아니토스는 분노를 넘어 한숨이다. 이거 잘못 건드린 것이다. 머리 뚜껑이 열린 지는 오래, 이제 두려움이 앞선다. 내가 일판을 잘못 벌인 것이다. 아니다. 여기에서 소심은 금물이다. 일관되게 밀고 나가야 한다. 동지들이여, 저 영감탱이를 죽이자.

이리하여 세계사에서 유례를 찾아볼 수 없는 희한한 판결이 나온다. 유·무죄를 가르는 1차 판결에서 유죄 280표, 무죄 220표였는데, 사형 제의에 동의한 표가 무려 360표. 이게 뭐냐?

자, 이제 날은 저물어가고 하루의 재판도 마감할 때다. 모두에게 드린 소크라테스의 작별 인사를 듣자.

"내 아이들이 성년이 되어 훌륭한 인격을 추구하지 않고 재물이나 그 밖의 속물적인 것에 빠져 산다면, 내가 그동안 여러분을 괴롭혔던 것과 똑같은 방식으로 내 아이들을 괴롭혀주십시오. 이제는 떠날 시간입니다. 나는 죽기 위해, 여러분은 살기 위해 헤어져야 할 시간입니다. 우리 중에 누가 행복한 나라로 가게 될지는 신만이 알 것입니다."

아테네의 벗들에게 남긴 이 육성은 플라톤의 영혼에 깊숙이 남는다. 소크라테스의 죽음은 이렇듯 철저히 정치적인 것이었다. 유교식으로 말하자면 속물적인 것만을 탐하는 소인배에 맞선 군자의 외로운 대결이었고, 기독교식으로 말하자면 회칠한 무덤처럼 겉은 화려하나 속은 썩은 시체로 가득 찬 유대인 종교 지도자들에 대항한 예수의 고독한 싸움이었다.

여기에서 소크라테스와 작별하기엔 좀 아쉽다. 다행히도 때는 축제 기간. 소크라테스가 재판을 받기 전날, 한 무리의 사절단이 배를 타고 델로스 섬의 종교 행사에 참여하러 떠났는데, 이 사절단의 배가 다시 돌아오기까지 사형 집행을 금지했다. 그리하여 우리는 다시 옥에 갇힌 소크라테스의 음성을 듣는 행운을 쥐게 된다.

악법도 법이라고?

오랫동안 우리의 사회 교과서는 법의 안정성을 강조하고자

'악법도 법'임을 주장해왔다. 그리고 악법 준수의 신화를 만드는 데 죄 없는 소크라테스가 이용되었다.

소크라테스가 죽기 전 제자들과 나누었던 대화를 전하는 글은《크리톤》이다. 크리톤은 어릴 적부터 소크라테스의 친구였다. 장사로 돈을 많이 벌었다던가? 크리톤은 소크라테스에게 그야말로 헌신적인 후원자였다.

그런 크리톤이 소크라테스가 처형되기 전날 제발 탈옥해줄 것을 종용하러 감옥에 찾아간다. 친구를 잃기 싫은 크리톤은 갖가지 이유를 들어가며 설득한다. 자라나는 자식들은 어떻게 할래, 자식들이 클 때까지라도 아비가 살아 있어야 하지 않느냐, 부인은 또 어떻게 하고. 이렇게 간절히 애원한다.

탈옥은 당시 아테네 시민에게 불명예스러운 행위가 아니었다. 한바탕 정변이 일어날 때마다 정치인들은 외국으로 망명했고, 다시 정변이 일어나면 망명객들이 귀국하곤 했기 때문이다.

지금 소크라테스가 머물고 있는 사형 대기실에서는 희한한 일이 벌어졌다. 친구는 탈옥을 권유하는데 사형수는 독배를 고집한다. 왜 독배를 마셔야 하는지 구구절절 이유를 대가며 음독 행위의 정당성을 설명한다. 원, 참…….

> "나는 언제나 나의 이성적 사유에 입각하여 가장 올바른 것으로 판단되는 원칙만을 따르며 살았네. 이 원칙 준수의 결과가 사형 선고일지라도 나는 원칙을 포기할 수 없다네. 아이들에게 겁을 주어 설

득하듯 투옥과 재산 몰수, 죽음으로 나에게 압력을 가하더라도 나는 나의 길을 갈 것이야. 사람들의 평판이 중요한 것이 아니라 올바른 사유가 중요한 것이지. 어영부영 사는 것이 중요한 것이 아니라 훌륭하게 아름답게 올바르게 사는 것이 중요한 거야."

우리 선조들은 눈 덮인 들판을 걸을 때 한 발 한 발 조심히 걸으라고 충고했다. 뒤에 오는 사람이 따라 걷기 때문이다. 끊임없이 배우고 끊임없이 반성하면서 어진 인격이 되고자 노력했던 선조들처럼 소크라테스 역시 끊임없이 올바르게 살기 위해 노력하는 인물이었다. 그런데 소크라테스를 진리로 이끄는 안내자는 그의 이성이었다. 이성적 사유는 훌륭하고 아름답고 올바른 삶으로 이끌어주는 그의 스승이었다.

나라의 법률이나 명령을 준수하는 것은 시민의 기본 의무다. 그런데 나라의 법률이나 명령이 잘못되었을 경우 이의를 제기할 권리가 시민에게 있다. 나의 이의 제기를 나라에서 수용하지 않을 때 어떻게 해야 하는가? 이 대목에서 우리가 주목해야 할 것이 있다. 당시의 헬라스인은 어느 도시에서 살 것인지를 선택할 권리가 있었고, 살던 도시가 마음에 들지 않아 다른 도시로 옮길 경우 아무런 불이익을 받지 않았다.

"우리 아테네인은 누구든 국사와 법이 마음에 들지 않을 경우 자기가 원하는 곳으로 떠날 자유까지 갖고 있지. 가는 곳이 우리의 식민지든 혹은 다른 나라든 상관하지 않으며 자신의 모든 재산을 다 가지고 갈 수 있도록 아테네의 법률은 허용하고 있잖아."

이제 소크라테스가 독약을 마셔야 할 정황이 또렷이 드러난다. 소크라테스는 법정에서 추방형을 제의할 수 있었다. 그랬다면 소크라테스는 크리톤의 권유대로 망명을 선택할 수 있었을 것이다. 하지만 이제 와서 사형을 회피하는 것은 앞뒤가 맞지 않는 비겁한 짓이다.

"그러니까 이번 재판의 경우에도 나는 추방형을 제의할 기회를 갖고 있었잖아. 고소자들의 속마음 역시 추방이었기 때문에 내가 추방형을 자원했다면 법정은 나에게 합법적인 망명의 길을 터주었을 것이야. 그러나 나는 내 고집대로 갔잖아? 철학 하는 자유를 포기하느니 차라리 죽음을 달라는 것이 내 이성의 명령이었어. 크리톤, 이제 와서 법정의 판결을 거부하고 다른 나라로 도망하는 것은 가장 미천한 노예나 하는 짓 아니겠는가?"

참으로 냉정한 사유다. 지금 소크라테스는 멜레토스와 리콘과 아니토스에게 아무런 사감(私憾)이 없다. 지금 소크라테스는 세기의 투쟁을 벌이고 있다. 그 투쟁은 아니토스와 같은 속물들과 싸우는 것이 아니다. 그 투쟁은 '철학의 자유'를 지키기 위한 싸움이다. 이 신성한 싸움의 제단에 소크라테스의 목숨 하나 바치는 것은 아무 일도 아닌 것이다. 자, 건배. 철학의 자유를 위하여!

죽음으로 영혼을 자유롭게 하리라

플라톤은 《파이돈》에서 죽음은 영혼이 몸에서 해방(lysis)되는 사건이라고 기술했다. 스승 소크라테스가 죽기 전 제자들에게 죽음을 그렇게 논술했던 것이다. 철학자란 모름지기 자신의 이성적 사유가 명령하는 바에 따라 살아야 하며, 그렇게 이성적으로, 정의롭게 인생을 산 철인은 죽음을 의연하게 맞이해야 한다고 보았다.

여기에서 한 발 더 나아가 소크라테스는 죽음이란 영혼이 몸에서 해방되는 사건이니, 이 지긋지긋한 욕정의 덩어리인 몸으로부터 이성적 사유의 날개인 영혼이 자유로워지는 이 계기를 너무너무 기쁘게 맞이해야 한다고 말했다.

당시 아테네인은 질병에 걸려 고생하다가 건강을 회복하면 의술의 신인 아스클레피오스에게 감사의 제물을 바쳤다. 소크라테스가 죽기 직전 제자들에게 "아스클레피오스 신에게 닭 한 마리를 바쳐달라"고 말했던 것은 육체라는 질병 덩어리로부터 마침내 영혼의 자유를 얻는 것에 대한 감사였던 셈이다. 소크라테스가 독미나리즙을 마시기 직전 제자들과 어떤 대화를 나누었는지 직접 들어보자.

> "오오, 심미아스, 참된 철인은 늘 죽는 일에 마음을 쓰는 자이고, 따라서 모든 사람 가운데 죽음을 가장 무서워하지 않는 자일세. 그들이 늘 육체와 싸우고 영혼을 정화하길 원했다면 말일세. 그들의 소원이 성취되어 하데스(사후 세계)에 도착하면 그들은 자유로운 영혼

으로 살 것이네. 이 지긋지긋한 몸을 털고 말이야. 그런데 자유의 세계로 떠날 즈음에 기뻐하지 않고 도리어 떨고 있다면 이것은 모순된 일이 아닌가? 만일 그가 참된 철학자라면 오히려 기쁜 마음으로 저승에 갈 것일세."

스승은 다시 말했지요.

"어이, 크리톤, 자네가 말하는 그 사람들이 이 핑계 저 핑계 대며 독배를 마시길 지연하는 것은 당연한 일일 걸세. 그들은 조금이라도 수명을 연장하는 게 이득이라고 생각하니 말이야. 그러나 나는 독약을 좀 늦게 마신다고 해서 무슨 이득이 있다고 생각하지 않네. 이미 죽을 목숨을 좀 연장하고 거기에 매달린다는 것은 나 자신이 보기에도 웃음거리밖에 되지 않네. 그러니 내가 말하는 대로 해주게나."

크리톤은 곁에 서 있던 심부름하는 아이에게 눈짓했지요. 아이가 밖으로 나가더니 한참 만에 사형 집행인을 데리고 오더군요. 그는 독미나리즙이 든 사발을 들고 있었지요. 스승은 말했지요.

"어떻게 마셔야 독이 잘 번지는지 일러주게."

"걸으십시오. 다리가 무거워지면 그때 누우세요. 그러면 약 기운이 잘 돌 겁니다." 간수는 말했습니다.

"어이, 간수." 스승은 평상시와 조금도 다름없이 아주 태연하게 잔을 들고 이렇게 말하더군요.

"신에게 감사하는 뜻으로 약 한 방울을 떨어뜨리면 안 될까?"

"마실 만큼만 가져온 것입니다."

간수는 말했습니다.

"알았네. 그러나 저승으로 가는 이 여행을 잘 안내해달라고 기도는 드릴 수 있을 테지."

이렇게 말하면서 스승은 잔을 입술에 대고 조용히 약을 마셨습니다. 약을 다 들이켜는 선생님을 보고는 더 이상 참을 수가 없었습니다. 저는 그만 울음을 터뜨렸어요. 얼굴을 가리고 울었습니다. 다시는 선생님을 만나지 못한다는 생각에 슬픔이 복받쳤던 거지요. 크리톤은 울음을 참지 못하여 저보다 먼저 밖으로 나갔습니다. 아폴로도로스는 진작부터 흐느끼고 있었는데, 선생님이 약을 다 마시자 통곡을 하기 시작했습니다. 스승만이 조용했어요.

"이게 뭔가."

스승은 말했습니다.

"이상한 사람들 다 보겠네. 내가 아낙네들을 내보낸 것은 이런 창피스러운 꼴을 보일까 봐 그런 거야. 사람은 모름지기 조용히 죽는 것이야. 조용히, 그리고 의젓하게."

이 말을 듣고 우리는 부끄러운 생각이 들어 눈물을 삼켰습니다. 그는 이리저리 걷더니 한참 만에 다리가 무겁다고 말하고는 반듯이 드러눕더군요. 스승이 누우니까 간수는 다리와 발을 살펴보았습니다. 그리고 한참 있다가 발을 세게 누르면서 감각이 있느냐고 묻더군요. 스승이 "없다"라고 하니까, 그다음엔 다리를 눌러보고는 몸

이 점점 차가워지고 굳어지고 있다고 말하더군요. 그러고는 다시 우리에게 "독이 심장에까지 미치면 마지막입니다"라고 말했습니다. 하반신이 거의 다 차가워지던 순간에 스승은 얼굴 덮개를 내리더니 이렇게 말했습니다. 이것이 스승이 남긴 최후의 말이었습니다.
"어이, 크리톤, 아스클레피오스 신에게 내가 닭 한 마리를 빚졌네. 기억해두었다가 갚아주게."

《파이돈》은 이렇게 한 철인의 최후를 담담하게 묘사한다. 참으로 깨끗하고 평화로운 죽음이다.

플라톤은 생전에 약 30편의 저서를 남겼다. 그의 저서 대부분이 여러 논제를 둘러싼 철학적 대화의 형식을 취하고 있어서 흔히 '대화편'이라 불린다. 연대에 따라 전기 · 중기 · 후기 대화편으로 분류하는데, 《소크라테스의 변명》, 《크리톤》, 《향연》은 전기와 중기에 해당하는 대화편이다. 후에 키케로, 플루타르코스 등 유명 철학자들이 그들의 철학에 대화 형식을 도입하면서 대화편은 철학의 한 장르로 발전한다.

《소크라테스의 변론(Apologie Sōkratous)**》**

기원전 399년, 신을 믿지 않은 죄와 청소년의 정신을 타락시킨 죄로 법정에 선 소크라테스. 그는 자신을 고발한 멜레토스를 향해 최후의 변론을 시도했다. 이 장면을 목격한 플라톤이 후대에 쓴 책이 바로 《소크라테스의 변론》이다. 이 책은 최초 변론, 유죄 선고 후 변론, 사형 선고 후 변론의 세 부분으로 구성되어 있다. 플라톤의 작품 중 백미로 꼽히는 이 책은 소크라테스의 법정 진술을 세세하게 기록하며, 죽음 앞에서도 당당했던 한 철인의 진면모를 묘사하고 있다.

《향연(Symposion)**》**

밤새 술 마시며 대화를 즐기는 아테네의 연회, 향연. 어느 날 비극시인 아가톤이 향연을 열었다. 파이도로스, 파우사니아스, 에릭시마코스, 아리스토파네스는 차례로 사랑의 신 에로스를 찬양했는데, 소크라테스는 에로스에 대한 상투적인 찬사를 거부하고 '불멸을 향한 그리움'이 에로스라는 그의 독특한 철학적 논변을 전개한다. 끝으로 소크라테스를 흠모한 알키비아데스가 에로스 대신 소크라테스를 찬미하며 연회를 마무리했다. 육체의 아름다움을 보는 것에서 시작하여 영혼의 아름다움을 보는 것으로 나아가고 마지막에는 '아름다움 자체'를 보는 것으로 나아가는 것이 삶의 궁극적 목표라는 메시지를 담고 있다.

《크리톤(Kriton)**》**

《크리톤》은 절친한 친구 크리톤이 사형 선고를 받은 소크라테스를 찾아가 탈옥을 권유하는 내용으로 시작한다. 소크라테스는 '탈옥은 왜 옳지 못한 행동인가', '왜 사형 판결을 받아들여야 하는가'를 놓고 도리어 친구 크리톤을 설득한다. 하지만 대화의 어디에도 '악법도 법이다'라는 말은 없다. 소크라테스의 강직한 신념과 삶에 대한 진지한 성찰이 담겨 있는 작품이다.

Chapter 2

이상국가 건설 프로젝트

플라톤
Platon

탁월한 지적 능력을 가진, 명문 귀족 출신의 플라톤. 그가 인생의 방향을 바꾼 것은 스승 소크라테스의 무고한 죽음 때문이었다. 그의 심장을 미친 듯이 뛰게 했던 소크라테스. 그가 사형 판결에 따라 독미나리즙을 마시고 세상을 떠나자 플라톤은 아테네를 떠난다. 피레이스 항구에서 배를 타고 밤바다의 별을 보며 지중해를 방랑한다. 불혹의 나이에 아테네의 숲속에서 아카데메이아를 열고, 플라톤은 제자들과 함께 '어떻게 사는 것이 올바른 삶인가?'를 묻고 '정의로운 국가는 무엇인가?'라는 물음에 대해 논변을 전개한다. 이러한 배경 속에서 탄생한 것이 바로《국가》다.

"공화국을 만드는 우리의 목적은 특정 계급이 행복한 세상이 아니라 모두가 가장 큰 행복을 누리는 세상을 만드는 데 있다."

철인에 의해 통치되는 플라톤의 정의로운 국가를 들여다보면 그 속에는 지혜와 용기 그리고 절제를 한 몸에 구현한 정의의 화신, 소크라테스의 아련한 모습이 깃들어 있음을 알게 된다.

플라톤은 명문 귀족 출신의 잘나가는 젊은이였다. 아버지는 왕족의 후예이고 어머니는 저 유명한 솔론의 친구 드로피데스 가문의 여인이었다. 외당숙 크리티아스가 30인 과두제 시절 정계의 중진이었다는 점을 고려하면 플라톤이 젊은 시절 정계 진출의 포부를 키운 것은 당연한 일이었다. 가문 좋고 체격 좋고 얼굴은 미남인 데다 탁월한 지적 능력을 갖춘 젊은이가 아테네를 걸머질 정치가의 꿈을 접고 돌연 철학의 길로 들어선 것은 전적으로 스승 소크라테스 때문이었다.

플라톤이 스승 소크라테스를 만난 것은 그의 나이 스무 살 때의 일이었다. 플라톤이 스승에게서 배운 것은 무지에 대한 자각과 논변이었다. 그가 얼마나 스승의 논변에 심취했는지 들어보자.

> 이분의 말씀을 들을 때 내 심장은 미친 듯 춤추는 코리바스의 심장보다도 더 격렬하게 뛰며, 눈물이 마구 쏟아집니다. 그러나 나 이외에도 셀 수 없이 많은 사람이 이와 똑같은 상태에 빠지는 것을 나는 봅니다.
>
> -《향연》 중에서

플라톤이 인생의 결정적 전환기를 맞이한 것은 스승의 죽음 때문이었을 것이다. 자신에게 다가오는 정치적 위협도 신경 쓰이는 일이었겠지만 더 이상 아테네 사람들이 사람으로 보이지 않았을 것이다. 사람 만나는 것이 고통스러울 때 우리는 산을 찾거나 떠난다.

플라톤이 아테네를 떠날 때 '아테네 같은 건 더러워서 버리는 것'이라는 심정이었을 것이다. 이후 플라톤은 지중해의 여러 도시를 방문한다. 스승이 평생 아테네의 거리를 떠나지 않은 것과 정반대로 제자 플라톤은 나이 서른에 국제 감각을 익힌 것이다. 메가라의 철학자 에우클레이데스를 방문하고, 키레네의 수학자 테오도로스를 만나고, 이탈리아 피타고라스학파의 필로라오스를 만나고, 멀리 이집트까지 건너가 이집트의 신전을 지키는 성직자의 삶을 목격한다.

불혹의 나이에 이른 플라톤은 아테네의 숲속에서 제자를 육성하는 일에 매진한다. 저 유명한 '아카데메이아' 활동이 개시된 것이다. 플라톤의 대저 《국가》는 이 아카데메이아에서 제자들과 대화하며 집필한 것으로 전해진다. 윌 듀런트는 《철학 이야기》에서 《국가》에 대해 이렇게 헌사를 바친다.

> 대화편 중에서 가장 훌륭한 《국가》는 플라톤의 사상 전체를 한 권에 집약하고 있는, 그 자체가 완전무결한 논문이다. 이 책에서 우리는 그의 형이상학, 신학, 윤리학, 심리학, 교육학, 정치학, 미학을 볼 수 있다. 이 책에서 우리는 공산주의와 여성주의 등 현대인의 취향에 맞는 논제, 니체가 심취한 우생학과 귀족주의에 대한 논제, 자연으로 돌아가라며 자유주의적 교육을 강조한 루소의 논제, 베르그송

의 '생의 약진', 프로이트의 정신분석을 발견할 수 있다. 이 책은 인색하지 않은 주인이 엘리트를 위해 베푼 향연이다.

자, 그러면 우리도 플라톤이 열어준 사상의 향연, 잔치판의 한 자리를 잡아보자. 이 향연은 좀 길다. 밤을 꼬박 새울 각오를 해야 하는데, 재미를 느끼지 못하는 이에게 신이 졸음을 선물로 줄 것이다. 졸음이 오면 그냥 푹 자라. 하지만 다시 일어나 맑은 정신으로 향연에 동참하라.

《국가》의 입구

플라톤의 《국가》는 '인생살이에 대한 케팔로스의 담화'에서부터 시작한다.

"소크라테스! 사람들은 늙으면 젊은 날의 쾌락을 누리지 못하는 것을 한탄하지요. 술 마시고 떠들며 여자와 함께 놀던 과거를 회상하면서 말입니다. 마치 가장 소중한 보물을 잃어버린 것처럼 사람들은 가버린 젊음을 안타까워하면서 슬픔에 잠깁니다.
시인 소포클레스를 만난 적이 있었지요. 한 친구가 시인에게 '소포클레스, 요즘 여자 재미는 어때?'라고 물었다는군요. 시인은 이렇게 말했다지 뭐예요. '여보게, 그런 소릴랑 집어치우게나. 난 그것에서 벗어난 일을 다시없는 기쁨으로 여기고 있다네. 아주 광포한 폭군의 손에서 도망쳐 나온 기분이야'라고 말이에요. 나이를 먹으면 그런 종류의 욕망과 정념을 벗어나 자유롭고 평화스러운 시간이 좋아집니다. 욕망이 사라지고 마음의 평화가 깃들 때 나는 늘 소포클레스의 말에 공감하게 되지요.

사람이란 죽을 때가 다가올수록 예전에 없던 근심과 걱정을 품게 되는가 봅니다. 예전엔 하데스의 이야기를 유치한 웃음거리로 치부했는데 죽음이 다가올수록 저승에 관한 일을 진지하게 생각하게 되지요. (중략) 살아오는 동안 잘못을 많이 저지른 사람은 마치 선잠에서 깨어난 어린아이가 겁을 집어먹듯 불안 속에서 지내게 됩니다. 그러나 돌이켜보아 올바르게 인생을 산 사람은 즐거운 마음으로 여생을 살아가지요."

어떻게 사는 것이 올바른 인생이냐. 《국가》의 서두는 이 물음으로 시작한다. 《국가》는 어떤 책인가. 얼핏 보면 이상적인 정치 체제를 탐구하는 정치학 서적 같기도 하고, 이상적인 인간을 육성하는 교육학 서적 같기도 하고, 플라톤 자신의 철학적 사유를 전개한 철학 서적 같기도 하고, 사유재산을 금지해야 부정 없는 세상을 이룰 수 있다고 주장하는 공산주의 서적 같기도 하고, 또 사후 세계에 관한 견해를 피력해놓은 마지막 장을 읽으면 플라톤의 유언장 같기도 하다. 《국가》에 담긴 대화의 내용은 매우 방대하여 우리는 도무지 저자의 진의가 어디에 있는지 찾기 힘들다.

그런데 《국가》의 첫머리에 나오는 위의 글, 케팔로스의 담화를 읽노라면 우리는 플라톤의 '의도'를 직감하게 된다. 《국가》는 올바른 인생의 길을 찾는 책이다. 젊은 시절 끓는 정욕에 이끌려 방탕한 삶을 살았던 이는 죽음 앞에 벌벌 떠는, 실패의 삶을 살아온 자다. 반면에 젊은 날 올바른 삶을 살아온 덕분에 죽음이 다가와도 평안을 누리는 이라면 성공한 삶을 살아온 자일 것이다. 그렇다면 대체 '올바른 삶'은 무엇이냐. 이것이 플라톤이 인류에게 던진, 《국가》의 내면을 관통하는 문제의식인 것이다.

"좋은 말씀 많이 들었습니다. 케팔로스 님, 그런데 말씀하신 올바름이란 무엇일까요? 당신의 말대로 올바름이란 거짓말하지 않는 정직한 태도, 혹은 빌린 물건을 되돌려주는 일이라고 단정해도 괜찮겠는지요?"

우리는 저 유명한 소크라테스의 산파술에 걸려들고 있다. 플라톤의 대화편이 쉬우면서도 난해한 까닭은 바로 산파술에 있다. 산파술은 상대의 사고가 지니고 있는 모순을 드러내어 올바른 사유를 하도록 안내하는 논변이지 타당한 논거를 제시하면서 자신의 견해를 전개하는 논술이 아니다. 소크라테스는 부정만 할 뿐 긍정의 테제를 제시하지 않는다. 산파는 아이 낳는 것

을 돕는 사람이지 아이를 낳는 산모가 아니잖은가. 진리로 나아가도록 돕는 산파일 뿐 진리를 보여주지 않는 소크라테스! 그렇기에 우리는 답답하다. 우리의 사유가 잘못되었다고만 할 뿐 스스로 아무런 대안의 테제도 제시하지 않는 소크라테스는 분명히 얄미운 영감이다.

나는 인생을 바르게 살고 있는가? 어떻게 사는 것이 올바른 삶인가? 폴레마르코스는 이렇게 제시한다.

폴레마르코스 | 친구에게 선을 주고 적에겐 해를 주는 사람이 올바른 사람 아닐까요?

또 걸려들었다. 친구에게 선을 주고 적에겐 해를 주는 사람은 군인이다. 올바른 군인의 상을 올바른 인간의 상으로 확대하는 것은 논리의 비약이다. 이런 것을 합성의 오류라고 하던가? 소크라테스는 묻는다.

소크라테스 | 건강과 관련해서 친구와 적에게 가장 유능한 이는 누구인가요?

폴레마르코스 | 의사이지요.

소크라테스 | 그렇던가요? 건강한 사람에게 의사는 필요 없지요. 건강한 친구에겐 아무 도움을 주지 못하는 의사가 올바른 의사라면 이상하지요?

정의가 강자의 이익이라고?

이제 소크라테스의 반박술에 진저리를 친 인물이 등장한다. 저 유명한 트라시마코스. '정의는 강자의 이익'이라는 테제를 외친, 매우 솔직한 인물이다.

트라시마코스 | 들으시오. 정의란 강자의 이익 이외에 아무것도 아니외다. 지배자는 자신의 이익을 목적으로 법률을 제정합니다. 법률은 피지배자에게도 '옳은 것'이라 선언하지요.

트라시마코스 역시 소크라테스의 반박술에 걸려든다. 소크라테스는 차분하게 묻는다.

소크라테스 | 의사란 돈벌이하는 사람인가요, 환자를 보살펴주는 사람인가요?

트라시마코스 | 환자를 돌보는 사람이지요.

소크라테스 | 선장이란 선원을 위한 통솔자인가요, 아니면 자신만의 안전을 돌보는 사람인가요?

트라시마코스 | 선원을 위한 통솔자이지요.

소크라테스 | 장인의 기술이란 기술이 미치는 사람에게 이익이 되는 일이지요?

트라시마코스 | 그렇지요.

소크라테스 | 통치자가 보유한 통치술 역시 다스림을 받는 이에게 이익을 주는 행위 아니겠소?

불쌍한 트라시마코스, 논리고 논변이고 논술이고 다 집어치우고, 막말로 웃통 벗고, 소크라테스에게 덤벼든다. 대화는 끝났다.

이상국가 건설 프로젝트

'정의(正義)'를 개인의 차원에서 규정하기 힘들다면 국가의 차원에서 고찰해보자고 플라톤은 제안한다. 올바른 삶이 무엇인지 찾고자 하는 사상의 향연은 이제 '정의로운 국가'를 건설하는 시도로 옮아간다. 우리는 플라톤을 만나 '한 국가'를 만드는 기획자가 된다. 오늘날 우리 젊은이들이 '한 직장'을 구하고자 도서관에서 불을 밝히고 공부하는 것과 사뭇 대조적이다.

플라톤이 살던 시절 폴리스의 인구 규모는 작게는 5000명에서 크게는 1만 명에 이르렀다. 우리는 이 인구 규모에 주목할 필요가 있다. 폴리스의 인구는 성인 남성의 수다. 그러므로 인구 1만 명의 폴리스엔 남녀노소 4만 명이 거주하고 있었고 여기에 노예의 수를 합하면 10만 명을 웃돌았다.

이제 플라톤은 폴리스의 이상향을 이론적으로 규명하고자 한다. 세상에 태어나 시도해봄직한 창조적인 활동이 세 가지 있다. 하나는 소설을 쓰는 일이요, 하나는 종교를 창시하는 일이요, 하나는 이상국가를 건설하는 일이다. 플라톤은 《국가》를 작성하면서 소설도 쓰고 종교도 만들고 이상국가도 건설한다. 자, 우리도 플라톤처럼 아름다운 나라, 이상국가를 세워보자.

"그러면 이론상으로 처음부터 나라를 만들어봄세. 나라를 수립하는 것은 우리의 필요를 충족하기 위함일 것일세. 여러 가지 필요 중에서도 가장 중요한 것은 생존을 위한 음식이지. 다음으로 중요한 것은 집일 것이며, 다음으로 중요한 것은 의복일 것일세. 어떡하나? 우리나라에는 농부와 목수와 직물공이 필요하겠네."

우리는 플라톤을 관념론 철학의 원조라고 알고 있다. 이에 반하여 마르크스를 유물론 철학의 대가라고 알고 있다. 그렇게 배운 우리의 상식은 버려야 할 편견이다. 마르크스가 20년이 넘도록 《자본론》을 집필한 것은 그가 인간의 정신 활동이 갖는 의의를 매우 중시했음을 의미한다. 플라톤이 세워나가는 국가 건설 프로젝트는 기초부터 철저히 유물론적이다. 인간 역사의 제1전제는 무엇인가? 그것은 생필품을 생산하는 인간 활동이다. 플라톤은 생필품을 생산하는 인간 노동의 결합에서 국가 수립의 토대를 찾는다.

"이들 생산자는 일을 하여 만든 생산물의 일부를 공동의 것으로 제공해야 할 것이야. 대장장이와 또 다른 장인도 우리의 이 작은 나라의 동반자가 되어야 할 것이네. 소 치는 사람과 양 치는 사람도 추가함세."

여기에 동양적 사고와는 근본적으로 다른 서양적 사고가 전개되고 있다. 동양인에게 선(善)은 착한 행위인 반면 서양인에게 선(goodness)은 좋은(good) 것이다. 동양인에게 선은 인간관계의 특성이라면 서양인에게 선은 좋은 물건(goods)이다. 플라톤 철학에 수없이 되풀이되어 나오는 덕(arete). 동양인에게 덕(德)은 어진 마음의 정치적 구현으로서 치자와 피치자의 정치적 관계를 규정하는 개념이라면 서양인에게 덕은 좋은 물건을 만드는 장인의 기예(arete)다.

"사람들은 식량과 포도주 그리고 의복이나 신발을 만들면서 살아가겠지. 또 손수 집을 짓고, 여름엔 맨발로 지내고 일도 맨발로 하다가 겨울이 되면 옷도 입고 신도 신겠지. 식사 시간엔 밀이나 보리를 부수고 가루로 갈아서 구워낸 고급 과자 등을 갈대나 깨끗한 잎사귀 위에다 수북하게 담아놓겠지."

참으로 구수한 이야기다. 인류가 언제 이렇게 살았던가? 기원전, 호메로스 시대의 사람들이 이렇게 살았을 것이고 하·은·주 삼대시대의 사람들이 이렇게 살았을 것이다. 플라톤이 그린 소박한 삶의 공동체는 노자의 '소국과민(小國寡民)'에 해당할 것이다.

"이제 소박한 삶에 자족하는 사람들의 나라가 아니라 호사의 나라를 만들어보기로 하지. 호화로운 침상과 식탁, 그리고 화려한 향유와 향료, 아리따운 기녀도 추가함세. 그렇지. 아이를 돌보는 유모와 보모, 시녀와 이발사 그리고 요리사도 필요하겠네."

플라톤은 지금 계급사회의 출현을 기술하고 있다. 귀족 한 사람의 호사스러운 삶을 위해 열 사람의 노예가 희생되는 사회 말이다. 이 사회를 유지하기 위해 군대가 등장하고 군대를 유지하기 위해 세금을 걷고, 법령을 제정하고, 글자 체계를 창안하고, 백성의 복종을 이끌어낼 이념을 만들고……. 이른바 국가가 탄생하는 것이다.

철인 만들기

"군인이란 예민해야 하고 날렵해야 하며 힘이 세야지. 군인은 적에 대해서는 맹렬하되, 동시에 동족에 대해서는 온순해야 할 것이네. 우리의 수호자는 이 대립되는 두 성향을 지니고 있어야 하지."

적에게는 맹렬하면서 동족에게는 유순한 군인, 그는 나라의 수호자다. 폴리스는 군사 공동체였다. 외적이 침입하면 모든 시민은 무장을 갖추고 전쟁터로 나가 싸워야 했다. 호메로스 시대만 해도 무장할 수 있는 이는 재력 있는 귀족뿐이었다. 그래서 《일리아스》와 《오디세이아》는 철저히 영웅의 무용담이다. 철제 무기의 대량 생산은 호메로스의 영웅시대를 마감하고 폴리스의 민주시대를 연 물질적 동력이었다. 이제 한두 영웅이 전세를 결정하는 시대는 갔다. 1000명, 2000명에 이르는 전사들의 단결이 전세를 결정하는 시대가 왔다. 전투가 끝나고 모두가 자신의 전공을 자랑하는 시대, 공동체의 영예와 개인의 프라이드가 존중되는 시대가 온 것이다. 플라톤이 그의 정의로운 국가 건설에서 용맹한 수호자의 육성에 정열을 바친 것은 이러한 시대적 배경에 연유한다.

"자, 그러면 마치 신화 속에서 한가로이 이야기를 들려주는 사람처럼 수호자의 교육에 관해 이야기해보세. 수호자를 위한 바람직한 교육은 어떤 것일까? 교육에는 몸을 단련하기 위한 체육이 있으며 마음을 단련하기 위한 시가가 있겠네."

오전엔 노래를 배우고 시를 암송하고, 오후엔 체조하고 춤추고…….
몸과 마음을 균형 있고 조화롭게 단련하는 이 교육 프로그램은 플라톤이 창안한 것이 아니었다. 플라톤 스스로가 그렇게 교육을 받고 자랐다.

잘나가다 삼천포로 빠진다고, 플라톤은 아동 교육을 언급하면서 검열제를 주장한다. 문학과 예술은 교시적 기능과 동시에 쾌락적 기능을 갖는다. 문학과 예술이 인간에게 쾌락을 주는 동시에 사회적 교시 기능을 하는 것임을 전제한다면 플라톤의 검열제는 과도하게 편향된 엄숙한 예술관임에 분명하다. 오직 도덕적인 이야기만을 아이들에게 전달해야 한다는 그의 주장에서는 무엇인가에 쫓기는 듯한 강박증이 느껴진다. 지금 플라톤은 헬라스인의 영원한 스승 호메로스에게 감히 도전하고 있는 것이다. 시에 대한 철학의 도전, 이것이 《국가》에 흐르고 있는 또 한 줄기의 강물이다.

"먼저 시가에 대해 말해봄세. 이야기에는 사실적인 것과 허구적인 것이 있지. 하지만 아무렇게나 지어낸 이야기를 닥치는 대로 들려주어선 안 될 것이네. 우리는 작가를 감독해야 할 것이야. 신과 영웅에 대해서 나쁘게 이야기하는 것을 금해야 하네. 또 신들끼리 전쟁을 일으키고 서로 음모를 꾸미고 싸움질을 하는 것도 이야기해서는 안 되네. 아이들에게는 늘 훌륭함(덕)에 관한 이야기를 들려주어야 하네."

검열제란 자기 패배의 비겁한 복수다. 아무리 호메로스가 대중에게 큰 영향을 미친다 하더라도 호메로스의 시를 검열해야 한다고 주장하는 플라톤은 이미 패배를 자인한 것이다. 스스로 사상과 표현의 자유를 마음껏 누린 철학자가 시인의 입에 재갈을 물려야 한다고 주장하는 것은 비겁함 이외의 다른 무엇으로 설명할 길이 없다. 그의 스승은 사상의 자유를 위하여 죽음을 선택했는데도 말이다.

"정직은 매우 중요한 가치지. 통치자들이야 나라의 이익을 위해서 거짓말을 할 수 있겠지만 일반 사람들은 거짓말을 해서는 아니 되네. 의사는 환자에게 거짓말을 할 수 있지만 환자는 의사에게 거짓말을 해서는 아니 되는 것처럼 말이야."

플라톤은 얼굴에 철판을 깔았는지, 올바른 나라, 정의로운 국가를 기획하는 글에서 천연덕스럽게 큰 '뻥'을 치겠다고 제언한다. 조물주는 세상을 만들면서 금으로 만든 사람, 은으로 만든 사람, 청동으로 만든 사람의 세 부류를 창조했다는 것이다. 금으로 만든 통치자, 은으로 만든 수호자, 청동으로 만든 생산자가 각기 조물주의 뜻에 따라 자신의 직분에 충실하게 사는 것이 정의로운 나라란다. 위대한 사상가도 자신의 시대적 한계를 뛰어넘지 못한 대표적인 사례다.

자, 이제 플라톤의 교육과정을 알아보자. 열 살이 되면 누구나 교육을 받는다. 10대의 소년 소녀는 부모와 떨어져 시골의 기숙사로 들어간다. 앞에서 말한 시가와 체육 교육을 받는 것이다. 이곳에서 실시되는 체육 교육은 사실상 군사 훈련이다. 달리기, 창던지기, 씨름은 전투에 대비하는 체력 단련이다.

20대가 되면 본격적인 수호자 교육을 받기 위한 자격시험을 치른다. 선발된 수호자 후보생들은 특별한 교육과정을 밟는다. 산수와 기하와 천문학을 배운다. 이 과목들은 모두 전투 지휘관의 자격을 갖추기 위한 것이다. 군인들을 점호하고, 진을 치고, 작전을 짜는 데 산수와 기하와 천문학은 필수적이다.

나이 30이 되면 다시 시험을 치른다. 여기에서 합격한 이들은 5년 동안 본격적인 철학 수업에 들어간다. 20대에 산수와 기하와 천문학을 배운 것은 추상적 사유를 훈련하는 철학의 예비 과정이기도 하다. 그러고 보면 플라톤의 교육과정은 소수의 통치자 후보생을 얻기 위한 준비 과정이었다. 철인 통치자 후보생에게 준비된 다음 코스는 멀고도 험한 길이다. 대중 속으로 들어가야 한다. 온갖 시련과 유혹이 기다리고 있다. 15년의 단련 과정을 이겨낸 이, 나이 50에 철인 통치자의 자격을 얻는다.

모두가 행복한 세상

"친구는 모든 것을 공유한다네. 아무도 생필품 이외의 사유재산을 소유해서는 안 되네. 만일 집과 땅과 돈을 사유한다면 통치자의 지위를 포기해야 하네."

바로 이것이 저 유명한 통치자 공동체의 규율이다. 친구는 모든 것을 공유한다. 군인처럼 공동으로 먹고 공동으로 생활한다. 모든 사유재산은 금지된다. 오늘날 가톨릭 신부가 그러하듯, 사적 소유는 없다.

플라톤이 통치자 집단에 요구하는 공동체

의 규율은 우리에게 시사하는 바가 크다. 플라톤은 일반 시민, 생산자에게 '사유재산 금지'를 요구하지 않았다. 그는 통치자에게 사유재산 금지를 요구했다. 왜냐하면 공익을 추구해야 할 통치자와 사유재산은 양립할 수 없기 때문이다.

"공화국을 만드는 우리의 목적은 특정 계급이 행복한 세상이 아니라 모두가 가장 큰 행복을 누리는 세상을 만드는 데 있다."

"나는 지금까지 온 힘을 다하여 진심으로 인민에게 봉사했다. 죽음 앞에서 더 이상 인민에게 봉사하지 못하는 것만이 유감일 따름이다. 성대한 장례식으로 인민의 소중한 시간과 노력을 낭비하지 말라"라는 베트남 혁명가 호찌민의 유언이야말로 플라톤의 통치자에게 딱 어울리는 유언일 것이다.

말썽 많은 부인공유제

"친구는 모든 것을 공유한다지만 처자를 공유하는 것은 무리가 아닐까요?"

이제 그 유명한 부인공유제에 대한 대논쟁이 전개된다. 플라톤의 통치자 공동체 규율은 실행에 옮길 만한 가치가 있는 규율이다. 그런데 친구는 모든 것을 공유한다는 논리의 완벽을 추구하다 보니 플라톤은 부인과 자식까지 공유해야 한다는 '부인공유제'를 주장하기에 이른다. 나의 부인, 나의 자식이 없다. 그냥 남성 철인과 여성 철인이 있고 그날 밤 같이 자는 이가 자신의 배우자다. 엄밀히 말해 '부인공유제'는 오역이다. '부부공유제'다.

자신의 이론적 일관성을 위하여 현실의 선을 넘어버린 플라톤. 사유재산을 금지하는 것은 좋았으나 부부공유는 좀 그렇다. 스와핑을 하자는 것이냐? 그날 밤 누구와 잘 것인지를 놓고 보이지 않는 혈투가 벌어질 것임이 분명하다. 그런데 플라톤은 예정된 제비뽑기를 통해서 용맹한 이에게 아름다운 여자를 주도록 제언한다. 그래야 우수한 종자를 퍼뜨릴 수 있다나 어쩐다나. 당혹스러운 이야기다. 좌충우돌. 사유재산을 금지하는 사회주의자가 우수한 종의 번식을 주장하는 인종주의자가 된다. 그러다 또 여성주의(feminism)를 설파한다.

> "시가와 체육이 남자에게 제공되었다면 여자에게도 시가와 체육, 기타 전쟁 관련 교육이 제공되어야 하네."

영화 〈알렉산더〉가 보여주듯, 헬라스인의 체육 교육은 군사 훈련이었다. 지금 문제가 되는 것은 체육 교육이 알몸으로 진행된다는 것이다. 알몸으로 씨름하고 알몸으로 달리고 알몸으로 창 던지고……. 이랬으니 여자에게도 남자와 똑같은 체육 교육을 제공해야 한다는 플라톤의 제언은 심각한 고민거리가 아닐 수 없었던 것이다. 하지만 이론을 위해서는 현실과의 타협을 거부해야 한다. 플라톤은 그의 이상국가를 위하여 '남녀의 알몸'을 부끄럽게 여기는 일은 얼마 되지 않은 인간의 관습으로 치부한다.

중요한 것은 플라톤의 남녀평등 사상이다. 고대의 사상가 중 플라톤만큼 일관되게 남녀평등을 주장한 이도 드물다. 절대적 자유, 완벽한 무소유를 추구한 석가의 수행 공동체에서도 여성은 출입 금지. 《논어》에서는 여성을 소인과 더불어 다루기 힘든 인간으로 표현하고 있다. 성에 매몰되는 것을 싫어한 석가와 공자. 성에 대한 그들의 폄하가 여성에 대한 폄하로 이어진 것이다. 플라톤의 남녀평등 사상은 이론적으로 일관된다. 남자와 여자가 역량의 차이는 있지만 남녀 간의 본질적 차이는 없다는 것이 플라톤의 견해다. 전투 능력에서 남자가 여자보다 우월한 역량을 보이겠지만 여자도 전투를 수행할 수 있듯이, 여자도 통치 업무에 참여할 수 있다고 본 것이다.

> "그러니까 이런 부류의 여자들을 선발하여 남자들과 함께 살며 함께 나라를 수호하도록 하는 것이네. 가능한 한 최선의 남녀들이 생기는 것 이상으로 나라를 위해서 더 좋은 것이 있는가?"

플라톤에게 이상국가 건설의 핵심은 이상적인 통치자 집단의 육성에 있었다. 플라톤은 철인이 왕이 되거나 왕이 철인이 되는 나라를 꿈꾸었다. 자, 이제 이상국가의 골격이 섰다. 모든 생산자는 자신의 일에 전념하자. 최선의 기예를 뽐내는 것이다. 그러면서 통치자의 지배를 충실히 따라야지. 시민은 욕망을 절제하는 법을 배우고, 교육을 받은 수호자는 적에겐 용감하게 동족에겐 온순하게 대할 것이다. 나라 전체를 어떻게 이끌어갈지를 결정하는 것은 철학적 사유에 정통한 철인 집단에 맡겨야지. 이들은 그 어떤 사욕에도 이끌리는 일 없이 오직 나라의 보편적 이익만을 위해 헌신한다. 절제와 용기와 지혜가 스승 소크라테스의 삶 속에서 온전히 구현되었듯, 각자가 자기에게 주어진 역할에 충실하면 우리는 '소크라테스처럼 이상적인' 나라를 누릴 것이다. '훌륭하고 아름답고 올바른 나라' 만세.

동굴의 우화

"여기에 지하 동굴이 있다. 동굴 속에는 죄수가 갇혀 있다. 그는 태어나면서부터 지금까지 두 팔과 두 다리가 묶인 채로 동굴 벽만 보고 산다. 목도 결박당하여 머리를 좌우로도 뒤로도 돌릴 수가 없다. 죄수의 등 뒤 위쪽에 횃불이 타오르고 있다. 죄수는 횃불에 비추인 자신의 그림자만을 보고 산다."

플라톤의 《국가》에 장치된 이야기 중에 가장 인상적인 '동굴의 비유'는 이렇게 시작된다. 말

만 들어도 으스스한 느낌을 주는 지하 동굴은 우리의 현세다. 플라톤은 지금 우리를 동굴 속의 죄수나 다름없는 존재라고 보고 있다. 팔과 다리를 포박당한 채, 목도 자유로이 움직일 수 없는 상태로 살아가는 죄수가 바로 당신이다.

"죄수와 횃불 사이에는 무대 높이의 회랑이 동굴을 가로질러 설치되어 있다. 이제 이 회랑 뒤에서 누군가가 인형극 놀이를 한다고 상상하자. 돌이나 나무로 만든 동물 모형, 사람 모형을 담장 위로 들고 지나가는 것이다. 죄수는 횃불에 의해 투영되는 모형의 그림자만을 볼 뿐, 실재의 모형을 본 적이 없지. 인형극을 연출하는 사람들이 대사를 읽을 경우 죄수는 모형의 그림자들이 서로 대화를 나누는 것으로 인식할 거야."

죄수는 동굴의 일그러진 벽면에 비추인 어둠침침한 그림자를 사물의 실재로 착각하며 산다. 그 죄수가 바로 당신이다.

"이제 죄수의 몸을 묶고 있는 사슬을 풀어주자. 그리고 모형을 죄수에게 보여주자. 당신이 보아온 동굴 벽의 이미지는 모형의 그림자였음을 설명해주자. 죄수는 악을 쓸 것이다. 평생 그림자만 보아온 죄수는 그림자를 실재보다 더 실재적인 것으로 고집할 것이다."

사물의 그림자를 사물의 실재(reality)보다 더 실재적인(real) 것으로 고집하는 동굴의 죄수. 당신도 마찬가지다. 지금 플라톤은 우리가 진리라고 알아온 모든 관념에 대해 회의할 것을 주문하고 있다. 회의하라, 이것이 철학의 시작이다.

"이제 죄수의 손목을 이끌어 동굴 밖으로 연결되는 가파른 통로로 안내해봄세. 햇빛이 찬연히 부서지는 곳으로 그의 몸을 끄집어낸 순간, 죄수의 눈은 너무 밝은 광채 앞에서 아무것도 보지 못할 거야. 그가 지상의 사물을 분별하려면 상당한 적응 기간이 필요해."

여기에 나오는 적응이란 철학적 사유의 훈련을 말한다. 아무도 철학자로 타고나지 않는다. 철학자가 되기 위해 최소 5년간의 훈련이 필요하다는 것은 철학적 사유의 훈련을 의미한다.

"동굴의 어둠에만 익숙한 죄수가 볼 수 있는 것은 사물의 그림자겠지. 한참 후 호수에 비추인 나무의 영상을 볼 수 있겠지. 다음으로 밤하늘의 달과 별을 보게 될 것이고. 이제 대낮의 태양을 볼 차례지. 태양이란 사계절과 세월을 만들어내고 모든 사물을 다스리네. 태양은 모든 사물의 원인이지."

플라톤은 동굴의 비유 속에 자신의 철학적 장치들을 주도면밀하게 배치해놓았다. 동굴 속은 현실의 세계이고 동굴 밖은 이데아의 세계다. 밤하늘의 달과 별은 이데아의 달과 별이다. 마침내 태양을 본다는 것은 이데아의 태양을 본다는 것이다. 모든 사물의 원인인 태양의 이데아, 너는 무엇이냐?

두 개의 선분

이제 동굴의 비유를 개념적으로 정리하자. 먼저 옆으로 금을 긋자. 플라톤에게 세계는 둘로 나누어져 있다. 금의 아랫부분은 인간의 눈과 귀로 감지하는 '가시계(visible world)'다. 금의 윗부분은 인간의 이성으로 인지하는 '가지계(intelligible world)'다. 세계는 가시계와 가지계로 나뉘어 있다는 것이 그 유명한 플라톤의 이원론적 존재론이다. 존재론이 무엇인가? 영어로 'ontology'인데, 알고 보니 그리스어 'on to'는 영어로 'to be'란다. 존재하는 것들에 대한 철학적 견해가 존재론이다. 동양으로 치면 가시계는 형이하(形而下)의 세계이고 가지계는 형이상(形而上)의 세계다.

가지계: 이데아의 세계

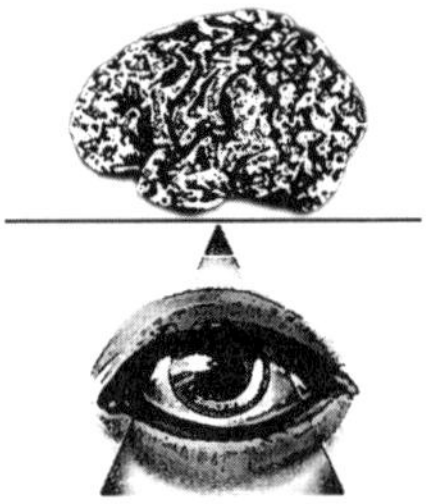

가시계: 현실의 세계

이제 위에서 아래로 금을 긋자. 왼편이 존재의 세계라면 오른편은 의식의 세계다. 가시계를 인지하는 것은 인간의 감각(sense, aisthesis)이다. 가지계를 인지하는 것은 인간의 이성(reason, nous)이다. 이렇게 인간의 인식 능력을 감각과 이성으로 나누어 생각하는 것이 플라톤의 인식론(epistemology)이다. 철학자의 이성은 가지계에 존재하는 이데아의 세계를 인지하는 것이란다. 플라톤에게 생성과 소멸의 운명 속에 있는 가시계의 사물은 가짜다. 진짜는 이데아의 세계다.

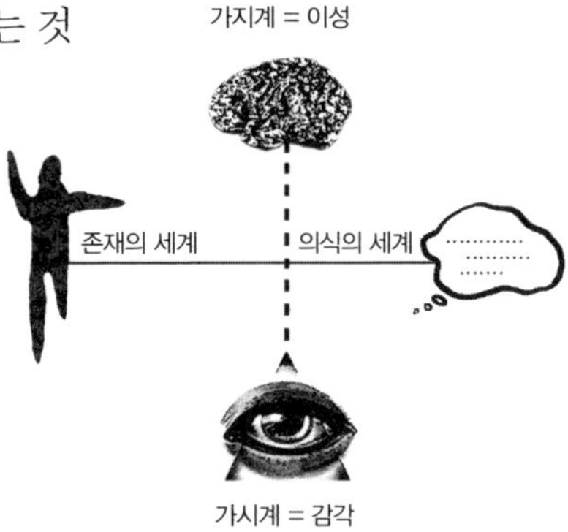

상대성이론이 우주 이데아?

아인슈타인의 상대성이론이야말로 플라톤이 추구한 우주의 이데아가 아닐까? 우리는 그동안 시간과 공간을 별도의 실체로 간주했다. 아인슈타인에 따르면 우주는 시공간 4차원의 세계다. 공간은 시간 축을 따라 팽창하고 있다.

시간과 공간은 물체의 운동 속도에 따라 달라진다. 빛의 속도에 가까운 초고속의 비행 물체에서 공간은 줄어든다. 따라서 길이도 줄어든다. 광속을 C, 물체의 운동 속도를 V라고 하면 $\sqrt{1-\frac{V^2}{C^2}}$로 줄어든다. 초속 20만 킬로미터로 달리는 비행 물체에서 나의 키는 $\sqrt{1-\frac{20^2}{30^2}}$, 즉 $\frac{\sqrt{5}}{3}$로 줄어든다. 나의 키가 1미터 80센티미터라면 1미터 34센티미터로 줄어든다. 초속 30만 킬로미터로 달리는 비행 물체에서 나의 키는 제로가 된다. 사라지는 것이다. 존재하는 물질이 사라질 수는 없는 법. 따라서 우리는 빛의 속도를 따라갈 수 없음을 인정해야 한다.

빛의 속도를 따라잡기 위해 에너지를 추가로 공급하면 에너지가 물체

의 질량으로 전환된다. 그러면 늘어난 질량만큼 더 큰 에너지가 공급되어야 하고, 더 큰 에너지가 다시 물체의 질량을 증대시키면서 속도를 높이려면 더 많은 에너지를 공급해야 하고……. 그래서 우리는 빛의 속도를 따라잡을 수 없는 것이다.

대체 얼마만큼의 에너지가 질량으로 바뀌는 걸까? 이 물음에 대한 답이 그 유명한 특수상대성이론의 공식이다. E/C^2만큼의 에너지가 질량(mass)으로 바뀐다는 것. 이것을 정리하면 $E=mc^2$이다.

아인슈타인에 따르면 초고속의 비행 물체 안에서 질량은 늘어나고 공간은 줄어들고 시간은 더디 간다. 철수는 사랑하는 영희에게 5년 후 결혼식을 올리자는 약속을 하고선 우주여행을 떠났다. 약속대로 5년 후 지구로 돌아와 영희를 만났는데, 아뿔싸, 영희는 50년의 기나긴 세월을 청상과부로 지내다 이제는 이 빠진 할머니가 되어 있었다. 영희는 내 청춘을 보상하라고 철수에게 하소연하지만 할머니와 결혼해야 하는 철수도 사정이 딱하긴 마찬가지.

누구의 시간이 올바른 것이냐? 철수의 비행 물체냐, 영희의 지구냐? 둘 다 아니다. 빨리 움직이는 물체에서는 질량이 증대하고 공간이 수축되며 시간이 더디 간다는 것을 그들은 몰랐던 것이다. 시간과 공간은 절대적 기준이 있는 것이 아니라 운동하는 좌표계에 따라 달라지는 상대적인 존재라며 아인슈타인은 씩 웃는다. 오, 아름다운 시공간의 이데아여.

만남이 있으면 헤어짐이 있는 법이다. 이제 우리가 헤어질 때가 왔다. 케팔로스의 담화에서 트라시마코스의 논변까지는 아마도 소크라테스 생전의 이야기를 플라톤이 그대로 재연한 내용일 것이다. 이후 국가를 수립하기까지의 기나긴 대화는 아마도 플라톤 자신의 상상인 듯하다. 《국가》는 여기에서 끝나지 않는다. 징글징글한 사유의 대가 플라톤은 또 우리를 정치 체제에 대한 비교 고찰의 마당으로 안내한다. 하지만 우리의 인내심은 여기에서 끝이다.

스파르타식 정치 체제가 어떻고, 과두정치 체제가 어떻고, 민주정치 체제가 어떻고……. 대화는 끝없이 이어진다. 국가의 창건 과정에서 시인에 대한 검열제를 주장했던 플라톤이 국가의 준공 과정에서 '시인 추방론'을 주장한다. 내가 너무 나갔나? 국가의 완공 과정에서 플라톤은 아량을 베풀어 호메로스를 그의 국가로 불러들인다. 국가 수립의 임무를 완수한 플라톤, 너무 힘들었나? 뒤풀이에서 헛소리를 한다. "영혼의 나라로 가고 싶어. 가련다, 저 망각의 강을 넘어, 레테(Lethe)의 강을 넘어……."

고전 읽기

《국가(Politeia)》

플라톤의 가장 위대하면서도 방대한 저서. 총 10권으로 이루어진 이 책은 형이상학, 신학, 윤리학, 심리학, 교육학, 정치학, 미학 등 철학의 거의 모든 영역을 다루고 있다.

'정의'에 대한 논의(1권), 국가의 개념(2권), 국가 수호자들의 바람직한 교육관(3권), 통치자와 수호자 그리고 생산자들이 국가에서 맡는 지위와 역할(4권), 통치자 공동체의 규율, 부인 공유제, 남녀평등, 철인 통치자의 필요성(5권), 철학자가 추구하는 삶, 태양에 비유한 선(善)의 이데아와 가시계와 가지계를 구분한 선분의 비유(6권), 동굴의 비유(7권)를 담고 있다. 또 여러 정치 체제에 대한 비교와 '시인 추방론'도 방대한 내용 중 하나다.

플라톤은 이 책에서 정의로운 인간과 국가 건설을 꿈꾸었으며 그를 위해 정의로운 철인이 통치를 해야 한다고 주장한다. 민주정치를 타락한 국가 형태로 규정하는 등 오늘날의 관점에서는 비판받을 만한 내용이 있지만 토머스 모어나 마르크스 등 후대 서구 사상사에 많은 영향을 끼친 고전이다.

Chapter 3

고통의 바다를 건너다

석가
釋迦

죽음에 대한 불안은 어디에서 오는 걸까? 석가를 사로잡았던 화두는 생로병사다. 죽음은 그 자체에 대한 불안이 아니라 '나의 소멸'에 대한 불안인 것이다. 세상의 모든 것이 있다가 없어지듯, 인간의 생명도 있다가 없어진다. 인간의 몸은 소용돌이, 그 감각은 물방울, 그 표상은 아지랑이, 그 의지는 파초, 그 의식은 환영이라고 불경은 가르친다.

생과 사에 대한 통찰과 지혜를 주는《반야심경》은 본디 세계가 하나라고 이야기한다. 냇물과 강물과 바닷물이 다 물인 것처럼, 개나리와 진달래와 모란이 다 꽃인 것처럼 모든 색은 공이다. 모든 분별과 차별은 허상이다. 나에 대한 집착을 버리자. 의식의 허상을 지우고 마음의 공포를 지우자. 지우고 지우고 또 지우고 마침내 이르는 곳, 그곳이 적멸의 세계, 열반(nirvana)의 경지다. "아제아제 바라아제 바라승아제 보리사바하(가세, 가세, 건너가세, 함께 건너가 깨달음을 이루세)."

최초로 비구니가 된 고타미라는 여인이 있다. 고타미는 가난한 집의 딸이었으나 재산이 많은 사내의 아내가 되어 남편의 사랑을 받으며 평화로운 가정을 꾸렸다. 자식이 생기자 고타미의 가정은 즐거움을 더하게 되었다. 하지만 복된 가정에 언제나 행운의 바람만 불어오는 것은 아니었다. 귀여운 아들이 겨우 걸음마를 할 무렵 병에 걸려 죽게 되었다.

고타미의 슬픔은 말로 형용할 수 없었다. 고타미는 아들의 식어가는 몸을 끌어안고 어찌할 바를 모른 채 울부짖었다. 사람마다 붙들고 귀여운 갓난애를 살려달라고 빌었다. 이미 식어버린 아이의 몸을 되살려낼 방법이 없었으므로 사람들은 동정의 눈물만 흘릴 뿐이었다. 고타미는 거리를 헤매는 미친 여자가 되어버렸다.

어느 날 석가의 제자가 그 여자를 불러 세웠다. "누이여, 그 아이의 병은 무겁다. 세간의 의사로는 어림없다. 다만 한 사람, 여기에 그 병을 고치실 분이 계신다. 그는 지금 다행히도 기원정사에 머무르고 계신다."

고타미는 제자의 말이 끝나지도 않았는데 기원정사로 냅다 달려가 석가를 만났다. 그녀는 사랑하는 아들의 병을 고쳐달라고 애걸했다. 석가는 조용히 여인의 말을 듣고 부드럽게 말했다. "여인이여, 이 아이의 병은 고치기 쉽다. 겨자씨를 대여섯 알 먹이면 된다. 거리로 나가 얻어 오너라."

고타미는 너무나도 쉬운 분부에 급히 거리로 달려 나가려고 했다. 그때 석가는 여인의 발걸음을 멈추게 하고 "그러나 여인이여, 겨자씨는 아직 한 번도 장례식을 올린 일이 없는 집, 다시 말해 사람이 죽은 일이 없는 집에서 구해 와야 하느니라" 하고 분부했다.

고타미는 자식을 살리고 싶은 마음에 석가의 분부를 깊이 생각할 여유가 없었다. 고타미는 거리로 뛰어나가 겨자씨를 구걸했다. 이상한 일이었다. 겨자씨를 청하여 주지 않는 집은 단 한 집도 없었다. 그런데 죽은 사람이 있었느냐고 물어보면 모두 그렇다고 말할 뿐 아니라고 말하는 집은 단 한 집도 없었다. 성안의 구석구석 모든 집을 두드려보았으나 죽은 사람이 없는 집을 끝내 찾아내지 못했다.

고타미는 이상하게 생각했으나 차츰 그 까닭을 알게 되었다. "사람으로 태어나 죽지 않는 자는 없다. 사별의 슬픔이 찾아오지 않는 집은 없다. 귀여운 내 자식, 소중한 부모, 집안의 중심인 남편, 그 누구라도 죽지 않을 수 없다. 나 또한 죽을 몸이 아닌가?"

순간 고타미는 몸에 좁쌀 같은 소름이 돋는 듯했다. 더 이상 겨자씨를 구걸할 용기도 사라졌다. 그녀의 마음엔 법안이 열리기 시작했다. 그리하여 며칠을 품고 다니던 사랑하는 아들의 몸을 땅에 묻고 기원정사로 돌아가 석가 앞에 무릎을 꿇었다.

갠지스 강의 물결을 보라

종교란 죽음의 문화다. 생로병사. 인간은 누구나 태어나면 늙고 병들고 죽는 법인데, 죽음에 대한 의식(意識)은 늘 불안을 수반한다. 그 누구도 사후 세계를 경험한 적이 없기 때문에 가볼 수 없으면서 한 번은 갈 수밖에 없는 사후 세계에 대한 무지는 우리에게 불안의 원천이 되는 것이다. 인간에게 죽음이 있고 죽음에 대한 불안이 있는 한, 종교는 영원하다.

불교야말로 죽음의 종교다. 인간은 누구나 생명에 집착한다. 세상의 모든 것이 있다가 없어지듯, 인간의 생명도 있다가 없어진다. 인간의 몸은 소용돌이, 그 감각은 물방울, 그 표상은 아지랑이, 그 의지는 파초, 그 의식은 환영이라고 불경은 가르친다.

> "제자들이여, 저 갠지스 강의 물결을 보라. 저기 소용돌이가 일고 있다. 그러나 잘 보라. 소용돌이란 없는 것이다. 그것은 끊임없이 변하는 강물의 순간적 모습에 지나지 않는다."

일시적 현상을 실체가 있는 것으로 보는 우리의 사고가 잘못이라는 것이다. 하늘에 주인이 없듯, 바람에 주인이 없듯, 인간의 몸과 마음에도 주인이 없다고 석가는 가르친 것이다. 《금강경》은 이렇게 전한다.

> "수보리여, 누구든지 자아라는 생각을 일으키는 사람은 아직 구도

자라 볼 수 없다."

그러니까 죽음에 대한 불안은 죽음 그 자체에 대한 불안이 아니라 '나의 소멸'에 대한 불안인 것이다. 세상에 하나밖에 없는 '나'라는 존재가 사라진다는 것, 언제 생각해도 기이한 일이다. 그런 의문에 붙들린 자에게 불교는 '나에 대한 집착'을 버리라고 한다. 어머니 신사임당을 여윈 열여섯 살의 율곡이 3년상을 치르고 금강산에 들어간 것이나 존경하는 형님 허봉과 사랑하는 누이 허난설헌을 잃은 허균이 관아에 부처를 모시고 염불을 했던 것은 죽음을 이기는 길이 불교에 있었기 때문이다.

불교는 세상을 '공(空)'으로 본다. 사람들은 너와 나를 가르고 인간과 짐승을 가르고 산 것과 죽은 것을 가른다. 분별의 세계는 '색(色)'의 세계다. 그러나 너와 나는 다 같은 사람이요, 인간과 짐승은 다 같은 생명체요, 산 것이나 죽은 것이나 다 같은 존재다.

봄날 찬란하게 피어나는 개나리와 진달래와 영산홍은 서로 분별하지 않는다. 개나리가 진달래를 부러워하지도 않고, 모란이 개나리를 미워하지도 않는다. 어여쁜 꽃잎을 뽐내지도 않고, 꽃잎이 떨어짐에 서운해하지도 않는다. 모란이 피기까지 찬란한 슬픔의 봄을 기다리는 것은 사람밖에 없다. 떨어져 누운 꽃잎마저 시들어버려 서운해하는 것 또한 사람뿐이다. 분별의 세계와 분별의 의식, 이것은 색이다.

세계는 본디 하나다. 냇물이나 강물이나 바닷물이나 모두 물이다. 개나리나 진달래나 모란이나 모두 꽃이다. 색은 공이다. 본디 공인 것을 색으로 보는 것은 인간이요, 인간의 분별 의식이다. 자아에 대한 집착을 버리고 세계를 있는 그대로 보면 색은 본디 공이요, 색으로 드러난 것일 뿐이다. 냇물과 강물과 바닷물은 다 물이다. 개나리와 진달래와 모란은 다 꽃이다. 색즉시공(色卽是空).

색즉시공

석가가 우리에게 가르치는 것은 어려운 것이 아니다. 집착을 버리라는 것이다. 집착으로 인하여 삶의 고통이 생기나니 집착을 버리면 고통의 원인이 사라진다. 알고 보면 불교는 심오하고 신비한 교리가 아니다. 색즉시공의 교리가 가르치는 바는 집착을 버리라는 것이다. 불경은 여러 이야기로 우리를 가르친다. 석가는 이렇게 말했다.

"보라, 모든 것은 불타고 있다. 사람들의 눈은 불타고 있다.
사람들의 귀는 불타고 있다. 사람들의 혀도 불타고 있다.
사람들의 몸도 불타고 있다. 사람들의 마음도 불타고 있다.
모든 것이 불타고 있다. 탐욕의 불길로 타오르고 있다.
성냄의 불길로 타오르고 있다. 어리석음의 불길로 타오르고 있다."

석가는 우리에게 아주 기이한 관념을 가르친 것이 아니다. 그는 오로지 인간의 고통을 어떻게 극복할 것인가, 이 현실의 문제를 풀려고 애쓴 사람이었다. 보타바루와 석가의 문답은 석가의 사유 태도가 얼마나 실제적인 것인지 잘 보여준다.

보타바루 | 세존이시여, 세계는 영원히 존재하는 것입니까?

석가 | 보타바루여, 그것은 내가 설하지 않는 바다.

보타바루 | 그렇다면 세계는 무상한 것입니까?

석가 | 그것도 내가 설하지 않는 바다.

보타바루 | 그렇다면 세계는 끝이 있는 것입니까, 없는 것입니까?

석가 | 그것도 내가 설하지 않는 바다.

보타바루 | 사람은 죽은 뒤 존재하는 것입니까, 존재하지 않는 것입니까?

석가 | 그것도 내가 설하지 않는 바다.

보타바루 | 세존이시여, 무슨 까닭에 이와 같은 일들을 설하지 않는 것입니까?

석가 | 보타바루여, 옳음이 없고 법에도 맞지 않으며 수행과도 관계가 없기 때문이다. 집착을 끊고 욕심을 버리고 바른 지혜를 얻어 열반(涅槃)으로 이끄는 것이 아니기 때문이다.

보타바루 | 그렇다면 세존께서는 무엇을 설하십니까?

석가 | 보타바루여, 나는 괴로움을 설하고 괴로움의 원인을 설하며 괴로움의 소멸을 설하고 괴로움의 소멸에 이르는 길을 설하느니라.

《금강경》은 뗏목의 비유를 들어 다시 한 번 집착의 어리석음을 깨우치고 있다. 석가는 이렇게 말한다.

"제자들이여, 나는 너희가 집착을 여읠 수 있도록 뗏목의 비유를 들어 설하겠다. 어떤 사람이 긴 여행을 하다가 강가에 이르러 이렇게 말했다. '이 언덕은 위험하지만 저쪽 언덕은 안전하다. 뗏목을 만들어 저쪽 언덕으로 가자.' 뗏목을 만들어 안전하게 저쪽 언덕에 이른 뒤 생각했다. '이 뗏목은 나에게 큰 공을 세웠다. 이 뗏목을 버리는 것은 아깝지 않은가? 나는 이 뗏목을 머리 위에 이고 가겠노라.'"

이제 꽃보다 더 아름다웠던 누이 난설헌을 그리워하며 목탁을 두드리던 허균의 염불을 경청해보자. 허균은 '피안에 이르는 길'을 가르치는 《마하반야바라밀다심경》을 외우고 있었을 것이다.

지혜도 깨달음도 없다

'마하'는 '위대하다'라는 뜻의 산스크리트어다. '반야'는 '지혜'다. '바라밀다'는 '건너가다'라는 뜻이다. 위대한 지혜로 건너가는 《반야심경》은 이렇게 시작한다.

"관세음보살은 깨달음을 얻고자 깊은 선(禪)에 잠겼을 때(觀自在菩薩行深般若波羅密多時)."

불(佛), 붓다(Buddha)가 뭐냐? 붓다는 '깨달은 자'다. 보살(菩薩), 보디사트바(Bodhisattva)가 뭐냐? '깨달음을 얻었으나 열반으로 가는 것을 포기하고 중생과 더불어 사는 자'다.

원효 대사는 우리 중생에게 불교의 복잡한 불경을 다 볼 수 없으니 매일 주문만 외우라고 가르쳤다. 그 주문이 '나무아미타불 관세음보살'이다. 아미타불은 서방 정토를 주재하는 부처이고 관세음보살은 세상의 모든 중생이 해탈할 때까지 성불하지 않겠다는 보살로서 우리에게 가장 친숙하다. '나무'는 소나무, 전나무, 떡갈나무를 통틀어 가리키는 나무가 아니라 '의지하다', 즉 영어로 'rely on'의 의미다. 그러므로 '나무아미타불 관세음보살'이란 '아미타불과 관세음보살에게 귀의합니다'라는 일종의 신앙 고백인 셈이다.

《반야심경》에 한자로 표기된 관자재보살(觀自在菩薩)은 산스크리트어 'Avalokiteshvara'를 옮긴 것으로서 '관세음보살'과 동일하다. 관자재보살이 깊은 선에 잠기어 세상을 통찰하니 세상의 모든 것, 즉 오온(五蘊)이 공임을 보고 일체의 고액을 건넜다는 것이다. 이 문장은《반야심경》의 서론이요, 요체이기도 하다. 불교에서는 오온을 '물질', '감각', '의지', '분별', '생각'으로 풀이한다. 물질과 정신으로 이분하여 세상을 보는 서양철학보다 인간의 내면세계를 훨씬 다면적으로 보고 있다.

"물질이며 감각이며 의지며 분별이며 생각이 모두 공임을 보고 고통의 바다를 건넜다(照見五蘊皆空 度一切苦厄)."

사리자는 석가의 뛰어난 제자다. 목건련과 더불어 석가의 문하에 가장 먼저 입문한 제자이기도 하다. 석굴암의 입구 오른편의 첫째 부처가 사리불이요, 왼편의 첫째 부처가 목건련일 것이다. 지금 우리가 낭송하고 있는 《반야심경》은 인간의 손으로 작성된 문건 중 가장 심오하면서도 가장 간결한 글임에 틀림없다. 팔만대장경이나 되는 저 방대한 석가의 가르침을 260자로 압축했다. 태어나 죽을 때까지 불경을 10권도 읽지 않을 운명이라면 《반야심경》 260자라도 제대로 공부함이 어떨까.

"사리자여, 색이 공과 다르지 않고 공은 색과 다르지 않으며, 색이 공이요 공이 색이라(舍利子 色不異空 空不異色 色卽是空 空卽是色)."

대학 시절 한 친구 녀석이 불교에 깊이 빠지더니 별 희한한 이야기를 들려주었다. 깊은 선에 잠긴 상태에서 자신의 영혼을 육체로부터 이탈시키는 육체 이탈을 시도하고 있다는 것이었다. 천안통, 천이통, 타심통, 숙명통, 신족통, 누진통의 육통을 하면 세상을 자기 마음대로 바꿀 수 있을 것이다. 사람 간 떨리는 이야기다. 눈으로 볼 수 없는 모든 것을 보는 천안통, 귀로 들을 수 없는 모든 것을 듣는 천이통, 사람의 마음을 훤히 들여다보는 타심통, 우주와 인생의 과거사를 다 헤아리는 숙명통, 축지법으로 날아다니는 신족통, 자유자재로 번뇌를 끊는 누진통, 이 육통의 경지에 이르기 위해 도를 닦는 것이란다.

하여 나도 불교를 더 알고 싶어 서울 남산에 자리한 '대원정사'에 찾아간 적이 있었다. 법문이 끝나고 '색즉시공'이 무엇인가 물었는데, 지금 나의 기억으로는 스님이 진리를 설명하길 꺼렸던 것 같다. 스님이 불친절했든지, 아니면 내가 불손했든지 둘 중의 하나일 것이다.

"인간의 감각과 상념과 행동과 의식도 그러하다(受想行識 亦復如是)."

하지만 《반야심경》은 우리에게 직설한다. '색'이란 무엇이냐? 우주의 삼라만상이다. 존재하는 모든 사물이 '색'이다. 인간의 감각과 상념과 행동과 의식도 '색'이라고 《반야심경》은 우리에게 직설하고 있다. 그렇다면 '공'이란 무엇이냐? '공'을 이해하는 지름길은 '색'이 무엇인지 바르게 정의하는 데 있을 것이다.

'색'이 무어냐? 색깔이냐? 만일 '색'이 색깔이라면 '공'은 '무색'일 것이다. '색'이 무어냐? '단풍잎'이냐? 만일 '색'이 '단풍잎'이라면 '공'은 낙엽일 것이다. 하지만 아닌 것 같다.

영어 《반야심경》에서는 '색'을 'form'으로 번역하고 있다. 그러면 '공'은 'formless'일 것이다. 그런데 영어 《반야심경》에서는 '공'을 'empty' 또는 'void'라 번역하고 있다. 앞과 뒤가 맞지 않는다.

지금 이 방 안은 고요하다. 손을 들어 문을 두드려보자. 소리가 난다. 이내 고요해진다. '소리'가 '색'이라면 '고요'는 '공'일 것이다. 사물이 생성되기 이전의 상태, 그리고 소멸하여 돌아가는 자리가 '공'일까? 아닐 것이다. 그것은 노자의 '허(虛)'에 해당한다. 그러면 '공'은 무엇이냐?

"사리자여, 우리가 알고 있는 진리 또한 공이라(舍利子 是諸法空相)."

어라? 지금 우리가 탐구하고자 하는 것은 불교의 '법'이다. 그런데 이 '법' 또한 '공'이라네? 앞에서 '인간의 감각과 상념과 행동과 의식' 모두를 '공'이라 했고, 여기에서는 '진리'마저도 '공'이라고 한다. 하기야 '진리'란 언어로 표현되는 그 무엇이고, 언어란 인간의 의식 작용의 표현물이니 인간의 감각이며 상념이며 의식이 모두 '공'이라면 우리가 '진리'라고 붙들고 있는 '의식 작용'도 '공'이요, 결과적으로 '진리'도 '공'이어야 하겠다.

"본디 생기는 것도 없고 사라지는 것도 없고, 더러워지는 것도 없고 깨끗해지는 것도 없고, 늘어나는 것도 없고 줄어드는 것도 없는 것이다(不生不滅 不垢不淨 不增不減)."

어라? 좀 심하게 나간다. 생기는 것도 없고 사라지는 것도 없다고? 그런 세상이 어디 있담? 우주의 모든 사물은 생성과 소멸의 숙명 속에 갇힌 존재다. 태양도 100억 년 전에 태어나 앞으로 50억 년 후면 소멸한다고 한다. 모든 항성은 수소의 핵융합 작용에 의해 별로 태어나서 늙으면 적색 거성(red giant)이 되었다가 밤하늘의 불꽃처럼 초신성(supernova)으로 터지다가 사라지는(fade away) 운명을 걷는다. 이것이 우리가 살고 있는 물질계 혹은 이 우주의 법칙이다. 인간은 이 법칙으로부터 자유롭지 않다.

그런데 본디 생기는 것도 없고 사라지는 것도 없다고 한다면 지금 관자재보살은 생성과 소멸의 우주를 넘어선 또 다른 세계를 보고 있는 것이다.

"그러므로 공 가운데에는 색이 없고, 감각도 상념도 행동도 의식도 없다(是故 空中無色 無受想行識)."

당연하지. 생성과 소멸의 세계를 넘어선 곳에 무슨 색이 있을 것이며, 느끼고 표상하고 의지하고 분별하는 인간의 의식 활동이 있을 것인가?

"시각과 청각과 후각과 미각과 감각과 의식은 본디 없는 것이요(無眼耳鼻舌身意)"

시각과 청각과 후각과 미각과 감각은 생물의 생성 이후 나타나는 감각 작용이고, 의식은 인간의 탄생 이후 존재하는 정신 활동이다. 지금 관자재보살은 이 미시의 세계를 훨씬 넘어서 있다.

"빛깔과 소리와 향기와 맛과 촉감과 진리도 본디 없는 것이라(無色聲香味觸法)."

빛은 우주의 탄생과 더불어 생성된 물질이다. 그런데 관자재보살은 생성과 소멸의 세계를 보고 있다. 그곳엔 빛이 없으니 빛깔도 없다. 소리도 향기도 맛도 촉감도 없다. 인간이 붙들고 있는 진리도 본디 없는 것이다.

"그러므로 시각의 세계도 없는 것이요, 이어 의식의 세계도 없는 것이다(無眼界 乃至 無意識界)."

와, 징하다. 어디까지 없는 것이라고 '부정의 사유'를 펼칠 것인가? 시각의 세계도 없는 것이라. 그렇지, 텔레비전이 안방에 들어오면서 우리는 드라마의 노예가 되었지. 본디 텔레비전계(界)가 없었잖우? 청각의 세계도 없는 것이라. 그렇지, 이놈의 휴대전화 때문에 시도 때도 없는 소음 공해에 붙들려 살고 있는데, 본디 휴대전화계는 없었던 것이지? 우리가 원시인으로 돌아갈 수만 있다면 우리의 삶은 얼마나 평화로울까? 이제 우리는 눈뜨면 인터넷에 들어가 정보를 마주한다. 그렇지, 본디 인터넷계도 없었던 것이다. 10만 년 전 인간에게는 말이 없었다. 말이 없던 그 시절에는 의식계도 없었을 것이다.

"본디 공의 세계에서는 무명도 없는 것이니, 무명의 다함도 없는 것이요, 늙고 죽는 것도 없는 것이니, 늙고 죽는 것의 다함도 없는 것이라(無無明 亦無無明盡 乃至 無老死 亦無老死盡)."

죽인다. 바로 이런 대목이 불교의 묘미다. 불교에서 '무명(無明)'의 교리는 중요하다. 인간이란 본디 불성을 안고 태어나는데, 이 무명이라는 껍데기로 인하여 진리를 보지 못한다는 것이다. 산스크리트어로 'avijja'. 'a'는 없다는 뜻이고 'vijja'는 밝음이니 'avijja'는 밝음이 없는 상태, 무명이다. 이 무명의 껍데기를 지우기 위하여 석가가 제시한 것이 '팔정도'다.

바르게 보라(正見).
바르게 생각하라(正思惟).
바르게 말하라(正語).
바른 일을 하라(正業).
바른 길을 가라(正命).
바르게 수행하라(正精進).
바른 마음을 가지라(正念).
바른 상태에 머물라(正定).

무명이 없는 것이라면 석가의 위대한 가르침인 팔정도도 없는 것이 된다. 이는 불교의 교리 체계 전반을 뒤흔드는 불온한 발상이다. 어느 목사가 있어, 십자가에 못 박힌 예수도 없고 죄 사함도 없고 구원도 없다고 설교한다면 당장 기독교계의 파문을 면치 못할 것이다.

불교는 정반대다. 석가가 가르친 무명의 법도 없는 것이고 팔정도의 교리도 본디 없는 것이란다. 그렇다면 절간이 다 무슨 소용이란 말인가? 석가가 나무를 조각하여 금색으로 칠하라고 가르쳤던가? 이처럼 자신의 교리를 철저히 부정할 수 있다는 점에서 우리는 불교에 매력을 느낀다.

"고집멸도의 사성제도 사실은 없는 것이다(無苦集滅道)."

고집멸도 사성제는 석가가 보리수 아래에서 깨달음을 얻은 후 제자들에게 가르친 설법의 핵심이다.

고제(苦諦) : 인생이 고해다. 왜 고해인가?
집제(集諦) : 탐욕과 성냄과 어리석음 때문이다.
멸제(滅諦) : 따라서 이것을 버리면 고통도 사라진다.
도제(道諦) : 그러려면 내가 말하는 팔정도를 수행하라.

내 친구가 빠졌던 육체 이탈이니 육통이니 하는 것들은 석가의 정신과 아무 연관이 없는 것이다. 불교란 탐욕을 버리지 못하여 번뇌에 시달리는 인간의 고통을 풀어주는 종교인 것이다. 그런데 관세음보살은 지금 불교의 핵심 교리를 부정하고 있다. 스님도 먹고살아야 할 인간인데,

고집멸도의 사성제마저 '공'이라고 말해버리면 어느 신도가 법문에 들고자 하겠는가? 지금 관세음보살은 지구에서 불교를 말살하고 있다.

"그러므로 공의 세계에는 지혜도 없고 깨달음도 없는 것이요, 깨달음을 얻지 못한 것도 없느니라(無智 亦無得 以無所得故)."

걸림이 없는 자유로운 마음

워메, 지혜도 깨달음도 모두 '공'이라고? 소크라테스여, 그대가 죽는 날까지 추구한 이성적 사유니 진리니 지혜니 하는 것들이 다 '공'이다. 공자여, 그대가 죽는 날까지 탐구한 도(道)도 다 헛것이라. 지금 관세음보살은 인간이 보여줄 수 있는 사유의 극한, 부정 정신의 극한을 보여주고 있다.

"그리하여 관세음보살은 반야의 지혜에 의지하여 마음에 걸림이 없어졌고 마음에 걸림이 없어지자 두려움이 없어져서 뒤집힌 몽상들을 훌훌 털고 마침내 니르바나에 이르렀던 것이다(菩提薩 依般若波羅密多 故心無碍 無碍故 無有恐怖 遠離顚倒夢想 究竟涅槃)."

이 부정의 극한에서 나타나는 것이 무엇이냐? 우리는 알 수 없다. 알아도 표현할 수 없다. 불립문자(不立文字). 깊은 선의 경지에 들어야 체험할 수 있는 그 무엇은 필설로 표현되지 않는다고 흔히 가르친다. 그런데 《반야심경》에서 관세음보살은 직설한다. 그것은 무애(無碍), '걸림이 없는 자유로운 마음'이라고.

인간의 마음속에 깃든 모든 두려움으로부터 자유로워지는 것, 인간의 의식 속에 새겨진 모든 전도된 몽상으로부터 자유로워지는 것, 이것이 장자가 호접몽(胡蝶夢)의 우화로 우리에게 전하고자 하는 경지였을까? 플라톤이 동굴 속의 죄수에 비유하여 이승에 붙들린 우리의 몽상을 질타했던 그 경지였을까? 마음의 공포, 의식의 몽상을 다 지우고 나면 마침내 이르는 곳, 그곳이 니르바나, 열반의 경지다. 그곳은 아무런 소음이 없는(noiseless) 곳이란다. 그리하여 적멸(寂滅)이라고 한다. 플라톤이 그리워한 '불멸의 세계'와 관자재보살이 본 '적멸의 세계'는 같은 것인가, 다른 것인가? 우리는 《반야심경》의 정상을 다 올랐다. 이제 하산하자.

"과거와 현재와 미래의 모든 부처는 이 반야의 지혜에 의지하여 깨달음을 얻은 것이다(三世諸佛依般若波羅密多 故得阿秖多羅三仁 三菩提)."

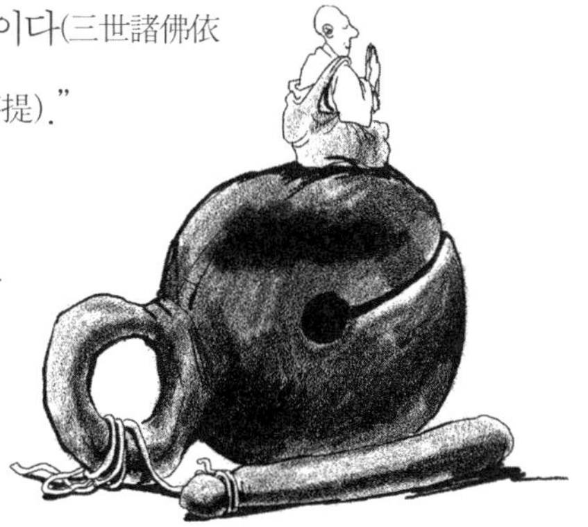

불교는 종교인가, 철학인가? 종교는 초월적 절대자를 설정한다. 기독교의 여호와와 이슬람의 알라가 초월적 절대자다. 초월적 절대자를 사람들이 잘 모르니 예수가 구원자로 오고 무함마드가 중재자로 오는 것이다.

부처는 신적인 존재가 아니다. 다만 깨달음을 얻은 사람이다. 그러므로 부처를 숭배하는 불교는 종교가 아니다. 부처가 의지한 것은 초월적 절대자가 아니라 바로 이것이었다. 지금 우리가 읽고 있는《반야심경》, 이것에 의존하여 깨달음을 얻었으니, 깨달음을 얻고자 하는 모든 불자여, 절에 갈 필요도 없고 대웅전의 나무 조각상에 절을 할 필요도 없는 것이렷다. 당신도 깨달음을 얻어 부처가 되라.

"그러므로 반야의 지혜는 더없이 크고, 더없이 밝고, 더없이 높은, 함께 어깨를 겨눌 것이 없는 위대한 주문이다(故知般若波羅密多 是大神呪 是大明呪 是無上呪 是無等等呪)."

해인사에 모시고 있는 팔만대장경은 고려인이 남긴 위대한 정신적 응결이다. 아마도 고려인이 우리 역사에 남긴 최고의 걸작일 것이다. 일본인은 이 대장경이 없어 시도 때도 없이 조선 왕조에 대장경 한 질을 구걸하기도 했다. 따라서 한국인은 팔만대장경을 소중하게 여겨야 한다. 하지만 우리는 수도승도 아니고 불교 전문가도 아니다. 팔만대장경을 어떻게 읽겠는가? 그래, 바로《반야심경》이 다른 어떤 경전도 어깨를 겨눌 수 없는 가장 위대한 글이므로 이 260자만이라도 읽으며 살자.

"반야바라밀다의 주문은 모든 고액을 소멸시킬 수 있다. 진실하고 거짓이 없으므로 부처께서 이 주문을 설하신 것이다. 자, 주문을 외워보자(能除一切苦 眞實不虛 故說般若波羅密多呪 卽說呪曰)."

그래, 우리도 다 같이 합창하자.

"아제아제 바라아제 바라승아제 보리사바하."
"가세, 가세, 건너가세, 함께 건너가 깨달음을 이루세."

고전 읽기

《반야바라밀다심경(般若波羅蜜多心經)》

《반야경》의 핵심 내용만을 간추려 요약한 경전으로 《반야심경》 또는 《심경》이라고도 한다. 260자의 짧은 글로 《반야경》을 요약하고 있지만 내용 면에서 경전의 속뜻을 가장 잘 전달하는, 가장 심오한 글이다. '색즉시공 공즉시색'으로 대표되는 공(空) 사상은 어떤 사물이든 고정된 상이 없으며, 보살은 오직 걸림이 없는 자유로운 마음을 가지고 수행에 임해야 최고의 지혜를 얻을 수 있다는 내용을 담고 있다.

현재 국내에서 독송되고 있는 《반야바라밀다심경》은 중국 당나라의 법사인 현장이 번역한 것이고, 그 외에도 산스크리트어 원문을 비롯해 여러 한역본이 전한다.

Chapter 4

천하주유에 나선 돈키호테들

공자
孔子

열다섯 살에 학문에 뜻을 세우고 서른 살에 두 발로 세상에 섰다는 공자. 그가 쉰 살에 깨달은 지천명은 무엇일까? 그것은 1년 안에 나라의 기강을 바로 세우고 3년 안에 세상을 평안히 하겠다는 치국평천하였다.

그러나 세상은 불의와 타협하지 않는 이 꼿꼿한 군자를 쉽사리 받아주지 않았다. 14년간 들판을 헤맸지만 결국 '초상집 개'와 같은 신세가 되어버렸다고 《논어》는 전한다.

비록 현실 정치에서 뜻을 펼치지 못했지만 그의 언행과 가르침은 2000년 넘게 이어져 오늘날까지도 올곧게 살고자 하는 사람들의 모범이자 지침이 되고 있다.

"아침에 도를 들으면 저녁에 죽어도 좋으리."

불우한 환경을 딛고 당대 최고의 철학자가 되기까지, 진리를 향한 그의 강인한 열정은 어디에서 오는 것일까?

우리가 만나고자 하는 동서고금의 철학자 중 가장 불우한 사람이 공자였다. 꽃다운 나이의 처녀, 열여섯 살의 안징재와 칠순 노인 숙량흘이 야합(野合)하여 낳은 아이가 공자다. 야합은 요샛말로 정식 결혼을 치르지 않은 동거다. 아이를 낳았는데 머리가 짱구여서 이름을 구(丘, 언덕)라 지었다. 공자를 낳고 3년 만에 아버지가 돌아가셨다. 아버지의 얼굴을 모르고 자란 소년.

"아비는 종이었다. 밤이 깊어도 오지 않았다"로 시작되는 서정주의 〈자화상〉처럼 공자의 소년 시절은 어두웠을 것이다. 어머니가 무당 일로 공자를 먹여 살렸다고 한다. 주검을 수습하고 그 영혼을 달래는 무당 일은 분명 천직(賤職)이었을 것이다. 어머니마저 공자의 나이 열여섯에 돌아가신다. 공자는 사실상 고아였다. 공자를 키운 것은 '8할이 바람'이었을 것이다.

왕자로 성장한 석가와 어둠의 자식으로 자란 공자는 그 출발부터 너무 대조적이다. 명문 귀족의 자제였던 플라톤과도 너무나 대조적이다. 아버지가 목수였던 예수와 공자는 출신이 비슷하다. 하지만 아버지의 울타리 안에서 성장한 예수는 공자보다야 행복한 소년 시절을 보냈을 것이다. 공자의 소년기는 우리가 만나는 10인의 현자 중 가장 불우했음에 틀림없다.

"내 나이 열다섯에 학문에 뜻을 세웠다(吾十有五而志于學)."

불우한 가정환경을 이겨내는 의지의 인물들이 있다. 공자가 그런 사람이었다. 열다섯 살에 학문에 뜻을 세운 이 소년은 조숙했다. 공자의 학문은 진리를 탐구하는 도량이면서 동시에 소년에게 청운의 꿈을 약속하는 학문일 것이다. '부모님이 물려주신 비참한 환경을 내 기어이 극복하고야 말리라.' 열다섯 살에 세운 공자의 지학(志學)은 그가 차마 다 드러내지 않은 불우한 삶을 배경으로 읽어야 그 당찬 입지를 느낄 수 있다.

"서른 살에 두 발로 세상에 섰고(三十而立)"

나이 서른에 무엇을 했나 물으니 '섰다(立)'라는 한마디로 정리한다. 이것은 자립을 의미할 것이다. 경제적 자립과 함께 정신적 자립, 즉 사상의 일가(一家)를 이루었다는 말일 것이다. 예수도 나이 서른에 복음을 전파하기 시작했고 석가도 나이 서른여섯에 득도한 것으로 미루어, 공자도 나이 서른에 나름의 탄탄한 정신적 기반을 확립했다고 짐작할 수 있다.

공자의 나이 서른 살 전후로 상당수의 제자가 공자의 문하에 들어왔다고 한다. 석가는 기원정사에서 거지 500명과 더불어 수행 공동체를 운영했다. 소크라테스는 청소년과 더불어 길거리 문답을 나누었다. 예수는 문둥이, 앉은뱅이, 벙어리, 장님 등 중증 장애인의 몸을 치유하면서 복음을 전했다. 공자가 일생 동안 키운 제자는 3200명. 해마다 적어도 100여 명의 학생이 공자의 문하를 출입했다. 노나라를 비롯한 중국의 동쪽 지역에서는 제법 영향력 있는 명사로 발돋움했을 것이다.

"마흔 살에 불혹에 이르렀다(四十而不惑)."

나이 마흔에 이르면 숱한 유혹의 손길이 뻗친다. 마흔의 나이는 사람들로 하여금 젊은 날의 굳센 패기, 높은 이상을 버리고 현실의 이익을 좇게 한다. 공자의 '불혹'은 나이 마흔이 유혹이 많아지는 시기임을 역설적으로 표현한 것이 아닐까? 뜻있는 사람들이 부와 권력의 유혹에 휘둘려 자신의 양심과 사상을 접는 시기, 공자는 이 유혹에 넘어가지 않으려고 자기 수양에 치열했던 모양이다. 나이 70에 이르러 인생을 돌아보면서 그 시절 '나는 유혹을 이겼다'라고 공자는 기록하고 있는 것이렷다.

'이립'이 경제적 자립과 사상적 자립을 아우르는 말이듯, '불혹'도 복합적 의미를 내포하는 말인 듯싶다. '불혹'은 부와 권력, 명예와 지위 등 현실적 이해관계에 미혹되지 않음을 의미할 뿐만 아니라 인간의 삶에 내재된 숱한 난제에 대하여 나름의 성숙된 세계관을 수립했음을 의미할 것이다.

"쉰 살에 이르러 천명을 깨쳤다(五十而知天命)."

"하늘을 따르는 자는 살고 하늘을 거역하는 자는 망한다(順天者存 逆天

者亡)"라고 《명심보감》은 기록하고 있다. 천명은 하늘의 섭리요, 자연의 법칙이다. 공자가 쉰 살에 이르러 하늘의 섭리를 두루 통찰한 것으로 해석하는 것, 왠지 꺼림칙하다. 《논어》의 이 대목은 자서전 성격이 강하다. 따라서 공자의 인생 역정과 연관하여 해석해야 한다.

나이가 들수록 '내가 태어나 무엇을 하고 죽을 것인가?'라는 물음이 우리를 괴롭힌다. 나이 열다섯에 학문에 뜻을 세우고 제자를 키우며 나이 50에 이른 공자. 나는 무엇을 하러 태어났는가? 그렇다. 나만큼 학식을 쌓은 이, 있으면 나와봐. 이제 세상을 평정하러 나서야 하지 않는가? 공자의 지천명은 치국평천하의 깨달음이요, 결단이었을 것이다. 가자, 세상 속으로!

치국평천하에 나선 돈키호테들

수신제가 치국평천하를 향한 공자의 자신감은 하늘을 찔렀다. "진실로 나를 등용할 사람이 있다면 1년 안에 나라의 기강을 세우고 3년 안에 평천하의 뜻을 성취하리라", "나를 써주는 사람이 있다면 나는 그 나라를 동쪽의 주나라로 만들 것이다"라고 공자는 호언했다. 그래야 제자가 잘 따르지?

아니나 다를까, 공자의 첫 관직 생활은 51세에 시작되었다. 노나라의 정공(定公)이 공자를 픽업한 것이다. 53세에는 대사구라는 법무부장관직에까지 올랐다. 기록을 뒤지지 않더라도 공자가 엄청난 열정을 보였을 것임을 짐작할 수 있다. 공자의 성품으로는 도저히 못 할 것 같은 사형 판결도 마다하지 않았다. 간신배 소정묘를 가차 없이 처단한 것이다. 공자에게 노나라 장관직은 자신의 역량을 보여주는 시범 케이스.

《주역》은 일이 잘 풀릴 때를 조심하라고 가르쳤는데, 아뿔싸, 공자에게 태클이 들어온다. 이웃의 제나라에서 공자의 사업을 시기하기 시작한 것. 노나라의 강성대국화를 견제하고자 제나라에서는 미녀 80명을 선발, 노나라 왕에게 선물로 보내주었다. 왕은 미인계에 넘어가 정신을 차리지 못했다.

보지 않아도 훤하다. 공자는 연이어 충언을 했을 것이다. "왕께서 정사(政事)에 충실하지 아니하고 정사(情事)에 탐닉하는 것은 나라를 망하게 하는 지름길이옵니다. 부디 연회를 중지하심이 마땅할 것으로 사료되옵나이다." 왕이 연애도 못 해?

왕이 신하의 충간을 듣지 않으면 신하가 떠나는 법이다. "나라에 도가 있을 때에는 녹을 먹지만 나라에 도가 없을 때 그냥 벼슬자리에 앉아서 녹을 먹는 것은 수치스러운 일이다." 사표 한 장 쓰고 홀연히 떠나는 공자. 이렇게 하여 공자의 파란만장한 천하주유가 시작된다. 망명 아닌 망명의 길에 나선 그의 나이 54세.

돈키호테는 세상의 불의를 평정하기 위해 기사 작위를 받는 대관식을 올렸다. 비록 시골 여관집 주인을 자신의 영주 삼아 떼를 쓰기는 했지만 돈키호테는 기사가 되는 형식적 절차를 먼저 밟았던 것이다. 준마 로시난테도 있었고 종자 산초도 있었다. 남은 것은 세상을 어지럽게 만드는 악당을 만나는 일뿐이었다.

노나라를 떠난 공자에게는 아무런 작위가 없었다. 따라서 공자는 자신의 뜻을 펼치려면 무슨 수를 쓰더라도 먼저 자리를 얻어야 했다. 자로와 자공, 안회와 재아 등 그를 수행하는 제자들을 먹여 살리려면 우선 이상은 접고 현실의 일자리를 잡아야 했다. 그런데 무슨 배짱인지 몰라도 공자는 권력자들을 만나 큰소리만 쳤다. 아부할 줄 몰랐다.

노나라의 실력자 양화가 공자를 등용하려고 몇 번 불렀으나 공자는 양화를 피했다. 우연히 길거리에서 양화와 마주친 공자, 양화를 더 이상 외면할 수 없게 되었다. 양화는 모반으로 권력을 잡은 사람. 공자는 이런 권력자를 질색했다.

양화 | 국사에 종사하길 희망하면서도 자주 시기를 놓치는 것이 지혜로운 일인가요? 세월은 흘러가고 우리를 기다려주지 않소.

공자 | 알았습니다. 나도 때를 보아서 벼슬을 하겠습니다.

도(道)에 어긋나는 권력자는 죽어도 따를 수 없는 사람, 공자는 그런 사람이었다.

왕을 비판하는 공자

노나라의 대부 계강자가 근심하여 공자에게 물었다.

계강자 | 나라에 도적이 많이 생기는데 어떻게 하면 좋겠습니까?

공자 | 먼저 당신부터 이욕을 버리시지요. 그러면 백성에게 도둑질을 하라고 해도 하지 않을 것입니다.

권력자가 도움을 요청하면 생글생글 웃는 낯으로 비위를 맞출 줄 알아야 출세를 할 것인데, 공자는 도무지 아부할 줄 모른다. 오히려 권력자를 질책한다. 계강자여, 백성의 도둑질은 당신에게서 배운 것이다. 이렇게 말하고 있다. 무슨 속인지도 모르고 계강자는 다시 '범죄와의 전쟁'을 선포하면 어떻겠냐고 묻는다. 허허, 공자를 몰라도 너무 몰랐던 사람이다.

계강자 | 무도한 자들을 전부 죽여버리고 백성을 도덕으로 이끌면 어떨까요?

공자 | 정치를 한다는 사람이 사람 죽일 생각을 하시오?

이렇듯 공자는 권력자를 질책하는 사람이었다. 그러니 어느 왕이 공자에게 관직을 주려 하겠는가? 위나라 영공이 군대의 진(陣)에 관하여 물으니, "나 공자는 예법을 알 뿐 군사 업무는 모른다"라고 말하고는 이

튿날 위나라를 홀연히 떠난다. 모르긴 왜 몰라? 이 사람 지금 일자리를 구하자는 건가 말자는 건가? 제나라 경공이 정치 잘하는 방법을 물으니, "임금이 먼저 임금답게 굴라"고 말한다. 너나 잘해.

거듭된 취직 시험에 거푸 낙방을 하면 먼저 반성할 일인데, 공자는 참속 편한 소리만 한다. "임금이 나를 써주면 도를 천하에 행하고 나를 버리면 도를 몸에 간직하여 나 혼자 선을 행하면 되는 것이지."

공자의 낙방에는 몇 가지 이유가 있었다. 첫째, 그가 한족의 주류가 아니었다는 것이다. 공자는 천민 출신이었다. 그의 가계도 송나라 족보인데, 송나라는 동이족이 세웠다는 은나라 핏줄이었다.

둘째, 천민 출신이 권력의 주류에 들어서려면 아부도 할 줄 알고 눈치도 있어야 하는데, 공자에게는 이런 게 없었다. 공자의 마음은 너무 맑았고 공자의 뜻은 너무 곧았다. 공자는 불의와 손잡고 살 수 없는 이상주의자였다.

셋째, 왕의 신하들이 시샘할 만큼 공자의 역량은 너무 컸다. 공자만이 아니라 그의 제자들도 매우 우수했다. 제자들이 공자에게 보인 일편단심의 충성은 왕들의 부러움을 샀을 정도다. 세상은 너무 바른 인간, 너무 유능한 인간을 싫어하는 법이다.

제나라의 경공이 공자를 등용할 생각으로 신하들과 공자에 대한 대우 문제를 의논했다. 노나라에서 최상급 대부(大夫)인 계씨와 같은 대우는 할 수 없고 최하급 대부인 맹씨와 같은 대우도 할 수 없으니, 그 중간급으로 대우하고 싶었던 것이 경공의 마음이었다. 이 정도만 대우해주면 실업자 공자에게는 감지덕지. 그런데 경공의 신하 안영이 앞장서서 공자의 등용을 반대한다. 마음 약한 경공, 내 늙어서 공자 당신을 쓰지 못하겠노라. 그 길로 공자는 제나라를 떠났다.

치국평천하의 야심을 품은 공자, 하지만 그에게는 칼도 없고 권모술수도 없다. 스스로 품고 있는 학문과 웅지, 그리고 똑똑한 제자들이 있을 뿐이다. 공자에게 700리의 땅을 주려 한 초소왕과 그의 재상 자서 간에 오간 대화는 공자와 그를 따라다닌 돈키호테들의 실업, 그 비밀을 알려준다.

자서 | 임금의 사신 가운데 자공처럼 수완 좋은 자가 있습니까?

초소왕 | 없지.

자서 | 임금의 재상 가운데 안회처럼 어진 인물이 있습니까?

초소왕 | 없어.

자서 | 임금의 장수 가운데 자로만큼 용맹한 이가 있습니까?

초소왕 | 없잖아.

자서 | 임금의 장관 가운데 재아만큼 똑똑한 인물이 있습니까?

초소왕 | 없단 말이야.

자서 | 우리 조상이 주나라로부터 받은 영지는 50리였습니다. 문왕과 무왕은 100리 땅의 임금이었는데 마침내는 천하에 군림했습니다. 공자는 삼왕의 법을 받들고 주공과 소공의 사업에 밝습니다. 만약에 공자가 영지를 받고 훌륭한 제자들이 그를 보좌한다면 초나라에 이로울 게 없습니다.

몸이 지치면 마음도 흔들린다

왕을 만나 유세할 때만 해도 공자의 가슴은 희망에 찼을 것이다. '나만 한 재상이 있어? 시 잘 읊지, 글 잘 쓰지, 활 잘 쏘지, 말 잘 다루지, 음악과 예법에서는 천하에 둘도 없는 전문가지, 이 팔방미인을 두고 누굴 재상으로 등용한다는 말이야?' 한데 결론은 아니올시다. 정말 답답했을 것이다. 왜 세상은 나를 이렇게 몰라준단 말인가.

사람이 지치면 흔들린다. 지치면 주의력도 떨어지고 집중력도 약해져서 마음이 흔들리는 것이다. 공자도 흔들린 적이 있었다. 그 대표적인 사례가 위영공의 부인 남자(南子)와의 만남이었다.

남자는 남편 위영공의 권력을 주물렀던 여성 권력자였다. 한 나라의 국운을 뒤흔들 정도의 미모를 경국지색(傾國之色)이라고 하는데, 아마도 남자가 그런 여자였던 것 같다. 《논어》는 그녀를 음탕한 여자라고 적고 있다. 충직한 제자인 자로가 스승이 남자와 만난 것을 섭섭하게 생각했던 모양이다. 부적절한 만남이었을 것이다. 우리 선생님도 색을 밝히는 거 아녀? 남자를 만나고 돌아온 스승에게 자로는 언짢은 얼굴빛을 보였다. 《논어》는 이렇게 적는다.

> 공자께서 음탕한 여자인 남자를 만났더니 자로가 좋아하지 않았다. 선생님께서 맹세하여 말씀하길 "내가 잘못된 일이 있었으면 하늘이 나를 버릴 것이로다! 하늘이 나를 버릴 것이로다!"라고 하였다.

하늘에 맹세코 사심 없는 만남이었음을 고백하면서까지 그녀를 만나야 할 이유는 무엇이었을꼬? 추측건대 제자들의 취직을 부탁하기 위해서였을 것이다. 경제부 장관이 필요한가요? 자공을 쓰세요. 국방부 장관이 필요한가요? 자로를 쓰세요. 교육부 장관이 필요한가요? 안회를 쓰세요. 외교부 장관이 필요한가요? 재아를 쓰세요. 내가 보증을 서리다. 국무총리가 없으면 나에게 맡기고요. 아마도 남자와 만난 자리에서 이런 밀담이 오고 갔을 것이다. 밀담은 밝힐 수 없는 법. 공자의 깊은 마음을 모르는 이 답답한 자로여!

노나라 대부 계씨의 가신인 공산불요가 반란을 일으키고 사람을 보내어 공자를 초빙했다. 공자가 여기 응하여 가려고 하자 자로가 노골적으로 불만을 표시했다.

자로 | 갈 곳이 없으면 안 가면 그만이지 하필 공산씨에게 갈 생각인가요?

공자는 초조했나 보다. 진나라의 지방장관인 필힐이 공자를 초빙했다. 필힐은 모반을 일으킨 자이기 때문에 공자의 관점에서 보면 춘추의 대의를 저버린 인물이다. 이런 인물의 부름을 단번에 거부하지 않고 스승이 응하려 하자 제자들이 눈 부릅뜨고 대든다. 선생님, 군자는 악당과 사귀지 않는다고 가르쳤잖아요. 공자는 답답했을 것이다. 내가 이렇게 앞뒤 꽉 막힌 제자들을 키웠나?

공자가 자로를 데리고 천하를 돌아다닐 때의 이야기다. 자로가 석문(石門)에서 하룻밤을 묵고 새벽에 성문이 열리면 곧 출발하려는 참에 문지기가 성문을 열면서 자로에게 어디서 오는 나그네냐고 물었다. 자로가 공자의 일행이라고 말하자 문지기는 "불가능한 일인 것을 알면서도 하려는 자 말인가?"라고 말했다. 그렇다. 공자는 세상을 바꾸고 싶어했다. 이 불의한 세상을 바꾸지 않고 다른 일을 하며 살 수는 없었다. 하지만 공자가 만난 왕들은 죄다 속물이었다. 부국강병. 자기 잇속 챙기기에 환장한 왕들을 만나 공자는 인과 예를 말하고 덕과 의를 말했으니 왕들은 웃겼을 것이다. '뭐, 이런 미친놈이 다 있나?' 공자의 강연은 왕들을 하품 나게 했을 것이다. 일류 기업이 되려면 기업의 사회적 책임을 다하라, 기업의 이윤을 모두 사회에 환원하라, 이렇게 강의하는 격이었으니 어느 기업인이 공자를 CEO로 쓸 것인가? 이제 제자들이 선생의 이상주의를 깨우칠 때가 되었다.

자공 | 선생님의 도는 지극히 크십니다. 그러므로 천하는 선생님의 도를 받아들이지 않는 것입니다. 선생님, 선생님의 도를 조금 낮추시면 어떠하겠습니까?

맞는 말이다. 너무 올바른 것만 추구하지 말고 세상과 타협하며 살자는 제자의 고충 어린 간언이다. 경제적 수완이 좋은 제자 자공이 공자의 밥상을 챙겼을 것이다. 경제는 현실이다. 자공의 말을 들은 공자의 심정도 그리 나쁘진 않았을 것이다. 하지만 속물이 되자고 맞장구칠 수는 없지.

공자 | 자공아, 농사꾼이 씨뿌리기는 잘할 수 있지만 자기 마음대로 열매를 맺게 할 수는 없지 않으냐?

그러나 안회는 역시 달랐다. 안회는 공자와 마찬가지로 영원히 이상만을 추구하는 사상의 근본주의자였다.

안회 | 선생님의 도는 지극히 크십니다. 그래서 천하는 선생님의 도를 받아들이지 못하는 것입니다. 선생님께서는 이대로 나아가셔야 합니다.

은자들의 비웃음

사마천은 그의 《사기》에서 주나라로 수학여행 간 공자가 노자로부터 뜨끔한 충고를 받는 장면을 전한다.

노자 | 당신 생각의 요점을 듣고 싶소.

공자 | 요점은 인의(仁義)에 있습니다.

노자 | 인의는 사람의 본성이오?

공자 | 인의는 진실로 사람의 본성입니다.

노자 | 무엇을 인의라 하오?

공자 | 두루 사랑하며 사사로움이 없는 것입니다.

노자 | 사사로움이 없다는 것이 사사로움이오. 자연의 도를 따르면 될 것이지, 무엇 하러 북 치듯 인의를 내걸며 도피한 사람을 찾는 일을 하오? 선생이 사람의 본성을 어지럽히고 있는 거요.

식은땀을 줄줄 흐르게 하는 무서운 질책이다. 46세의 공자, 나름대로 사상의 일가견을 갖추었다고 자부한 젊은 공자, 평생 노자의 꾸짖음을 잊지 못했을 것이다.

여기에 큰 산이 있다. 공자는 지금 산을 오르는 사람이다. 그런데 노자는 지금 산을 내려오는 사람이다. 노자는 주나라의 왕립도서관 관장을 지낸 사람이다. 당대 최고 지식인의 자리에 오른 사람이다. 권력의 정상이 무엇인지, 그곳에서 진행되는 음모와 부패를 눈으로 본 사람이다.

《꽃들에게 희망을》이라는 예쁜 그림책은 서로 먼저 정상에 오르려고 다투는 애벌레들을 그리고 있다. 부와 권력의 정상을 향해 아귀다툼하는 세속의 삶을 비유한 것이다. 우승열패의 세계를 버리고 자유를 선택한 노자는 나비다. 나비가 되어 창공을 자유로이 날아다니는 노자의 눈에 공자는 한낱 불쌍한 애벌레로 보였을 것이다. 공자의 주위에는 늘 노자류의 감시하는 눈초리가 번뜩인다. 《논어》에 나오는 미생무는 노자류의 일원이다. 그가 어떻게 공자를 비웃는지 들어보자.

미생무 | 구여, 자네는 왜 세상에 미련을 가지는가? 교묘한 언변으로

왕에게 아첨해 벼슬에 오르기를 바라는 것 같군.

공자 | 언변으로 왕에게 아첨하고자 하는 것이 아니지요. 자기만 깨끗한 척하는 고루한 태도를 미워할 뿐입니다.

미생무가 공자에게 '너 속물 아냐?'라며 한 방 먹이자 공자도 질세라 미생무에게 한 방 먹이는 장면이다. '너만 깨끗한 척 그만해.' 미생무는 공자의 제자들을 붙들어놓고 한판의 유세를 편다.

미생무 | 지금 온 천하가 탁류와 같이 어지럽게 소용돌이치고 있다. 너희 선생은 누구와 함께 이 난세를 바로잡으려 하는가? 헛된 일이다. 선생 그만 따라다니고 우리처럼 세상을 피해 사는 게 어때?

이 말을 전해 들은 공자, 가슴이 아팠을 것이다. 난세를 평정한다는 것이 가능한 일인가. 이 일이 얼마나 무모한지를 누구보다 공자 스스로가 잘 알고 있으렷다. 하지만 어쩌란 말이냐.

공자 | 내가 새라면 새와 함께 살지. 내가 짐승이라면 짐승과 함께 살지. 나는 새도 짐승도 아닌 사람이다. 사람이 사람과 더불어 살지 않고 누구와 더불어 살 것인가?

공자가 위나라에 있을 때의 일이다. 집에서 경쇠라는 악기를 치고 있는데 삼태기를 멘 한 은자(隱者)가 공자의 집 앞을 지나가면서 비웃는 것이다.

은자 | 저 경쇠 소리는 세상일을 잊지 못하여 괴로워하는 소리로구나. 사람은 때를 얻어 진퇴해야 하거늘 도의가 없는 현실을 버리지 못하고 있구나.

공자 | 저 삼태기를 메고 가는 사람은 은자일 것이다. 저 은자처럼 세상을 버리고 사는 것이야 쉬운 일이지.

공자 자신도 세상에 도의가 없을 때는 물러나는 것이 좋다고 여러 번 말했다. 도의가 없는 나라에서 부자로 사는 것은 수치라고 말했다. 그럼에도 명군을 찾아다니면서 먼 이국땅 위나라에 머물며 기회를 기다리고 있었으니, 공자는 지금 자신의 행동을 모르는 것이 아니다. 자신이 이미 알고 있는 일을 두고 남이 비웃으면 사람은 괴로워진다.

2500년 전 춘추시대에도 세태를 탄식하고 세상을 비웃는 노래를 부르며 떠돌아다니는 광인이 많았나 보다. 김삿갓처럼 말이다. 초나라의 접여가 그중 한 사람이었다. 접여는 공자의 집 앞을 지나며 일부러 들으라고 노래를 부른다.

"봉황새여, 봉황새여! 너의 덕이 어찌 그리 쇠하였느냐?
이미 지나간 일은 어쩔 수 없다지만, 앞의 일이야 되돌릴 수 있지.
그만두라, 그만두라. 정치란 위태로운 일이다."

봉황새는 공자를 가리킨다. 공자, 한때 잘나가던 너의 시절도 갔으니 이제 욕심 접고 조용히 살지그래? 공자에게 노자류의 냉소처럼 괴로운 일은 없었을 것이다. 미칠 일이다. 치국평천하의 길은 멀고 멀다. 재상 자리 하나 얻지 못한 공자, 왕들에게 푸대접받는 것도 억울한데 '현실 참여, 사회 개혁, 웃기는 소리 하지 마. 정치한답시고 허송세월한 지난날은 그렇다 치고 앞날이나 잘 챙기시지'라며 뒤에서 손가락질까지 당해야 하다니. 왕들의 속물근성보다 노자류의 냉소야말로 공자의 영혼을 가장 괴롭혔을 것이다. '너, 속물이지?'

초상집 개

"나는 물소도 호랑이도 아니건마는 오늘도 들판을 헤매는 신세라." 이 신세타령은 공자가 《시경》의 글귀를 빌려, 정처 없이 헤매는 자신의 고된 처지를 달랜 것이다. 1년에 한 번꼴로 14년의 세월을 떠돌아다녔던 공자도 이 정처 없는 유랑이 자못 괴로웠던 모양이다.

하루는 공자가 제자 몇 사람을 데리고 정나라의 거리를 걸어가고 있었다. 공자는 무슨 생각에 골몰하는 모양으로 침묵하면서 빠른 걸음으로 걸어갔다. 뒤에서는 제자들이 무슨 논쟁을 벌이면서 따라갔다. 그러다가 제자들이 정신을 차렸을 때는 어인 일인지 공자의 모습이 보이지 않았다. 그들은 당황하여 네거리로 달려가보았지만 거기에도 공자는 없었다.

제자들은 따로따로 찾아 나섰으나 공자는 좀체 발견되지 않았다. 그들은 차차 걱정을 하게 되었다. "불한당에게 붙들린 것은 아닐까?" 특히 말다툼의 중심이었던 자공은 책임이 있었으므로 열심히 공자를 찾았다. 그는 만나는 사람마다 공자를 보지 못했느냐고 물어보았다. 그러다 마침내 공자와 비슷한 사람을 보았다는 사람을 만났다. 그 사람은 이렇게 말했다.

"동대문에 이상한 사람이 있었소. 성문 앞에 앉아 있는 품이 허전해하는 초상집 개 모양이었는데, 어쩌면 그가 공자였는지 모르오."

다시 만난 스승과 제자가 눈물을 닦고 자초지종을 이야기하던 중 자공이 스승의 모습을 일러준 사람의 말을 꺼내니, 그 말을 들은 공자가 말했다.

"초상집 개라는 말은 지당하구나. 사실이 그렇지 않으냐."

초상집 개는 주인이 슬픔에 젖어 허둥거리다 밥 주기를 잊어버리니 허전하여 풀이 죽을 수밖에. 공자는 14년간 유랑했지만 자신을 따뜻이 맞이하는 집주인을 만나지 못했다.

돌아가리라

공자는 14년 동안 죽도록 고생하고도 자신을 알아주는 군주 한 명 만나지 못했다. 그 강인했던 몸도 쇠약해지고 꿈에 그리던 주공도 보이지 않는다. 《논어》에 따르면 공자는 중국 땅을 버리고 바다 건너 먼 곳으로 떠나고 싶어했다. 공자가 구이(九夷)의 땅으로 가고자 하니, 제자들이 만류한다.

제자들 | 선생님, 그 누추한 나라에서 어찌 살려고요?

공자 | 군자가 사는 곳에 무슨 누추한 게 있단 말이냐?

구이의 땅은 아마도 만주와 한반도를 말할 것이다. 단재 신채호의 분류법에 따르면 예족과 맥족과 한족과 퉁구스족과 몽골족 등 넓은 의미의 조선족이 살았던 거처일 것이다. 공자는 제자들에게 "뗏목을 띄워 바다를 건너고 싶다"라고 말했는데, 바다 건너 그곳은 어디일까?

68세가 되어 뜻을 이루지 못한 공자, 노나라에서 위나라로 위나라에서 진나라로 진나라에서 다시 위나라로 위나라에서 정나라로 정나라에서 다시 진나라로 진나라에서 다시 위나라로 위나라에서 조나라로 조나라에서 송나라로

송나라에서 다시 진나라로 진나라에서 섭나라로 섭나라에서 채나라로 채나라에서 다시 진나라로 떠돌아다닌 끝에 마침내 고향 노나라로 돌아간다.

"돌아가리라, 돌아가리라.
나의 제자들은 박력 있고 뜻이 크며
찬란하게 문장을 이루었으나
이를 어떻게 다듬어야 할지 모르는구나."

공자를 내쫓았던 노나라의 실력자 계환자가 병으로 죽으면서 아들 계강자에게 이런 유언을 남겼다. "너는 반드시 공자를 초청하라." 하지만 역시 공자는 거인이었다. 사람이 너무 크면 쓰기가 곤란하다. 하여 계강자는 공자의 제자인 염유를 불러들였다. 이어 공자의 다른 제자들도 불러들였다. 자공, 자로, 번지 등 공자세가의 스타들은 세상을 떠돌다 결국 고국에서 일자리를 얻는다. 염유의 현명한 처신으로 마침내 공자의 귀향길이 트인 것이다. 기원전 484년의 일이다.

계강자 | 어떻게 하면 스승을 모셔올 수 있는가?

염유 | 소인배가 우리 스승을 괴롭히는 일만 막아주십시오. 그러면 제가 스승의 귀국을 청원하겠습니다.

공자의 새로운 인간형

수신제가 치국평천하가 공자의 꿈이었지만 공자는 꿈을 이루지 못했다. 적잖은 제자들이 잘나가는 관직을 얻었다. 하지만 공자는 정작 자신의 이상을 펼치는 데는 실패했다. 가만히 생각해보니 공자의 성취는 여기에 있지 않았던 것이다. 공자의 성취는 '군자라고 하는 새로운 인간형'을 창조한 데 있었다. 이후 2500년 동안 동양의 지식인들은 공자가 제시한 군자의 길을 걸었다. 조선 500년 동안 선비들이 지향한 '군자의 상'은 오늘 우리에게 살아 있다.

"자기중심성을 넘어 예로 돌아가라. 이것이 인을 행하는 것이다(克己復禮爲仁)."

많이 본 구절일 것이다. 나는 공자의 핵심 사상인 인을 보면서 공자의 사상이 꼭 한족(漢族)의 창안물이 아니라는 느낌을 강하게 받는다. 공자가 강조했다는 효(孝)를 보면서도 그렇다. 부모님 잘 모시고 어질게 사는 것이 과연 우리가 유교로부터 배운 것이냐.

효와 인은 수천 년 동안 전승되어온 우리 조상의 고유한 마음자리였다. 유교에서 가르치는 덕목을 존중하는 것은 중국 문화를 추종하는 것이라고 생각한 적이 있었다. 하지만 이제 생각해보니 꼭 그렇게 볼 일은 아니다. 특정의 사상이 어느 나라, 어느 민족에게서 시작된 것이냐를 따지는 것은 유치한 일이다. 문명은 물처럼 흐르는 것이고 바람처럼 오가는 것이다. 효와 인은 아주 오랜 고대로부터 오늘날까지 동북아시아에 정주한 사람들의 공통된 정서요, 가치인 것이다.

백이숙제는 기원전 12세기 은 왕조 말기의 고죽국 군주의 아들이다. 백이가 형이고 숙제가 아우다. 부친은 형보다 아우가 총명하다고 여겨서 숙제에게 왕위를 계승시킬 생각을 갖고 죽었다. 동생 숙제는 왕위를 사양하고 형에게 양보했다. 형 백이는 아버지의 유지를 받들어 아우의 양보에 응하지 않고 외국으로 도망했다. 숙제도 망명했다.

자공 | 백이와 숙제는 어떤 사람이옵니까?

공자 | 옛 현인이시다.

자공 | 그들도 인생을 후회했을까요?

공자 | 인을 구하여 인을 얻었으니 무슨 후회가 있었겠느냐?

이런 평론 속에 공자의 가치관이 진하게 묻어나 있다. 인은 백이와 숙제의 가치관이면서 공자의 가치관이다. 이들에게 삶의 궁극적 목표는 인을 이루는 것이다.

우리는 "그 어르신, 참 어진 분이었제" 혹은 "사람은 어질게 살아야 하는 법이여"라고 말하면서도 정작 "어질다는 것이 뭣이랍니까?"라고 묻지는 않는다. 다리를 다쳐 절룩거리는 제비를 보고 불쌍히 여기는 흥부의

마음, 사냥꾼에게 쫓기는 사슴을 숨겨주는 나무꾼의 마음이 바로 어진 마음이다.

나의 어머니는 불우한 이웃을 돕길 좋아했다. 힘들게 연탄을 나르는 연탄장수 아저씨가 골목길을 지나가면 불러다 토방으로 모신 다음 부지런히 점심을 장만하여 대접을 했다. "찬은 없지만 많이 드시쇼." 지금도 어머니의 인자한 얼굴이 생생히 떠오른다. 돌아가는 연탄장수 아저씨에게 헌 옷 한 벌까지 챙겨주던 그 마음이 곧 어진 마음, 인이다. 인이란 이웃의 불우(不遇)를 나의 불우로 아파하는 마음이다.

세상의 불의와 맞서는 사람, 군자

"군자는 의에 뜻을 두고 소인은 이익에 뜻을 둔다(君子喩於義 小人喩於利)."

공자의 가르침 중 우리 선조들의 삶에 가장 깊이 영향을 미친 사상은 아마도 의(義)일 것이다. 불의를 저지르는 이, 그가 왕일지라도 대들어 싸우는 것이 선비 정신이다. 목숨을 걸고 충간하는 것이 선비의 도리다. 하물며 백성을 괴롭히는 불의한 세력과 싸우는 것은 기본이고.

"불의를 보고도 행동하지 않으면 용기가 없는 것이다(見義不爲 無勇也)."

의란 무엇인가? 맹자는 악을 미워하는 마음(수오지심羞惡之心)이라 풀이했다. 이웃의 불우를 나의 불우로 아파하는 어진 마음은 이웃을 괴롭히는 악인을 그대로 지나칠 수 없다. 백성을 괴롭히는 가혹한 정치는 호랑이보다 더 무섭다고 했다. 노자류는 세상의 불의를 초탈하지만 군자는 그렇게 살 수 없다. 공자가 얼마나 철저히 의를 좇았는지, 그의 제자 염유와 있었던 일을 살펴보자.

노나라의 대부 계씨가 권력을 전횡하여 나라 영토의 절반을 취하고도 모자라 또 노나라의 보호국인 전유국을 토벌하여 빼앗고자 했다. 그때 공자의 제자 염유는 계씨의 가신이었다. 오랜만에 일자리를 얻은 염유, 자신이 일을 잘하고 있는지 확인하고자 스승에게 사태를 보고한다. 공자의 제자인 만큼 일말의 도의적 불안감을 느꼈을 것이다. 실은 염유도 계씨의 토벌 모의에 참여했다.

염유 | 선생님, 계씨가 전유국을 치려고 하는 것, 알고 계시지요?

공자 | 어이, 염유, 전유국이 본래 주(周)의 선왕께서 동몽산 기슭을 영지로 주어 제사를 담당케 한 나라인 것을 알고 있겠지? 국가 사직을 담당하는 나라 전유국을 어찌 계씨가 토벌할 수 있다는 말인가? 계씨의 불의한 짓을 막지 못한 것은 가신인 너의 잘못이야.

염유 | 전유국 토벌 계획은 계씨의 욕심입니다. 저는 반대했는데요.

말은 심사숙고해서 해야 하는 법이다. 말을 꺼내놓고 본전도 찾지 못하는 경우가 허다하다. 특히 근본주의자 앞에서는 말을 조심해야 한다.

근본주의자는 원칙에 어긋나는 것을 요만큼도 용납하지 않는다. 공자가 어떤 분이냐?

공자 | 여보게 염유, 자네도 토벌 논의에 관여해놓고 이제 와서 무슨 변명을 하는 것인가? 잘못했으면 잘못했다고 솔직히 인정해야지. 옛날에 주임이라는 사관은 이렇게 말했어. "힘을 다해 직분에 충실했으나 왕이 들어주지 않으면 사직하라"라고 말이야. 계씨를 보좌하는 중책을 맡고 있으면서 어찌 그 책임을 주인에게 돌리려 하는가?

상전의 잘못은 가신의 잘못이라는 공자의 엄격한 질책 앞에서 그냥 "제가 어리석었습니다"라고 한마디 하면 끝날 것을 염유는 또 대꾸한다.

염유 | 지금 저 전유국은 성이 견고할 뿐 아니라 계씨의 영토에 가깝습니다. 지금 쳐서 빼앗지 않으면 후세에 반드시 계씨 자손의 근심이 될 것입니다.

공자 | 염유여, 솔직히 말하자. 군자는 겉과 속이 다른 것을 가장 미워한다. 제후와 대부는 물자가 적은 것을 근심하지 말고 균등하지 못함을 근심해야 하는 것이다. 세상이 고르면 백성이 안심하고 백성

이 편안하면 먼 곳의 백성이 다 모여드는 법이다. 백성의 삶을 돌볼 생각은 않고, 병력을 동원하여 작은 나라를 치려고 해? 내가 그렇게 가르쳤던가?

"부족한 것을 걱정하지 말고 고르지 못한 것을 걱정하라(不患寡 患不均)"라는 공자의 균등 사상이 바로 이 대목에서 출현한다. 군자의 어진 마음은 백성의 편안함을 염려하는 것인데, 군사를 동원하여 다른 나라를 침략하고 백성의 피를 흘리게 하는 것은 불의라는 것이다. 그리고 공자의 제자들은 그가 모시는 상전이 왕이든 대부든, 이 춘추의리(春秋義理)를 따라야 한다.

덕불고 필유린(德不孤 必有隣). "덕은 외롭지 않다. 반드시 이웃이 있다"라고 공자는 강조했지만 솔직히 말하자. 의인은 외로운 것이다.

"날씨가 추워지고서야 소나무와 잣나무가 푸른 것을 안다(歲寒然後松柏之後彫也)."

불의와 타협하지 않는 군자는 외로운 사람이다. 겨울이 오면 온 산천의 푸르렀던 잎새들이 떨어지는데, 바로 이때 푸름의 기상을 당당하게 드러내는 나무가 소나무다. 나이 쉰일곱에 제주도로 유배를 떠났던 추사 김정희 선생이 〈세한도(歲寒圖)〉를 그리며 떠올린 것이 바로 이 구절이었을 것이다.

"거친 밥 먹고 물 마시고 팔베개하며 잘지라도 인생의 즐거움은 이곳에 있으니 불의한 부와 권세는 나에게 뜬구름이라(飯疏食 飮水 曲肱而枕之 樂亦在其中矣 不義而富且貴 於我如浮雲)."

꽁보리밥 한 그릇에 국도 없다. 그냥 물 한 잔 마시는 거다. 흔한 베개도 없어 팔을 꼬고 새우잠을 잤다면 이불도 없었을 것이다. 이런 궁핍 속에서도 마음 하나 편하고 자유로우니 이것이 바로 안빈낙도(安貧樂道)의 삶이다. 깨끗한 가난, 청빈, 이것이 군자의 삶이다.

공자의 사상이 조선시대 선비들의 가치관이었을 것으로 생각하기 쉽지만 지난 20세기 지사(志士)들의 삶을 열어보면 거기에는 공통적으로 발견되는 가치관이 있다. 바로 불의와 타협하지 않는 군자의 삶이다.

아침에 도를 들으면 저녁에 죽어도 좋으리

"배우고 익히는 것처럼 기쁜 일이 있으랴(學而時習之 不亦說乎)?"

《논어》의 맨 앞에 등장하는 구절이다. 《논어》 600여 편의 글 중 이 글이 1번 타자로 등장하는 것은 공자의 삶이 어떠했는지를 웅변한다. 공자의 삶은 처음부터 끝까지 '배움의 연속'이었다. 배운다는 것은 새로운 것을 터득한다는 것이다. 인생이란 새롭게 깨달아가는 일련의 학습 과정인지 모른다. 기쁜 일이 무엇일까? 그것은 깨달음의 기쁨이다.

"벗이 먼 곳에서 찾아오니 이처럼 즐거운 일이 있으랴(有朋自遠方來 不亦樂乎)?"

깨달음을 얻은 자는 누군가를 찾는다. 무엇인가 새로운 생각을 터득하게 된 사람은 자신의 사색에 공감해줄 벗을 찾는다. 가만히 혼자 있으려면 몸이 굼실거린다. 먼 데서 벗이 왔으니 이 밤은 향연의 밤. 홀로 공부하며 터득한 사유의 실타래를 밤새 벗들과 함께 풀어보는 것이렷다.

"사람들이 알아주지 않아도 섭섭해하지 않으면 이것이 군자의 마음이 아닌가(人不知而不慍 不亦君子乎)?"

알아준다는 것은 권력의 사다리에 오르는 것을 의미할 것이다. 불우하게 자란 공자, 억척스럽게 공부했지만 주류로 들어가지 못했다. 거대한 체격에 타고난 건강에 열정적인 의지를 갖고 부지런히 살았지만 중국의 제후들과 대부들은 공자를 경원(敬遠)했다.

나이 68세. 꿈은 이루어지지 않았다. '내가 출세하려고 공부한 것인가, 도를 체득하면 그만이지.' 공자, 그는 지금 외로운 사람이다.

"아침에 도를 들으면 저녁에 죽어도 좋으리(朝聞道 夕死可矣)."

우리의 의식 한구석에는 '공자 왈 맹자 왈' 유가 사상을 폄하하는 경향이 자리하고 있다. 우리의 머릿속에 자리 잡은 선비는 고루하게 옛 경전이나 암송하고 고집하는 사람이다. 이렇게 역사의 퇴적물 속에 공자의 참모습은 가려져 있다. 공자처럼 불우한 사람도, 공자처럼 치열하게 탐구한 인물도 드물다. 고루한 것은 오히려 21세기를 사는 우리가 아닐까? 진리를 들으면 오늘 저녁에 죽어도 여한이 없다고 말할 만큼 진리 탐구에 열정적인 인간을 나는 보지 못했다.

> "때는 봄이라. 봄옷도 만들어졌으니, 어른 몇 사람과 어린이 몇을 데리고 소풍을 가자. 강가에서 몸을 씻고 무우재에 올라 바람 쏘이고 노래를 부르며 돌아오고 싶다(莫春者 春服旣成 冠者五六人 童子六七人 浴乎沂 風乎舞雩 詠而歸)."

《논어》의 이 구절을 나는 고등학생 때 배웠다. 이런 게 서양 고전에는 없는 《논어》의 맛이다. 공자가 부른 노래는 아마 《시경》의 〈관저〉일 것이다. 강가 풀을 헤치며 나물 캐는 저 아가씨를 보라. 아리따운 요조숙녀(窈窕淑女)여, 그대는 군자의 좋은 배필. 나는 임 그리워 밤새 전전반측(輾轉反側)하노라. 《시경》에 깃든 이 맑은 뜻을 음미하면서 우리 안에 깃든 군자의 얼굴을 되새겨보자.

고전 읽기

《논어(論語)》

사서(四書) 중의 하나로, 중국 최초의 어록이자 유가의 성전. 공자가 제자들이나 주변 인물들과 나누었던 주요 대화를 정리한 책으로, 공자의 가르침을 제자들이 기록했기에 흔히 '공자 왈(曰)'로 시작한다. 《논어》는 어진 마음의 중요성과 이를 얻기 위한 윤리적 성찰을 담고 있다. 인과 예, 이를 실현하는 군자의 가치, 학문과 삶에 대한 태도, 인과 예를 실현하는 덕치가 이 책의 핵심이다.

Chapter 5

누가 예수를 죽였는가

예수
Jesus

십자가는 본래 로마제국이 반란을 일으킨 노예를 잡아다 죽였던 형틀이었다. 이 십자가 위에서 순결한 영혼의 소유자 예수가 숨을 거두었다. 죄목은 '유대의 왕을 자칭한 자'. 예수는 십자가 위에서 숨을 거둔 모든 반란자처럼 시대의 반항자였다. 세상으로부터 버림받은 이들의 친구이고, 물신숭배를 거부한 무소유주의자였으며, "네 이웃을 사랑하라"고 외치던 평화주의자였다.

십자가형의 고통으로 목마름을 호소하자 누군가가 예수의 입에 포도주를 적셔주었다. 목을 축인 예수는 "다 이루었다"라고 말하며 숨을 거두었다고 요한은 기록하고 있다. 그러나 마태는 예수의 죽음을 다르게 적고 있다.

"주여, 왜 나를 버리시나이까?"

순결한 한 영혼은 이렇게 숨을 거두었다. 과연 누가 예수를 죽인 것일까?

아프리카 북부 누비아 사막 한복판의 금광. 물이란 물은 몇천 길 땅속으로 숨어버리고 오아시스나 강물은 수백 리 떨어져 있는 곳. 풀 한 포기, 나무 한 그루 자라지 않는 황량한 사막. 그 한가운데 바위산이 하나 있고 이 바위산에 금광맥이 묻혀 있다.

목에는 항쇄, 발에는 족쇄를 찬 노예들이 연옥의 불길보다 더 뜨겁게 타오르는 모래벌판을 가로질러 걸어간다. 발바닥은 뜨겁다 못해 익고, 찌는 더위는 온몸의 수분을 증발시켜 몸에서는 피가 타오른다. 혈관의 피가 말라붙으면서 이곳저곳에 노예들이 쓰러져 죽는다.

살아서 금광에 도착한 노예는 기이한 광경을 보게 된다. 어린애들이 굴속에서 기어 나와 한참 동안 모래판을 기어 다닌다. 팔꿈치에서 손목까지, 무릎에서 발등까지 온 살가죽이 딱딱하게 굳어 있다. 금광의 광맥을 파고들다 보면 어른의 몸뚱이로는 도저히 비비고 들어갈 수 없는 좁은 땅굴이 생긴다. 이곳에 열 살 안팎의 어린 노예를 들여보내는 것이다.

금광의 노예는 다섯 홉의 물로 하루 목숨을 이어가야 한다. 사막 한가운데서 망치로 바위를 깨고 무거운 돌을 운반하자면 땀이 비 오듯 쏟아진다. 물을 아껴 마시지 못하는 자, 멀건 보리죽에서 마지막 한 톨의 영양을 빨아내지 못하는 자는 여섯 달 안에 죽는다. 다섯 홉의 물을 목 축이는 데만 써도 두 해를 못 넘기고 대부분 쓰러져 죽는다.

그러나 로마의 광산주들은 눈 하나 깜짝하지 않는다. 노예가 지천으로 깔려 있기 때문이다. 노예 공급이 달리면 로마 군단을 파견하여 야만인을 무더기로 잡아오면 된다. 좋은 아라비아산 말 한 마리를 노예 스무 명과 맞바꾸던 시절.

로마의 평화는 노예의 신음 위에서 피어난 귀족의 평화였다. 귀족들은 온갖 진귀한 음식을 산더미처럼 쌓아놓고는 춤추고 노래하고 식탁에서 이것도 맛보고 저것도 맛보다가 배가 그득해오면 닭의 깃털을 목에 넣어 음식을 토해내고 다시 요것도 조금, 조것도 조금. 이들의 눈요기를 위해 죽어가는 이가 검투사. 역시 검투사의 투기는 알몸으로 하는 것이 제격이야. 한번 붙으면 끝장을 내야지.

검투사 중의 검투사, 스파르타쿠스는 누비아의 금광에서 끈질기게 생명의 끈을 붙들고 있다가 검투사로 뽑힌 노예다. 검투사는 늘 혹형에 시달렸으며, 언젠가는 격투장에서 동료들과 싸우다 비참히 죽어가야 했다. 스파르타쿠스는 동료들과 싸우다 죽을 운명을 거부하고 동료들을 조직했다. 200명의 노예가 도망을 시도하여, 78명의 노예가 베수비오 산으로 도망치는 데 성공했다. 그들은 스파르타쿠스를 우두머리로 봉기의 깃발을 날리며 인근에 있는 귀족의 장원을 습격했다.

봉기군의 대오는 싸울수록 강대해졌다. 기원전 72년에 이르러서는 12만 명이라는 대군단을 이루었다. 이탈리아 반도를 파죽지세로 휩쓰는 이 봉기군 앞에 로마의 통치 계급은 어쩔 줄을 몰랐다.

기원전 71년 봉기군과 로마군 사이에 일대 결전이 벌어졌다. 로마군의 총지휘관은 크라수스. 스파르타쿠스는 적장의 목을 제 손으로 칠 작심으로 돌진했다. '크라수스는 나오라.' 노예의 대표 스파르타쿠스와 귀족의 대표 크라수스 간에 세기의 운명을 가르는 한판 싸움이 벌어졌다. 스파르타쿠스의 검이 크라수스의 갑옷을 뚫는다. 쓰러진 크라수스의 투구를 벗기는 순간 등 뒤에서 누군가 스파르타쿠스의 허벅지를 찌른다. 스파르타쿠스가 대적한 상대는 크라수스가 아니었다. 영악한 크라수스는 자신의 투구를 부하 군관에게 씌우고 스파르타쿠스와 대결시킨 것이다. 노예를 대표하는 검투사는 절룩거리면서 최후까지 싸우다 마침내 장렬한 죽음을 맞이한다.

크라수스는 6000명의 노예를 포로로 잡았다. 카푸아에서 로마로 가는 길을 따라 십자가를 세우고, 그 위에다 노예들을 못질했다. 끝이 보이지 않는 십자가의 행렬, 십자가마다 걸려 있는 시신. 창에 찔린 배에는 구멍이 나고, 피가 질질 흐르고, 목이 타고……. 로마 귀족은 가장 고통스럽게 죽어가는 십자가형을 고안했다. 세상에서 가장 끔찍한 정치적 보복이 로마에서 카푸아로 이어지는 길 위에서 노예들에게 자행되었다.

십자가! 그것은 로마제국이 반란을 일으킨 노예를 잡아다 죽였던, 잔혹한 형틀이었다. 예수가 십자가 위에서 죽은 것이 사실이라면 십자가 형틀에서 죽은 모든 반란자와 마찬가지로 예수는 시대의 반항자였다.

유대의 왕을 지칭한 자

예수를 처형한 십자가 하단에는 그의 죄목이 이렇게 기록되

었다.

'유대의 왕을 자칭한 자.' 이 죄목에 따르면 예수는 로마제국의 식민지 통치에 대항한 독립투사였다. 예수가 살았던 그 시절, 유대인은 로마의 지배에 항거하여 줄기찬 독립 투쟁을 전개했다. 죽여도 죽여도 끊임없이 저항하는 이들 유대인을 뿌리 뽑기 위해 로마는 그들의 성지 예루살렘 성을 불태워버린다. 기원후 70년의 일이다.

오늘날 우리에게 전하는《성경》의 네 복음서에 따르면 예수는 유대인의 정치 지도자가 결코 아니었다. 기원전 1250년경 람세스 2세 치하에서 모세는 노예살이를 하던 이스라엘 민족을 구출했다. 모세는 유대인의 구원자, 즉 크리스트였다. 하지만 예수는 로마의 카이사르 치하에서 식민 지배를 받던 이스라엘 민족을 해방한 구원자가 아니었다. '카이사르의 것은 카이사르에게, 하느님의 것은 하느님에게'라는 말에서 알 수 있듯이, 예수는 로마로부터의 독립을 주장하지도 시도하지도 않았다. '유대의 왕을 자칭한 자'라는 죄목은 예수를 죽이려는 누군가의 음모였다.

예수를 죽인 자들은 로마인이 아니라 유대인이었다. 예수는 유대인, 특히 그들을 이끄는 종교 지도자의 위선을 고발하고 투쟁한 시대의 반항자였다.《신약성경》은 유대교와 투쟁하는 예수에 주목해야만 그 의미를 올바르게 읽을 수 있다. 《신약성경》은 유대교 지도자에 대한 적의로 가득 차 있다.

"이 뱀 같은 무리야, 누가 너희더러 하느님의 징벌을 피할 수 있다고 말하더냐? 너희를 벌하려 이 도끼가 준비되어 있다."

끔찍한 독설이다. 원수를 사랑하라고 가르친 예수였지만 유대교 지도자를 향한 저주에서만큼은 한 치의 타협도 없다.

"지켜보라, 저 율법 선생들을. 그들은 과부의 살림을 거덜 내고, 장문의 기도문을 외는 쇼를 한다. 가장 혹독한 벌을 받을 자들은 바로 그들이다."
"'간음하지 말라'고 지도자들은 가르치지? 나는 너희에게 말한다. '여인을 보고 음심을 품는 자는 이미 마음속에서 간음한 것이다. 눈이 너로 하여금 죄를 짓게 한다면 눈을 뽑아버려라.'"
"'눈에는 눈, 이에는 이'라고 지도자들은 가르치지? 나는 너희에게 말한다. '복수하지 마라. 누가 너의 오른빰을 때리면 왼빰마저 때리라고 하라.'"

유대인은 안식일에 아무 일도 하지 않고 오로지 기도하고 찬송한다. 예수와 그의 제자들이 밀밭 길을 걸으면서 주린 배를 채우려고 밀 알갱이 몇 알을 따 먹었다. 이 사실을 안 유대인, 안식일인데 노동을 하는 것은 율법을 어기는 일이 아니냐고 예수에게 따진다. 바로 이들이 유대교의 종교적 전통을 지켜온 율법학자들인 바리새인이다. 예수는 말한다.

> "사람을 위하여 안식일을 만든 것이지 사람이 안식일을 위하여 있는 것은 아니다."

착한 사마리아인의 비유도 마찬가지의 맥락에서 나온 것이다. 입으로는 이웃 사랑을 말하면서 정작 길가에 쓰러진 이웃을 못 본 체 지나가는 사제와 레위인이 바로 유대교 지도자다. 강도를 만나 피 흘리며 누워 있는 낯선 이를 여관으로 옮기고 정성껏 치료해준 이는 유대인이 아니었다. 유대인이 멸시하는 이방인 사마리아인이었다. 이 사마리아인이야말로 이웃 사랑의 정신을 올곧게 실행한 이라고 예수가 말했을 때 그의 의도는 유대교 지도자의 위선을 고발하는 데 있었다.

말하는 족족 자기들의 허위와 위선을 공격하는 예수. 소크라테스에게 독약을 먹인 아테네인처럼 유대교 지도자들은 예수를 죽이는 음모를 개시했다.

유다에게 은전 30냥을 주고 예수를 체포한 이들도 유대교 지도자였고, 예수를 로마 총독 빌라도에게 넘겨준 이들도 유대교 지도자였다. 복음서의 기록에 따르면 로마 총독 빌라도는 예수에게 별 악의를 갖지 않은 것으로 나온다.

빌라도 | 네가 유대의 왕이냐?

예수 | 당신의 말 그대로다.

아마도 로마 총독 빌라도는 예수를 순결한, 하지만 약간 이상한 젊은이로 보았을 것이다. 빌라도는 예수를 죽이고 싶지 않았다.

때는 유월절 기념일. 이집트에서 홍해 바다를 건너온 그들의 광복절이었다. 우리가 광복절에 특별 사면을 하듯, 그들도 관례에 따라 사형수 한 명을 석방했다. 당시 감옥에는 바라바라 불리는 유명한 독립투사가 감금되어 있었다. 바라바가 바로 무장봉기의 주범이었다. 십자가형은 바로 바라바와 같은 이들을 위해 만든 것이었다. 빌라도는 물었다.

빌라도 | 누굴 석방해주길 원하느냐? 바라바냐, 예수냐?

로마 총독은 바라바를 죽이고 싶었을 것이다. 그런데 《성경》은 다시 이렇게 기록하고 있다.

> 고위 제사장들과 장로들은 바라바를 석방하고 예수를 죽이도록 군중을 설득하였다.

빌라도 | 둘 중 누굴 석방하길 원하는가?

군중 | 바라바요!

빌라도 | 그럼, 예수는 어쩌고?

군중 | 십자가에 매다시오!

빌라도 | 무슨 죄를 지었는데?

군중 | 그냥 십자가에 못 박아 죽이시오!

빌라도 | 나는 이자의 죽음에 아무 책임 없소.

군중 | 우리와 우리 자식들이 책임질 것이오!

지금 빌라도는 로마 체제를 대표하고 있다. 군중의 배후 교사자는 유대교 지도자들이다. 복음서는 예수의 죽음과 관련하여 철저히 로마의 무죄를, 그리고 유대교의 유죄를 선언하고 있다. 아니, 거듭 반복하여 강조하고 있다. 마지막 소리는 소름을 끼치게 한다. 원문 그대로 옮기면 이렇다.

"예수의 죽음에 대한 책임을 우리와 우리 자식들에게 떨어지게 하라(Let the responsibility for his death fall on us and our children)!"

복음서는 2000년 후의 비극을 예측이나 하고 있었다는 말인가? 서기 70년 예루살렘 성이 파괴되고 이후 유대인은 2000년 동안 유럽을 떠돌아다녔다. 디아스포라. 가는 곳마다 유대인은 유럽인에게 박해를 받아야 했다. 눈에는 눈, 이에는 이. 너희 선조들이 예수를 죽였으므로 너희 자손들은 보복을 당해야 한다. 목욕물이 나오는 것으로 알고 수도꼭지를 틀었는데 독가스가 뿜어져 나왔던 독일 나치의 유대인 수용소가 지금도 눈에 선하다. 죄 없는 아이들이 엄마의 치마 속으로 숨었으나…….

사람의 아들

예수 | 사람들이 내가 누구라고 말하더냐?

제자들 | 혹자는 세례 요한이라 하고 혹자는 엘리야, 혹자는 예언자라고 하던데요.

예수 | 너희는 어떻게 생각하느냐?

베드로 | 선생님은 그리스도이시지요.

예수는 누구에게도 입 밖에 내지 말라고 경고했다. '예수 그리스도(Jesus Christ)'의 예수는 이름이고 '그리스도'는 '구원자'라는 의미의 칭호다. '충무공 이순신'의 충무공이 이순신의 칭호인 것처럼 말이다. 그리스어로는 'Christos'이고, 히브리어로 'Messiah'다. 기독교가 중국으로 전파되던 17세기 중국인은 'Christ'를 '基督'으로 표기했고, 그리하여 우리는 '예수를 구원자로 믿는 이들의 모임'을 '기독교'라 부르고 있는 것이다.

역시 우리에게 예수의 칭호로는 그리스도보다 '사람의 아들'이 좋다. 예수는 대중 앞에서 자신을 그리스도라 자칭하지 않았다. 예수가 가장 좋아했던 자신의 호는 사람의 아들이었다. 사람의 입보다 정직한 것은 사람의 손발이다. 2000년 전 지중해 동부 해안 '갈릴리'라는 땅에서 중병으로 고통받던 아픈 이들을 치유하고 돌아다닌 사나이가 있었으니 그가 바로 예수다. 복음서가 전하는 예수의 행적은 치유였다.

"나가라!" 귀신이 나간다. "깨끗해지라!" 문둥병이 낫는다. "일어서

라!" 앉은뱅이가 걷는다. "보라!" 눈먼 딸이 눈을 뜬다. "너의 죄를 용서한다!" 중풍병자가 몸을 움직인다. "나의 힘으로 너를 낫게 한 것이 아니라 너의 믿음이 너를 낫게 했다. 소문내지 마라." 예수는 겸손했다.

우리가 보는 역사는 모두 왕과 장군의 이야기를 전하고 있다. 백성은 통치 대상일 뿐 역사의 주체가 아니다. 그런데 여기 복음서에서는 어부와 세리와 창녀와 문둥이가 삶의 주인공으로 등장한다.

영화 〈벤허〉를 보면 문둥병자들이 깊은 골짜기에 처박혀 숨어 사는 모습이 나온다. 육체적 고통도 힘들었을 것이고 사회적 고립도 힘들었을 것이다. 무엇보다도 천벌을 받았다는 자기 파멸 의식 때문에 문둥병자들은 괴로웠을 것이다. 사회의 저 밑바닥에 내동댕이쳐진 이들이 바로 예수의 이웃이었다. 이것 하나로 예수의 삶은 영원히 우리의 마음에 남는다.

바리새인은 제자들에게 묻는다.

"너희 선생은 왜 죄인들과 어울리는가?"

예수는 버림받은 자들의 편이었다. 요샛말로 '왕따'들이 예수의 친구였다. "의사를 필요로 하는 이는 아픈 사람이지 건강한 사람이 아니다. 나는 의인을 부르러 온 것이 아니라 죄인을 부르러 왔다"라고 예수는 일침을 놓는다.

"사람은 빵만으로 사는 것이 아니다."

40일 동안 굶으면서 시련을 이겨낸 예수가 한 말이다. 요즘 우리에게 딱 어울리는 금언이다. 철저히 물질적 탐욕을 거부한 예수이지만 며칠 동안 아무것도 먹지 못한 군중을 보면서 가슴 아파한다. 굶주린 거지들을 보면서 아파하는 장면이야말로 '사람의 아들' 예수의 진면목이다.

"3일 동안이나 나와 함께 있으면서 아무것도 먹지 못한 이들을 보노라니 내 마음이 아프다. 아무것도 먹이지 않고 이대로 돌려보내면 집으로 가는 길에 쓰러질까 걱정된다."

빵 일곱 덩이로 4000명의 거지를 먹인 이야기는 이렇게 시작한다. 우리는 이 기적 기사를 불가능한 '사건'으로 생각한다. 예수는 일곱 덩이의 빵을 손에 쥐고 엄청 울었을 것이다. 지성이면 감천이라고 했던가? 아무리 가진 것 없는 거지라도 마지막 죽기 직전 먹으려고 숨겨놓은 빵 한두 덩이는 있는 법이다. 얼마나 통곡했을까? 예수의 절실한 기도를 듣고 모두 가슴이 움직였을 것이다. '형님 먼저 아우 먼저 그럼 내가 먼저.' 너도 내놓고 나도 내놓다 보면 4000명이

배불리 먹고도 빵이 남는 일은 충분히 가능했을 것이다.

예수에게도 행복한 한때가 있었다. 마르타라는 여인이 예수를 집으로 초대한 것이다. 예수님이 집에 오셨다. 이 얼마나 신나는 일이냐. 마르타는 부엌에 들어가 열심히 찬을 마련한다. 한데, 마르타의 동생 마리아는 예수 옆에 착 달라붙어 예수의 눈빛을 바라보고 있는 것이다. 심사가 뒤틀린 마르타, 예수에게 다가와 투정한다.

마르타 | 이래도 되는 거예요? 나는 바빠 죽겠는데 동생은 손 하나 까딱 않고 있으니, 부엌으로 가 일 좀 하라고 일러주세요.

예수 | 마리아가 잘한 것이다. 그대로 두렴.

이 여인을 "죄 없는 자가 먼저 돌로 쳐라"라고 말한 것도 유명한 일화다. 모세의 율법에 따르면 간음한 여인은 돌로 쳐 죽이게 되어 있었다. 유대인이 간음한 여인을 붙잡아와 이 여인을 어떻게 할지 물은 것은 예수를 시험하기 위해서였다. 죽이라고 할 수도, 살려주라고 할 수도 없는 진퇴양난의 상황을 만든 것이다. 죽이라 하면 원수를 사랑하라는 예수 자신의 가르침을 부정하는 것이고 살려주라 하면 모세의 가르침을 배반하는 것이다. 예수는 논리적 오류를 범하지 않고 상황을 모면했다. 간음한 여인의 행위에 대한 판결을 묻는 유대인의 질문에 대하여 거꾸로 그들의 순결을 되물은 것이다. 돌을 든 남정네들에게 둘러싸인 여인, 얼마나 불쌍했을까? 《성경》에는 한 여인이 올리브기름을 자신의 머리에 발라 예수의 발을 씻어주는 장면이 나온다. 절망 속에서 살아가는 많은 여인들이 예수를 사랑했을 것이다.

하느님과 돈을 함께 모실 수는 없다

"하늘나라가 가까이 왔다. 회개하라."

40일의 시련을 이기고 나타난 예수가 세상을 향해 던진 포고다. 회개하라! 무엇을 회개해? 회개는 자신의 죄를 뉘우치는 소극적인 의미의 반성을 넘어서는 것이다. 그동안 살아온 삶을 버리고 새로운 삶을 선택하라는 적극적 의미의 개변을 내포한다. 부자들은 자신의 삶을 버리지 못한다. 그래서 예수는 부자가 하늘나라에 가는 것은 낙타가 바늘구멍을 통과하는 것보다 힘들다고 말했다. 자신의 삶을 바꿀 수 있는 자는 가난한 자들이다.

"가난한 이들이여, 너희는 행복하다. 하늘나라가 너희의 것이다!"

예수는 로마의 통치하에 놓인 유대인의 삶이 형편없이 일그러져가는 것을 몹시 가슴 아파했을 것이다. 가난했을 적에는 내 것, 네 것 없이 다정하게 살았는데 물질이 풍족해지면서 오히려 더 악랄해지는 오늘 우리의 세태나 로마 식민 통치하의 유대 사회의 세태나 마찬가지였나 보다. 예수가 유대교 지도자들과 투쟁하면서 가르친 하늘나라의 뜻은 아주 단순했다.

"이웃을 사랑하라. 그러면 너희는 하늘나라에 가까이 있는 것이다."

유대교의 성경인 《구약성경》은 철저히 물질적이다. 죄를 용서받으려면 양이나 소를 바쳐야 한다. 하느님의 축복은 가축의 증식으로, 물질적으로 표현된다. 복음서가 기록하는 하늘나라는 철저히 정신적이다. "너를 위해 부를 땅에 저장하지 마라. 부를 하늘에 저장하라." 왜냐? 부가 있는 곳에 마음이 있기 때문이다. "먹을 것, 마실 것조차도 걱정하지 마라."

이러했으니 예수야말로 지독한 무소유주의자였다. "새도 둥우리가 있고 여우도 굴이 있는데 나에겐 쉴 곳이 없다." 집도 절도 없는 몸, 그가 예수였다. 사람은 하느님과 돈을 함께 모실 수는 없다고 예수는 잘라버린다.

물신숭배에 대한 확고한 거부야말로 예수의 일관된 세계관이었다. 그렇기 때문에 부자 청년이 어떻게 살아야 하는지 물었을 때 거침없이 "너의 전 재산을 다 팔아 가난한 자들에게 나누어준 다음 나를 따르라" 하고 말했던 것이다.

오늘 예수가 살아 있다면 그는 분명 무소유주의자일 것이며 동시에 평화주의자일 것이다. 산상수훈에서 예수는 이렇게 말했다.

"평화를 위하여 일하는 자들이 행복하다. 하느님이 그들을 자식으로 부를 것이다."

오늘날 세계를 제패하고 있는 미국이 기독교 국가라는 사실만큼 역설적인 이야기도 찾기 힘들 것이다. 또한 미국의 대통령이 독실한 기독교 신자라는 사실만큼 역설적인 이야기를 우리는 찾기 힘들다. 물신숭배를 원천적으로 배격한 이, 폭력을 끝까지 거부한 이가 예수인데…….

고독한 최후

"오늘 밤 수탉이 울기까지 세 번 너는 나를 모른다고 할 것이다."

《성경》은 위대한 문학서다. 인간의 심성 저 한구석에 웅크리고 있는 배신의 슬픈 정서를 이렇게 감동적으로 묘사한 구절을 나는 아직 보지 못했다.

제자 베드로의 배신을 예언한 예수, 그 역시 사람의 아들이었으므로 마음이 편치 않았을 것이다. 오늘 이 밤이 마지막 밤이다. 새벽이 오면 가룟 유다가 예수를 잡으러 온다. 예수는 밀려오는 슬픔을 이기기 위해 제자들과 함께 산에 오른다. 겟세마네 동산이다. "여기에 앉아 있거라. 저쪽에 가서 기도를 해야겠다." 복음서는 이때 예수의 심정을 이렇게 기록하고 있다.

"내 마음의 슬픔이 너무 커서 나를 짓이기는구나."

그다음 머리를 땅에 박고 기도를 했다.

"아버지여, 할 수만 있다면 이 고통의 잔을 거두어주소서!"

지금 괴로워하는 사람은 분명 사람의 아들이다. 죽음 앞에 선 사람의 영혼은 떤다.

"하지만 나의 뜻대로 하지 말고 당신의 뜻대로 하소서."

이렇게 하여 사람의 아들 예수는 천명에 순종한다. 예수의 최후는 인간이 기록할 수 있는 비극 중 가장 비참하다. 먼저 병사들이 조롱한다. 예수에게 주홍빛 옷을 입히고 가시로 왕관을 만들어 머리에 씌운 다음 무릎을 꿇고 조롱한다.

"유대인의 왕이여 만수무강하라!"

십자가에 못 박힌 예수를 보고 지나가는 사람들은 욕설을 뱉는다. "네가 하느님의 아들이라면 너부터 구원하지." 유대교 지도자들이 욕설을 퍼붓는 것은 당연지사. "남들은 잘도 구하면서 자신은 구하지 못하는군."

교수형이나 총살형은 죽음의 고통이 짧다. 십자가형은 숨을 거두기까지 참으로 긴 시간이 걸린다. 창으로 배를 구멍 내놓았다. 피가 졸졸졸 빠진다. 흘린 피만큼 십자가에 못 박힌 죄수는 심한 갈증을 느낀다. 목이 탄다. 이것이 십자가형의 고통이다.

"목이 마르다"라고 예수는 호소했다. 누군가가 예수의 입에 포도주를 적셔주었다. 목을 축인 예수, "다 이루었다"라고 말하고는 숨을 거두었다.

이것은 요한의 기록이다. 마태는 예수의 최후를 다르게 기록한다.

"엘리 엘리 라마 사박다니!"
"주여, 왜 나를 버리시나이까?"

로마 체제를 전복하기 위해 반란을 일으킨 자들을 잡아 죽인 형틀, 이 십자가의 형틀에서 깨끗한 영혼, 순결한 한 사나이가 이렇게 숨을 거두었다.

고전 읽기

《성경(Bible)》

기독교 또는 유대교의 성전. 《성경》에는 《구약성경》과 《신약성경》이 있다. 《구약성경》은 그리스도 이전의 이야기로, 하느님이 선택한 백성인 이스라엘 민족의 역사와 예수의 예언들이 주를 이룬다. 〈창세기〉부터 〈말라기〉까지 총 39권으로 구성되었는데, 우주와 만물이 하느님에 의해 창조되었으며, 세계와 역사는 하느님이 친히 다스리고 심판한다는 신의 통치 신학이 그대로 계승되었다.

《신약성경》은 그리스도의 복음을 통한 신의 약속이다. 예수의 탄생과 부활의 내용을 담고 있는 이 책은 〈마태복음〉, 〈마가복음〉, 〈누가복음〉, 〈요한복음〉의 복음서와 바울을 위시한 사도들의 편지글, 여러 사도의 편지글과 예언서 등 총 27권으로 이루어져 있다.

Chapter 6

제1자를 향한 그리움, 태허

퇴계 이황
李滉

철인들의 나라, 조선의 근간은 성리학이었다. 예를 숭상하는 숭례문, 인을 일으키는 흥인문, 의를 지키는 돈의문. 사대문에는 한 시대를 아울렀던 성리학의 가치관이 새겨져 있었다. 서울은 성리학적 세계를 축소해놓은 철학의 도시였다.

퇴계 이황은 성리학이 활짝 꽃피었던 조선조 중기의 인물이다. 그는 도산서당을 세워 제자들을 가르치고 성리학 연구와 저술에 몰두했으며, 고봉 기대승과는 '사단칠정'에 관한 논쟁을 벌여 사상계를 더욱 풍요롭게 했다.

1567년, 명종이 승하하고 열여섯 살의 소년 선조가 즉위하자 그는 어린 임금을 위하여 성리학의 개요를 그림과 함께 설명한 책을 엮는다. 이렇게 탄생한 책이 《성학십도》. 퇴계는 이 책을 임금께 올리고 고향으로 돌아간다. '벼슬에 나가 한 시대를 바로잡는 일을 접고 학문 연구와 교육을 통해 올바른 삶의 도리를 밝히는 일', 이것이 바로 퇴계 이황에게는 천명이었던 것이다.

1894년 한반도가 농민 반란으로 요동치고 있을 때, 한 이국의 여인이 날카롭고 섬세한 눈으로 조선인의 풍속을 관찰하고 있었다. 이사벨라 버드 비숍 여사. 영국 왕립 지리학회 회원이던 그녀는《조선과 그 이웃 나라들》에서 이렇게 말했다.

> 내가 서울을 알게 된 지 1년이 지나서야 서울이 세계에서 가장 아름다운 도시라는 것을 알았다.

비숍 여사의 증언대로 서울은 지구상에서 찾아보기 힘든 매우 아름다운 도시였다. 서울은 성리학을 사대문에다 새겨 넣은 철학적인 도시였음을 그녀는 기록하고 있다. 예를 숭상하는 숭례문, 인을 일으키는 흥인문, 의를 지키는 돈의문을 여행기에 적고 있다. 내친김에 그녀가 관찰한 서울의 모습을 조금 더 들어보자.

> 저녁이 되면 진홍빛 장관이 연출된다. 이때 산봉우리들은 투명한 분홍빛 자수정처럼 빛나고 푸른 하늘은 금빛으로 물든다. 초봄이 오면 새파란 안개가 산을 덮고, 연보랏빛 진달래가 산등성이를 물들이며, 불꽃같은 자두, 홍조의 벚꽃, 복숭아꽃이 소스라치게 나타난다.

여인의 몸으로 한강에 나룻배를 띄우고 남한강을 올라가는 그녀의 여행은 부러운 탐험이었다. 명성황후의 고향 여주를 지나 남한강 상류의 마을들을 보고 다닌 그녀의 여행기는 이렇게 증언한다.

> 며칠이 지나자 풍경은 더욱 아름다웠을 뿐만 아니라 웅장하기까지 하여 온통 경이의 대상이었다. 봄의 아름다움이 펼쳐지면서 나무들은 푸르고, 붉고, 황금빛으로 생동감을 보였다. 꽃핀 관목들은 빛을 발하고 있었고, 곡식들이 매우 매력적이었다. 새들은 수풀 속에서 지저귀고 있었고 향기로운 냄새가 물 위로 퍼져나갔다. 드물게 소들이 무릎을 덮을 정도의 풀들을 뜯기도 했다.

비숍 여사가 올라간 그 남한강을 따라 안동과 서울을 왕래한 이가 있었으니, 우리의 주인공 퇴계다. 1567년 명종이 승하하고 소년 선조가 즉위하자 왕명을 물리치지 못하여 퇴계는 노구를 이끌고 서울에 머물렀나 보다. 경연장에서 몇 차례 강연을 했으나 어린 소년은 노옹의 깊은 뜻을 다 이해하지 못했던 모양이다. 퇴계는 《성학십도》를 바치고 고향으로 내려갈 것을 주청한다.

때는 1569년 3월 3일, 예순아홉의 퇴계는 예궐하여 늙은 몸으로 임금을 모실 수 없음을 간절히 고했다. 기어이 붙들고자 하는 선조, 한사코 물러서는 퇴계. 마침내 선조는 퇴계에게 귀향을 허락했다. 다음 날 왕에게 하직을 고하고 3월 5일 한강을 건넜다. 이때 만조백관이 한강 나루터까지 나와서 노학자와의 이별을 슬퍼했다고 한다. 그때의 심정을 퇴계는 이렇게 술회했다.

> 동호(東湖)의 배 위에서 나누었던 정이 꿈결 속에 되살아나니, 봉은사까지 따라와 묵은 하룻밤의 뜻이 더욱 깊게 느껴집니다. 서로 취해 말없이 바라보며 천 리의 이별을 다 이루었습니다. 손수 쓰신 편지와 아울러 시 한 편을 받으니, 마치 다시 얼굴을 대하는 듯하여 참으로 위로되고 다행스러움을 말로 표현하기 어렵습니다.
>
> –《퇴계와 고봉, 편지를 쓰다》 중에서

안부를 묻는 고봉 기대승의 편지에 대한 답신이다. 퇴계는 고향 가는 길을 이렇게 적었다.

> 저는 여강(驪江)을 지나면서부터 사나운 바람과 심한 비로 뱃길에 상당한 어려움을 겪었습니다. 하지만 충주에서 육지로 올라 눈 덮인 길을 걸어 산봉우리를 넘었으나 오히려 다른 병이 생기지 않았습니다. 고향 땅에 들어서니 봄이 한창 무르익어 마치 항상 서로 대했던 것 같은 모습이었습니다.
>
> –《퇴계와 고봉, 편지를 쓰다》 중에서

연산군 대부터 불어닥친 사화의 바람은 중종 대의 기묘사화를 거쳐 명종 대의 을사

사화에 이르러 수많은 선비의 목숨을 앗아갔다. 명종이 승하하고 선조가 즉위하자 마침내 사림파가 정권을 잡았다. 허엽, 박순, 유성룡, 이산해, 윤두수, 김성일, 정구, 허봉, 유희춘, 기대승 등 기라성 같은 퇴계의 제자들이 조정을 가득 메웠다. 조정은 바야흐로 퇴계 학단의 천지가 된 느낌이었다. 퇴계는 〈무진육조소〉, 《성학십도》 등을 올리고 표연히 도산으로 발길을 돌린 것이다. 참으로 아름다운 인생의 황혼이다.

태허의 탄생

영국의 셰익스피어가 태어난 해가 1564년. 조선의 대학자 퇴계와 고봉이 조선 성리학을 활짝 꽃피운 시점이 이 무렵이었다. 선비들은 한평생 하는 일이 셋 있으니, 하나는 학문을 연마하는 일이요, 둘은 세상을 다스리는 일이요, 셋은 제자를 육성하는 일이다. 이들에게 학문이란 식견을 넓히는 일이자 동시에 자신의 인격을 다듬는 일을 의미했다. 시작(詩作)은 선비의 기본이었다.

이슬 머금은 풀잎 곱게 물가에 피어나고
작은 연못 깨끗하여 모래 한 점 없다네
구름 노니는 하늘에 새가 나느니
지지배배 제비야 물결 일지 말거라

"제비야 물결 일지 말거라." 고운 풀잎, 맑은 연못처럼 깨끗하게 살겠다는 청아한 뜻을 시에 담은 〈제비골〉. 퇴계의 나이 18세 때 지어 훗날 여러 선비에게 회자되어온 시다. 다음은 19세의 나이에 지은 〈감회〉라는 시다.

숲속 오두막 외로이 만 권의 책 즐겼네
범부의 마음으로 보낸 세월 10년여
이제 진리의 근원을 만난 듯
내 마음 붙들고 태허(太虛)를 보네

퇴계는 스무 살 즈음에 건강을 잃을 정도로《주역》공부에 심취했다고 한다.《주역》은 서양으로 치면 변화의 원리를 추궁하는 철학, 즉 변증법에 해당하는 분야다. 마르크스가 대학 시절 헤겔의 변증법에 심취했듯, 퇴계는 주자의 철학에 심취했다.

그리스인이 세계의 보편자를 찾아 철학 했듯, 동양의 현인들도 우주의 본체를 찾아 철학 했다. 헬라스인이 만유의 보편자를 물이니 불이니 공기니 흙이니 찾아 헤매다가 이런 것들을 모아 4원소설을 정립했듯, 동양인은 물과 불과 나무와 쇠와 흙으로 우주를 풀이하는 오행 이론을 정립했다. 서양인은 공기를 보편자의 하나로 본 반면, 동양인은 나무와 쇠를 보편자에 포함시킨 것이 차이라면 차이일 것이다. 나무와 쇠는 농경적 삶의 양식을 반영하는 듯하다.

동양인은 음과 양으로 우주를 압축했다. 양은 활발하게 움직이는 기운이고 음은 조용히 쉬려는 기운이다. 낮의 양 기운이 다하면 밤의 음 기운이 오고, 밤의 음 기운이 깊으면 낮의 양 기운이 온다. 동양의 음양설은 땅에 씨 뿌리고 열매 거두며 사는 농부의 소박한 상식 위에 서 있었다.

> 무극(無極)인 태극(太極)이 있다. 태극이 움직여서 양(陽)을 낳고, 움직임이 극한에 이르면 고요해져서 음(陰)을 낳는다. 고요함이 극한에 이르면 다시 움직인다. 한 번 움직임과 한 번 고요함이 서로 뿌리가 되어 음과 양으로 나누어지니 양의(兩儀)가 세워진다. 음양이 서로 변하고 합하여서 수, 화, 목, 금, 토를 낳으니, 다섯 가지 기운이 순조롭게 펼쳐져서 사계절이 운행한다. 오행은 하나의 음양이고, 음양은 하나의 태극이며, 태극은 본래 무극이다.

《성학십도》의 〈태극도설〉은 이렇게 시작한다. 퇴계가 말한 태허는 태극이요, 태극은 무극이다. 카오스 이론에 비교하면 하늘과 땅이 나누어지기 이전의 상태, 그것이 태극이요, 태허일 것이다. 이것이 지식인의 머릿속에 실재하는 관념인지, 진정한 우주의 근원인지, 어느 쪽인지 나는 아직 모르겠다. 인간은 우주를 관통하는 제1자를 향한 그리움을 버리지 못하나 보다.

세상을 움직이는 기

조선의 여인 황진이로 인하여 그 이름이 널리 알려진 화담 서경덕. 환히 밝은 얼굴에 샛별처럼 빛나는 눈의 화담은 깨끗한 삶, 깨끗한 인격으로 우리에게 오래도록 남을 것이다. 시도 아니고 수필도 아닌 매우 독특한 한 편의 글을 통하여 기에 관한 화담의 사유 한 자락을 엿본다.

바람은 기(氣)다.
기가 꽉 차 있음은
물이 계곡에 가득 차 있는 것과 같아, 빈 곳이 없다.
바람이 고요하고 잠잠할 때는
모이고 흩어지는 형체가 보이지 않으나
그렇다고 기가 비어 있는 일이 있었겠는가?
노자의 이른바 '허(虛)하나 다함이 없고 움직일수록 더욱 나온다'라는 것이 이것이다.
부채를 휘두르자마자
밀리고 쫓기어 앗아가서 기는 물결치듯
바람이 되는 것이다.

부채와 바람에 관한 화담의 사유 핵심은 "바람은 기다"라는 선언에 있다. 비가 오는 것이나 눈이 내리는 것이나 아지랑이가 아물아물하는 것이나 서리가 내리는 것이나 모두 기의 현상이다. 우주를 꽉 메우고 있는 것은 기다.

지금 내 앞의 공간에는 아무것도 보이지도 잡히지도 않는다. 그냥 허다. 그런데 텔레비전을 켜면 화상이 떠오른다. 이미 공간 속에서 사방팔방으로 전파가 움직이고 있었던 것이고, 그 전파들의 한 줄기를 텔레비전이 잡아낸 것일 뿐. 그리하여 아무것도 보이지도 잡히지도 않는 이 비어 있는 공간은 사실은 꽉 차 있는 공간이다. 무엇으로? '기'로.

이가 등장하는 까닭은?

옛날 사람들의 사유는 소박했다. 세상 만물을 음과 양의 두 기운으로 이해했다. 그러다가 송나라 성리학의 시대에 들어와 우주의 생성과 변화를 풀이하는 철학적 개념으로 이(理)가 등장하기 시작했다. 그리고 이는 기의 소이(所以)요, 주재(主宰)란다. 잠시 퇴계의 제자, 학봉 김성일의 강의 노트를 들추어보자.

학봉 | 이의 뜻은 무엇입니까?

퇴계 | 배를 만들어 물로 다니고 수레를 만들어 땅으로 가게 하는 이치가 바로 이라네.

학봉 | 사람은 하늘로부터 각기 한 가지, 같은 기를 받았는데 어찌하여 기질이 같지 않습니까?

퇴계 | 사람됨의 높낮이는 음양과 오행이 서로 다르기 때문이라네.

학봉 | 하늘의 도는 이이고 음양과 오행은 기입니까?

퇴계 | 이는 형이상의 도(道)이고 기는 형이하의 그릇, 즉 기(器)라고 말하지. 도는 모든 사물을 낳게 하는 근본이고 그릇이라 함은 사물을 담는 기구를 의미하지. 사람과 사물이 생길 때는 이(理)를 품수한 성(性)이 있게 되고, 기(氣)를 품수한 형(形)이 있게 되네. 이와 기는 섞일 수 없는 것, 불상잡(不相雜)이면서 이와 기는 떨어질 수 없는 것, 불상리(不相離)라네.

–《퇴계평전》 중에서

여기에서 철학의 사변이 끝났으면 좋았을 것이다. 사람들은 이를 우월하게 여기는 이분법적 가치론을 전개하기 시작했다. 이가 먼저 있었고 기가 나중에 생겼다(理先氣後)는 것이다. 또 이가 본이고 기는 말(理本氣末)이요, 이는 선이고 기는 악(理善氣惡)이라는 쓸데없는 관념의 유희에 젖어들었다. 내가 먼저이고 너는 나중, 내가 주인이고 너는 손님, 나는 잘났고 너는 못났네 하며 비교·대립·차별하는 것은 천지자연의 모습이 아니다. 그것은 분명 세속의 투영이다.

무극인 진리와 음양오행의 정밀함이 오묘하게 합하여 응집해서 건(乾)은 남성을 이루고 곤(坤)은 여성을 이룬다. 건곤의 두 기운이 교감하여 만물을 낳으니, 만물이 끊임없이 생겨나 변화가 다함이 없다. 오직 사람만이 그중 빼어난 것을 얻어서 가장 영묘하다. 형체가 이미 생겨나니 신(神)이 지각을 일으킨다. 오성(五性)이 감응하여 움직이니 선과 악이 나누어지고 온갖 일이 생겨난다. 성인은 중(中), 정(正), 인(仁), 의(義)로써 온갖 일을 안정시키고, 고요함을 위로 하여, 사람의 표준(人極)을 세우셨다.

— 《성학십도》 중에서

이어지는 〈태극도설〉은 이제 우주관에서 인간관으로 옮아간다. 음양은 인간에게 남성과 여성이요, 인간은 신의 작용으로 영묘한 지각을 일으킨다. 〈태극도설〉의 신은 서양의 신(God)이 아니다. 하늘의 기운이요, 이 기운이 인간의 두뇌에 스미는 것이다. 사람 중의 사람, 사람의 표준이 성인인데, 성인은 인과 의로 세상을 다스린다는 것이다. 성리학은 우주에 대한 존재론에서 인간에 대한 가치론으로 이행하는 것이다. 그리고 이 가치론이 성리학의 의도다.

그러므로 하늘의 도를 세워서 음과 양이라 부르고, 땅의 도를 세워서 부드러움(柔)과 굳셈(剛)이라 부르고, 사람의 도를 세워서 어짊(仁)과 바름(義)이라 부르는 것이다. (중략) 군자는 덕성을 수양하기 때문에 길하지만 소인은 거스르기 때문에 흉하게 된다.

천지인. 하늘과 땅과 사람의 길을 수미일관된 논리로 제시하려는 것이 동양인의 마음이었다. 땅과 하늘의 원리대로 살고 싶어하는 마음, 천명에 거스르지 않고 순응하며 살고 싶어하는 마음, 어질고 바르게 살고 싫어하는 마음인 것이다. 인간이 추구해야 할 덕의 원리인 인과 의에 대해 최상의 축복을 내려주고 싶어한 것이다.

그런데 이게 무엇이냐? 군자는 덕성을 수양하기 때문에 길하지만 소인은 거스르기 때문에 흉하다. 그래서 소인은 군자의 가르침을 받아야 한다. 바로 이것이다. 플라톤이 이데아의 개념을 창시할 때는 이미 철인 집단에 지배층의 자리를 나누어주고 싶어하는 의도가 전제되어 있었듯이, 성리학자들이 태극과 음양과 인의를 논할 때는 이미 사대부에게 권력의 한 자리를 깔아주고 싶어하는 의도가 전제되어 있었던 것이다.

퇴계가 계곡에 머문 이유

퇴계는 50세 이후 고향의 한적한 시냇가에 도산서당을 세웠다. 그의 학덕을 사모하여 모여드는 제자들을 가르치며 성리학의 연구와 저술에 몰두했다. 조정에서는 성균관 대사성, 홍문관과 예문관 대제학, 공조판서, 예조판서, 의정부 우찬성, 판중추부사 등 계속하여 높은 관직을 제수했으나 거듭 사직 상소를 올려 받지 않았으며 마지못해 잠시 나갔다가도 곧 사퇴하여 귀향하기를 되풀이했다.

어리석음을 숨기고 자리만 차지하는 것은 부당하며, 병든 몸이 하는 일 없이 녹만 축내는 것은 부당하다. 허명으로 세상을 속이는 것은 부당하며, 함부로 나아가지 말아야 한다는 것을 알고도 벼슬하는 것은 부당하다. 자신이 맡을 일이 아닌데도 물러서지 않는 것 또한 부당하다.

—《퇴계와 고봉, 편지를 쓰다》 중에서

벼슬에 나갈 수 없는 다섯 가지 이유를 퇴계는 이렇게 밝혔다. 퇴계가 관직에 나가기를 싫어한 것은 일차적으로는 그의 뜻이 학문과 교육에 있었기 때문이다. 하지만 계속되는 사화, 살얼음을 밟듯 주위를 살피며 살아야 하는 선비의 위태로운 현실을 보며 퇴계는 나서길 자제한 것이리라. 퇴계는 이렇게 전한다.

"저는 일찍이 우리나라의 선비 중에 조금이나마 뜻을 가지고 도의를 좇은 사람들 거의가 세상의 환란에 걸린 것을 이상하게 여겼습니다. 이것은 땅 좁고 인심이 박한 까닭이기는 하지만, 역시 그들 스스로를 위한 계획이 미진했기 때문에 그러했습니다. 이른바 미진했다 함은 다름이 아니라 학문을 이루지도 못했으면서 자신을 높이고, 시대를 헤아리지도 못했으면서 세상을 일구는 데에 용감했던 것입니다. 이것이 바로 실패한 까닭이니, 큰 이름을 걸고 큰일을 맡은 사람은 반드시 경계해야 합니다. (중략) 그러므로 스스로를 너무 높이거나 세상을 일구는 데에 너무 용감하지 않을 것이며, 모든 일에 자신의 주장을 너무 지나치게 내세우지 말 것입니다. 바야흐로 춥고 얼음 어는 철입니다. 시대를 위하여 자신을 소중히 하시기 바랍니다. 거듭 삼가 절하며 아룁니다."

1545년 인종이 즉위 8개월 만에 승하하자 명종이 열두 살의 나이로 왕위에 올랐다. 이에 명종의 모친인 문정왕후가 수렴청정을 하게 되었고, 그 유명한 외척 윤원형의 세도가 세상을 어지럽혔다. 또다시 을사사화가 일어나 많은 선비들이 희생당했고 퇴계 자신도 파직당했다.

마흔일곱 살에 고향으로 돌아와 호를 퇴계라 지을 때 이미 그는 벼슬에서 물러날 뜻을 굳힌 것으로 보인다. 외직을 구하여 단양 군수(9개월)와 풍기 군수(1년 2개월)로 나갔다가 끝내 벼슬을 버리고 귀향했다. 선생이 고을살이를 할 때는 맑은 바람이 씻어가듯, 한 점의 사사로운 티끌도 없었다고 한다. 공무를 보는 틈을 타서 책을 읽고 스스로 즐기며, 때로는 초연하게 혼자 수석 사이를 거닐었는데, 전야(田野)의 사람들은 이를 바라보고 신선 같다고 했다.

1565년 문정왕후가 죽고 윤원형의 세도도 끝이 났다. 시골에 묻혀 산 20년의 세월은 퇴계를 노인으로 만들어버렸다. '퇴계'라는 호는 문정왕후와 윤원형의 횡포에 대한 저항이자 반발이었다. 외척이 권력을 독점하여 어지러운 정치 상황 속에서 '벼슬에 나가 한 시대를 바로잡는 일을 접고 학문 연구와 교육을 통해 인간의 올바른 삶의 도리를 밝히는 일'을 자신의 천명으로 삼은 것이다.

퇴계와 고봉의 만남

"제가 사는 곳에는 즐거이 더불어 학문을 강론할 만한 사람이 없고, 간혹 동지 한둘이 있어도 벼슬길 따라 바쁜 데서 벗어나지 못하니, 늙고 병든 저만 무리에서 떨어져 쓸쓸히 지내면서 늘 막혀도 물어볼 데 한 곳 없는 근심을 품고 삽니다. 그런데 이제 주신 글을 보고, 호남에 그러한 인물과 의논이 있음을 알겠습니다. 이는 실로 우리나라에서 보기 드문 일이니, 깊이 감탄하고 흠모하여 기우는 마음 감당할 수 없습니다."

퇴계는 고봉에게 각별했다. 나이로 치면 스물여섯 살이나 차이가 났다. 자식뻘의 제자에게 퇴계는 이렇듯 겸허하고 진지한 태도를 일관했다.

고봉 기대승은 과거에 급제하여 출세를 하기 위해 학문을 하는 여느 젊은이들과는 좀 달랐다. 그는 학문을 통해 진정한 삶의 진리를 터득하려 노력했다. 1558년에 과거를 보기 위해 서울로 향했던 그는 큰 학자로 이름이 높았던 하서 김인후와 일재 이항을 잇달아 만나 성리학의 중요한 주제들을 놓고 논쟁을 벌였다. 그러한 그의 열정은 서울에 와서도 이어졌다. 고봉은 마침 서울에 와 있던 퇴계를 찾아가 그와도 논쟁을 벌였던 것이다. 당시 퇴계는 이미 나이 쉰여덟의 대학자로서 낙향하여 학문에만 힘쓰고 있었는데, 마침 임금의 부름을 계속 거절할 수 없어서 잠시 서울에 와 있던 참이었다.

퇴계는 젊은 고봉을 무시하거나 멀리하지 않고 학자로서 존중해주었다. 고봉은 정지운의 《천명도설》에 대한 퇴계의 견해에 불만을 가지고 자신의 생각을 펼쳤는데, 퇴계는 고봉의 주장을 받아들여 자신의 생각을 고친 다음 옳고 그름을 다시 편지로 되물었던 것이다. 그리하여 두 사람의 유명한 사단칠정 논쟁이 시작되었다.

고봉, 도전장을 던지다

퇴계는 조선 성리학의 대가답게 이와 기를 분명히 나누면서 이를 중시하는 이기이원론을 주장했다. 기에 대한 이의 우월성을 주장하지 않으면 사실상 성리학의 존재 의의, 그리고 선비의 존재 의의가 사라진다. 퇴계는 이가 움직이면 기가 이를 따르고(理發而氣隨之) 기가 움직이면 이가 기를 탄다(氣發而理乘之)고 주장했다. 인의예지 사단의 이가 움직이면 기가 따르고 칠정의 기가 발동하면 이가 기를 탄다고 보았다. 사람이 말을 타듯, 이가 기를 타는 것으로 본 것이다.

퇴계의 이기론을 가마 타는 선비에 비유해보자. 선비가 가마에 오르면 종들은 가마를 잡고 달려간다. 어디로 갈 것인가? 선비가 가자는 곳으로 따르는 것이 종의 임무다. 가마는 종들의 힘으로 움직이는 것이 사실이다. 그러나 가마가 제 갈 길로 가려면 선비가 타야 한다.

퇴계가 조선 사회의 계급적 분열을 대변하는 아주 솔직한 사상가였다면 율곡은 조선 사회의 계급적 분열을 통합하려는 슬기로운 사상가였다. 율곡은 이가 기를 떠나 초월적으로 존재할 수 없음을 시인했다. 이는 오직 기 안에서만 작동하는 것이다. 움직이는 것은 기요, 기가 움직이면 이는 기를 타는 것일 뿐이라는 새로운 견해를 제시한다(氣發理乘一途說). 엄밀히 보면 율곡의 견해는 조선 왕조를 창시했던 정도전의 민본 사상과 일맥상통한다. 백성이 있기에 군주가 있는 것이라는 정도전의 사상을 철학적 언어로 바꾸면 '기발리승'이 되는 것이다.

그런데 정도전의 민본 사상도 율곡의 '기발리승일도설'도 솔직히 말하면 군주의 통치를 합리화하는 사상이요, 군주를 돕는 선비의 존재를 전제하고 있는 이론임에 분명하다. 치자와 피치자 간의 관계를 퇴계는 가마 탄 선비와 종의 관계로 보았다면 율곡은 무등을 탄 자와 무등을 태운 자의 관계로 보았을 뿐이다. 무등을 태운 자의 힘으로 세상이 움직인다면 무등을 탄 자의 안내대로 세상은 간다. 율곡은 '무등을 태운 자'의 기와 '무등을 탄 자'의 이가 하나 되어 세상이 움직인다고 본 것이다.

퇴계보다 스물여섯 살이나 어린 젊은 성리학자 고봉 기대승이 스승에게 사상투쟁의 도전장을 낸다. 퇴계와 율곡이 이의 우월성을 전제한 채, 이와 기의 상호 지위에 관한 다툼을 해왔다면 이제 고봉은 이의 우월성 자체를 부정하는 논변을 건다. 인의예지 사단이나 희로애구애오욕(喜怒哀懼愛惡欲) 칠정이나 인간의 마음에서 나오는 똑같은 정(情)이라는 것이다. 무서운 도전이다.

퇴계와 고봉의 13년 논변

퇴계 | 선비들 사이에서 그대가 논한 사단칠정의 설을 전해 들었습니다. 저는 이에 대해 스스로 전에 한 말이 온당하지 못함을 근심했습니다만, 그대의 논박을 듣고 나서 더욱 잘못되었음을 알았습니다. 그래서 그것을 다음과 같이 고쳐보았습니다. "사단의 발현은 순수한 이인 까닭에 언제나 선하고 칠정의 발현은 기와 겸하기 때문에 선악이 있다." 이렇게 하면 괜찮을지 모르겠습니다.

고봉 | 이제 만일 "사단은 이에서 발현되므로 언제나 선하고 칠정은 기에서 발현되므로 선악이 있다"라고 한다면 이것은 이와 기를 나누어 둘이라고 하는 것입니다. 이것은 칠정은 성(性)에서 나오지 않고 사단은 기를 타지 않는다는 말과 같은 뜻입니다. 이렇게 되면 말뜻에 병집이 있고, 따라서 후학들은 의심하지 않을 수 없습니다.

인의예지만큼은 이의 발현으로 보았던 선배들의 사상적 묵계를 고봉은 과감하게 파괴하고 나선 것이다. 인의예지라고 별것입니까? 인의예지 역시 인간의 마음 씀씀이일진대, 이게 희로애구애오욕과 본질적으로 다를 게 뭔가요?

논리적으로 보면 고봉이 옳다. 인의예지가 인간의 이라면 희로애구애오욕도 똑같이 인간의 이다. 마찬가지로 희로애구애오욕이 인간의 기라면 인의예지도 인간의 기다. 슬퍼하는 감정이 있기에 어진 마음(仁)이 있는 것이요, 분노하는 감정이 있기에 바른 마음(義)이 있는 것이다. 불

쌍한 사람을 보면서 느끼는 슬픔과 불의한 일을 보면서 느끼는 분노가 없는 인간이 인격 수양만으로 인과 의를 따르겠는가?

고봉의 문제 제기를 사회적으로 풀이하면 이런 것이다. '양반이나 상놈이 다 똑같은 사람이요, 상놈의 마음이나 양반의 마음이 다 똑같은 마음이지요. 선비가 추구하는 사단이 순진무구한 백성의 삶 속에 있고, 소인배나 발산해야 할 희로애구애오욕을 오히려 양반 지배층이 더 많이 낸 것 아닌가요? 인의예지를 수양한다며 말만 번지르르하게 하는 선비들이 선비들을 죽인 게 지난 200년의 역사 아닌가요?' 고봉의 '이기일원론'이야말로 율곡보다 더 논리적이며 퇴계보다 더 평등 지향적 사상이었다. 퇴계의 답변은 무엇이었을까?

"무릇 의리의 학문이란 지극히 정밀하고 미묘한 것입니다. 모름지기 마음을 크게 먹고 눈을 높게 둔 다음 절대로 먼저 한 가지 이론에 얽매이지 말고, 마음을 비우고, 편안한 기분으로 속 깊은 뜻을 차근차근 살펴야 합니다. (중략) 무릇 학문을 함에 있어서 분석을 싫어하고 합하여 한 이론으로 주장하기에 힘쓰는 것을 옛사람은 '대추를 그냥 삼킨다'라고 했는데 그 병집은 작지 않습니다. 그럼에도 이와 같은 태도를 바꾸지 않는다면 사람의 욕망을 하늘의 이치로 여기는 잘못에 떨어지게 됩니다. 어찌 옳다고 하겠습니까?

《주자어류》에서 맹자의 사단을 논한 마지막 한 조항을 찾아보았습니다. '사단은 이의 발현이고 칠정은 기의 발현이다'라고 했습니다. 옛사람이 말하지 않았습니까? 감히 자신을 믿지 말고 스승을 믿으라고. 주자는 제가 스승으로 삼는 분이고 또한 천하 고금의 큰 스승입니다. 주자의 이 이론으로 대신하고 우리의 것은 버리는 것이 온당하겠습니다. 어떻습니까?"

퇴계가 고봉에게 답한 글의 요지는 간단하다. 사단은 이의 발현이며 칠정은 기의 발현이라고 주자가 말했으니, 사견을 버리고 주자의 견해를 공론으로 받아들이자는 것이다. 그러나 젊은 고봉의 눈에는 주자나 퇴계의 권위가 보이지 않았다. 사슴은 사슴이요, 말은 말이지, 사슴을 말로 뒤바꿀 수는 없는 것이 선비의 정직이다.

"'사단은 순수한 이이고, 칠정은 밖의 형기에 감응하므로 그 발현은 이의 본체가 아니다. 따라서 사단과 칠정은 그 연원이 같지 않다'라고 하신 선생의 견해를 저는 받아들일 수 없습니다. 무릇 사람의 칠정은 하나입니다.

칠정 속에 두 가지 선이 있다고 한다면 하나는 이에서 발현하고 하나는 기에서 발현한다는 이상한 결론이 나옵니다. 참으로 옳고 그름이 제 쪽에 있는지 선생님 쪽에 있는지는 모르겠습니다.

사단이 인의예지의 성으로부터 발현되지만 칠정 또한 인의예지의 성으로부터 발현된다고 말하고 싶습니다. 정이 밖에 드러나는 것은 바깥 사물에 닿아서 나오는 것 같지만 사실은 안으로부터 나오는 것입니다. 사단과 칠정이 모두 마음에서 나오는 것입니다. 마음은 이기의 합이니, 정은 진실로 이기를 겸한 것이라고 말하고 싶습니다. 만약 사물에 감응하여 움직이는 것으로 말한다면 사단도 역시 마찬가지입니다. 대개 발현하기 전에는 오로지 이일 뿐이지만 이미 발현하면 바로 기를 타고 움직입니다. 사단 역시 기입니다."

사단이 이라면 칠정도 이요, 칠정이 기라면 사단도 기라는 고봉의 주장은 겁 없는 견해다. 주자의 성리학을 정통으로 모시는 조선 왕조에서 지금 고봉이 펼치고 있는 이기일원론은 위험하기 짝이 없는 견해다. 논리적으로 보면 고봉이 맞겠으나, 그의 견해가 지닌 사회적 의미는 매우 위험하다. 퇴계는 이 점을 염려했을 것이다. 젊은이가 이렇게 앞뒤 보지 않고 발언하다간 큰일 내는데…….

"지난번에 멀리서 편지를 보내주시고 사단칠정에 대해 깨우치는 글 한 권까지 덧붙여주시니, 어리석고 거짓된 이 사람을 버리지 않고 극진히 깨우쳐주려는 뜻이 매우 깊고 간절하게 느껴집니다. 때마침 조금 바쁜 일이 있어서 그동안 마음을 다해 연구할 수가 없었습니다. 그래서 편한 대로 먼저 답장을 대강 써서 돌아가는 인편에 부쳤습니다. 이제야 비로소 병이 조금 나은 사이를 엿보아, 찬찬히 읽고 생각을 풀어 한두 가지 논의나마 살펴보고자 했으니, 담고 있는 뜻이 깊고 인용이 해박하여 종횡무진 치달리는 변론을 다 헤아릴 수 없었습니다."

고봉의 논술은 나름의 근거를 경전에서 딴 것들이었다. 일일이 반박하기가 곤란했을 것이다. 하지만 이것만은 양보할 수 없다. 고봉, 그대는 정녕 사단을 기라고 주장할 것인가?

"그렇다면 사단을 기의 발현으로 보십니까? 만약 약간의 기라도 섞인 것으로 본다면 순수한 하늘의 이치가 지닌 본연의 모습일 수 없을 것입니다. 사단의 발현은 순수한 이인 까닭에 선하지 않음이 없고 칠정의 발현은 기와 겸하기 때문에 선악이 있습니다.
희로애락과 인의예지를 짝하여 놓는다는 말은 참으로 그럴듯합니다만 완전하지는 않습니다. 그대가 논한 부분에는 진실로 편치 않음이 있는 듯하니 그 사이를 다시 생각해보지 않을 수 있겠습니까?"

제자를 존대하는 스승

조선 선비의 사부인 퇴계는 26년 연하인 고봉에게 깍듯이 존대한다. 나이 60, 이순(耳順)을 바라보는 당대의 대학자가 이제 나이 이립(而立)을 갓 넘어선 젊은 후학에게 깍듯한 예를 다하여 존대하는 이 장면은 우리에게 충격적이다. 퇴계는 고봉을 존중했고, 그에 따르는 예의를 다한 것이다. 장장 13년에 걸친 사단칠정의 논변. 안동에 사는 스승과 광주에 사는 제자가 그것도 편지로 논변을 이은 것이다.

> "《성학십도》를 보냅니다. 잘못된 곳이 있으면 가리켜 논박한 뒤 돌려주시면 어떻겠습니까? 일단은 다른 사람 눈에 띄게 하지 마십시오."
>
> "영공에게 절하며 사례합니다. 그대의 가르침을 받으니 감격스럽고 다행스러웠습니다. 고증이 소홀했던 부분들을 깨우쳐주시니 저로서는 깊이 다행스럽다고 여겼습니다."

퇴계는 마음을 다 열어 제자들의 조언을 구한 분이었다. 참으로 진리 앞에 겸허한 대학자였다. 《성학십도》는 퇴계가 평생에 걸쳐 완성하는 성리학 작품. 왕에게 바치는 지성으로 작성한 이 《성학십도》의 초고에 대해 퇴계는 제자 고봉에게 정정을 부탁한 것이다. 광주와 안동은 천 리 길인데. "'하늘과 땅 사이에 도망할 곳이 없다'라는 그대의 제안을 추가하고자 합니다" 하여 제자의 조언을 그대로 받아들였다. 다시 "'뜻이 비록 남음이 있지만'은 '뜻이 비록 잃은 것이 없지만'으로 고치고자 하는데 어떻습니까?"라고 묻고 물었던 것이다.

이러한 스승에게 고봉이 부탁하는 물건이 있었으니 그것은 스승의 글씨였다. "한가하실 때 중용의 큰 글자를 베껴 돌려주실 수 없겠습니까? 평생 동안 두고 보고자 합니다." 그러면서 제자 고봉은 스승의 마음을 기쁘게 해드리기 위하여 이런 글월을 올린다. "둥근 부채 두 자루를 올리오니 웃으며 거두시기 바랍니다. 또 얼린 물고기와 산 꿩 한 마리씩을 자루에 넣어 보냅니다. 웃으며 받아주시기 바랍니다." 참으로 아름다운 스승과 제자의 우의다.

《성학십도》는 1568년 예순여덟 살의 노학자 퇴계가 열일곱 살의 소년 선조에게 바친 소책자다. 열여섯 살에 등극한 어린 왕은 즉위하자 곧 퇴계에게 관직을 내리고 여러 차례 독촉했으나 퇴계는 응하지 않다가 다음 해 7월 판중추부사에 임명되자 더 이상 사양할 수가 없어 상경했다. 그해 8월에는 그의 정치사상의 중핵을 이루는 〈무진육조소〉를 올리고 이어서 경연에서 여러 차례 시강도 했다. 그러나 늙고 병약한 자신의 기력에 한계를 느끼고 어린 왕의 이해력에도 한계를 느끼자 국가와 정치를 위하여 가장 중요하다고 생각되는 일을 한 다음 물러나기로 결심한 듯하다. 〈성학십도를 올리는 글〉에 나오는 다음 내용은 당시의 심경을 잘 말해준다.

"신은 학술이 거칠고 성기며, 언변이 서툰 데다 질병까지 잇달아 시강을 드물게 했는데, 추운 겨울부터는 전폐하게 되었습니다. 신의 죄가 만 번 죽어 마땅하여 걱정스럽고 두려워 어찌할 바를 모르겠습니다. 신이 가만히 생각해보니, 처음에 글을 올려 학문을 논한 말이 전하의 뜻을 감동 분발시키기에 부족했습니다. 그리고 그 뒤 경연에서 여러 번 아뢴 말씀도 전하의 슬기에 도움을 드릴 수 없었습니다."

그러면 문제의 사단칠정 논변의 결말은 어떻게 되었을까? 퇴계는 제자의 논변이 논리적으로는 옳다는 것을 이해했을 것이다. 그러나 고봉의 논리를 있는 그대로 다 수용하면 성리학의 토대가 무너진다는 것 또한 잘 알고 있었다. 고봉이 논리적으로 우수하나 세상을 아우르는 지혜가 부족함을 스승은 안타까이 생각했을 것이다. 퇴계는 고봉이 진정한 인격자, 원숙한 정치가로 성장하길 바랐을 것이다. 일흔의 나이로 퇴계가 세상을 뜨자 아직 살날이 많은 고봉도 이어 숨을 거둔다.

"지금까지 '사물의 이치에 이른다'와 '무극이면서 태극이다'에 대한 저의 견해는 모두 잘못되었습니다."

퇴계가 죽기 전 고봉에게 보낸 편지다. 우리로서는 도무지 다가설 수 없는 경지다. 다산은 이렇게 쓰고 있다.

한가로움 속에서도 모든 일이 바쁘더니
반평생 가시밭길 바람에서 어긋나
이 한 몸 싸움터에서 갈피 잡지 못했네
만 가지 움직임이 하나의 고요함만 못하고
뭇 향기 따르느니 외로운 향기 지켜야지
도산이여, 퇴계여, 어드메 있느뇨
아스라이 높은 풍모 끝없이 흠모하네

고전 읽기

《성학십도(聖學十圖)》

조선 중기의 학자 이황이 성학의 개요를 그림으로 설명한 책. 《성학십도》는 《퇴계문집》 내집과 《퇴계전서》에 '진성학십도차병도(進聖學十圖箚并圖)'라는 제목으로 수록된 글이다. 이황이 선조에게 강론하기 위해 여러 성리학자의 도설에서 필요한 내용만 골라 도표와 함께 엮은 책으로, 짧은 글을 왕에게 올린다는 의미의 진(進)과 차(箚), 그리고 도표를 글과 함께 넣는다는 병도(并圖)의 글자를 생략해 '성학십도'라고 부른다.

성학은 크게 유학을 지칭하지만 모든 사람이 성인이 되도록 하기 위한 학문이라는 의미도 내포하고 있다. 십도(十圖)란 태극도(太極圖), 서명도(西銘圖), 소학도(小學圖), 대학도(大學圖), 백록동규도(白鹿洞規圖), 심통성정도(心統性情圖), 인설도(仁說圖), 심학도(心學圖), 경재잠도(敬齋箴圖), 숙흥야매잠도(夙興夜寐箴圖)를 말한다.

Chapter 7

“내 수염은 반역죄를 짓지 않았네”

토머스 모어
Thomas More

1500년 당시 영국에서 양모의 값이 폭등하자 귀족들은 밀밭을 초지로 바꾸어 양 떼를 키우기 시작했다. 대대손손 땅에 붙어 생계를 이어오던 농민들은 토지에서 쫓겨나 부랑자로, 거지로 거리를 떠돌게 되었다.
털어도 먼지 안 나는 양심적인 법관으로, 또 공정하고 신속한 소송 처리로 유명했던 토머스 모어는 이러한 사회 현실을 간과할 수 없었다. 그는 《유토피아》에서 당시 영국 농민들이 겪던 처참한 삶의 현장을 고발한다. 《유토피아》 제1부에 등장하는 "양들이 사람을 잡아먹고 있다"라는 유명한 구절은 그가 살던 시대 현실에 대한 독한 풍자인 것이다.
모어는 사유재산 폐지, 2년 도농 간 순환 살림살이, 주민 자치제, 하루 6시간 노동을 내세우며 시민이 주인인 나라를 선포한다. 이것이 그가 꿈꾸었던 '유토피아'의 모습이다.
부당한 왕의 요구를 거부하여 결국 단두대로 올라가면서도 끝까지 여유와 웃음을 잃지 않았던 토머스 모어. 그는 죽음보다 자신의 영혼과 양심을 소중하게 여긴 영국의 소크라테스였다.

> 영국의 대법관 토머스 모어. 그의 영혼은 새하얀 눈보다 더 순결했으며, 그의 천재성은 위대한 사상가의 산실인 영국조차 이전에 결코 가진 일이 없었고 이후에도 다시는 얻을 수 없는 엄청난 것이었다.

르네상스 시대 유럽 최고의 인문주의자요, 《우신예찬》으로 유명한 에라스뮈스는 토머스 모어를 이처럼 칭찬했다.

1478년 런던에서 변호사 존 모어의 맏아들로 태어난 토머스 모어는 14세 때 옥스퍼드 대학에 입학해 그리스어를 공부하고 링컨 법학원에서 법학을 공부하여 23세에 변호사 자격을 취득했다. 하지만 모어는 26세가 될 때까지 수도자가 되려는 희망을 품고 수도생활을 준비했다. 그가 수도자의 길을 버린 이유는 결혼생활에 대한 욕구를 털어버릴 수 없어서였다. 그래서 그는 정결함을 지키지 못하는 성직자가 되기보다 정결한 남편이 되는 쪽을 택했다.

결혼한 뒤에도 세속적인 안락에 빠질 것을 경계해 수련 시절에 입던 거친 속옷을 몸에서 떼어놓지 않았다. 모어는 언제나 뻣뻣한 털이 몸을 찌르는 거칠게 짠 셔츠를 입고 그 위에 관복을 걸쳤다. 하원의원 시절에 모어는 헨리 7세가 백성에게 과중한 세금을 부과하려 하자 이에 반대했다가 의원직을 상실했다. 그래서 한동안 고전 번역에 전념하다가

1509년 헨리 8세가 즉위하자 새 시대에 희망을 걸고 다시 관직으로 돌아왔다.

1515년에는 영국 양털 수출을 위해 플랑드르에 가서 협상을 벌이는 동안 《유토피아》를 썼다. 플랑드르와 성공적으로 통상조약을 체결하여 국왕의 신임을 받은 모어는 1529년에 대법관에 임명된다.

'Lord Chancellor'는 말이 대법관이지 요즘의 국회의장과 대법원장과 국무총리를 다 합한 최고 권력이었다. 성직자가 아닌 속인이 이 지위에 오른 것은 영국 역사상 처음 있는 일이었다. '털어도 먼지 안 나는' 양심적인 법관으로, 또 공정하고 신속한 소송 처리로 유명했던 그에 대해 백성은 아낌없는 칭송을 보냈다. 그들은 "모어가 대법관일 때는 해결 안 된 송사가 없었다네, 모어 같은 대법관은 다시 볼 수 없으리"라는 노래를 흥얼거리고 다녔다.

양들이 사람을 잡아먹고 있다

《유토피아》의 제1부는 1500년 당시 영국 농민들이 겪던 처참한 삶의 현장을 고발한다. 사자가 사람을 잡아먹는 것도 아니고 양이 사람을 먹는다니……. 모어의 독한 풍자는 그의 머리에서 나온 것이 아니고 그가 살던 시대에서 나온 것이다.

닥치는 대로 절도범들을 교수형에 처하고 있습니다. 나는 한 교수대에서 20명이 처형되는 것을 본 적도 있습니다.

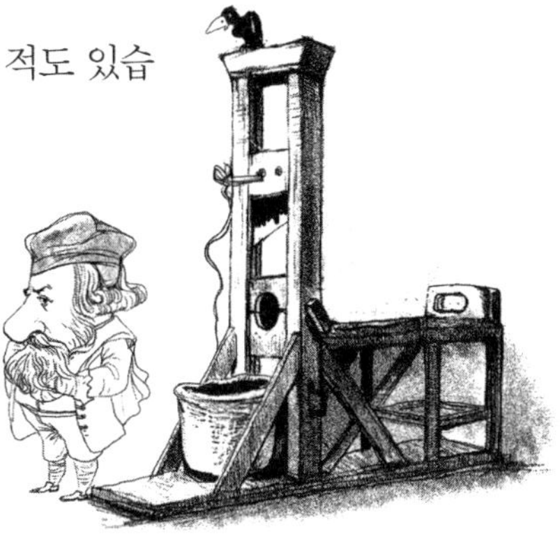

플랑드르에서 모직 공업이 흥성하여 양모 값이 폭등하자 영국의 귀족들은 밀밭을 초지로 바꾸어 양 떼를 키우기 시작했다. 이른바 인클로저 운동(enclosure movement)은 대대손손 땅에 붙어 생계를 이어오던 농민들을 땅으로부터 폭력적으로 추방해버린 것이다. 자신의 영지에서 노역을 제공하고 생산물을 바쳐온 농노들에 대해 영주들은 공동체 유지에 필요한 최소한의 의무마저 포기한 것이다. 양을 키워서 떼돈을 만져보겠다는 영주들의 탐욕은 봉건적 관계를 해체했지만 쫓겨난 농민들을 맞이해줄 새로운 생산관계는 예비되지 않았다. 오갈 데 없는 농민들은 부랑자로, 거지로 거리를 떠돌았다.

부랑자는 잡히면 태형을 당한다. 달구지 뒤에 묶어놓고 몸에 피가 흐르도록 때렸다. 부랑자로 두 번 잡히면 귀를 자르고, 세 번 잡히면 공동체의 적으로 사형에 처했다. 1572년 엘리자베스 1세의 법령에 따르면 거지는 자신을 고용해줄 고용주를 만나지 못할 경우 혹독한 매를 맞고 귀에 낙인이 찍힌다. 재범인 경우 그들을 고용할 고용주가 있으면 살려주지만 세 번 잡힐 경우에는 용서 없이 반역자로 사형에 처한다. 부랑자 7만 2000명이 헨리 8세의 통치하에 사형되었고, 엘리자베스 1세 시대에 들어서는 해마다 300명의 절도범이 교수대에 올랐다.

절도범을 처벌하는 이 방법은 공평하지도 않고 사회적으로 바람직한 것도 못 됩니다. 처벌로서는 너무 가혹하고 억제책으로서는 매우 비효과적입니다.

법률 전문가답게 모어는 절도범에 대한 처벌이 가혹하다고 지적한다. 아울러 처벌의 강도와는 정반대로 아무런 계도 효과도 내지 못하고 있음을 날카롭게 지적한다. 절도범을 죽일 것이 아니라 절도범을 양산하는 사회 혼란의 원인 제공자를 사형에 처해야 하는 것 아닌가? 모어는 절도범의 양산이 당시 영국의 사회 경제적 산물임을 지적한다.

사람들로 하여금 도둑질을 하게 하는 요인이 따로 있습니다. 바로 양입니다. 예전에는 얌전하고 조금씩 먹던 유순한 양들이 이제는 무서운 식욕으로 사람까지 먹어치우고 있습니다.

양들이 농촌을 삼키고 있다는 것은 독설이요, 풍자다. 한 명의 욕심꾸러기 지주가 농토를 흡수해서 수천 에이커를 울타리로 둘러막음으로써 수백 명의 농민을 거지로 만들고 있다. 범죄의 사회적 원인을 보라. 농민들을 추방하고 있는 영국의 귀족들이 바로 범인이다. 교회도 왕도 모두 공범이다. 지배층의 무위도식과 불의를 향해 삿대질하는 모어의 격노는 계속된다.

이 병적 행위를 근절하십시오. 농장을 파괴한 자들로 하여금 다시 땅을 복구하도록 하거나, 아니면 그 땅을 농민들에게 넘겨주십시오. 한 줌의 부자들이 시장을 독점하지 못하도록 법률을 만들어야 합니다. 그 많은 무위도식자가 게으름뱅이로 살지 않도록 하십시오.

우리가 주목해야 할 점은 개인의 불행을 개인의 불운으로 넘기지 않고 잘못된 사회적 관계에서 원인을 찾고 있는 모어의 관점이다. 부랑자, 거지, 도둑의 비참한 삶이 그들의 개인적 불운에 기인하는 것이 아니라 한 줌의 부자들이 땅을 빼앗고 물건을 매점하여 대중을 궁핍으로 몰아넣고 있다는 것이다. 그리고 불의한 사회를 바로잡도록 왕에게 충고하는 것이 철학자의 임무이듯, 모어는 영국 사회의 불의를 고발하고 있는 것이다.

행복한 국가는 철학자가 왕이 되거나 아니면 왕이 철학을 공부할 때 실현된다고 플라톤은 말했지요.

하지만 왕들은 철학자의 충고를 곧이곧대로 받아들이지 않는다. 왕들은 어릴 때부터 나쁜 사상에 깊이 빠지기 때문이다. 철학자가 왕에게 좋은 법률을 제정하도록 제의할 경우 철학자는 쫓겨나거나 바보 취급을 받을 것임을 모어는 알고 있었다.

유토피아 프로젝트

플라톤은 그의 '이상국가'를 만들면서 통치자의 사유재산을 폐지했다. 그의 부부공유제는 정치 지도자의 청빈을 위한 기본 조건이었다. 부인이 있으면 사적 이익을 탐하게 되고, 사적 이익을 탐하다 보면 권력을 남용하고 국가의 공익을 외면하게 마련이라고 플라톤은 생각했다. 이제 모어는 한 걸음 더 나간다. 그는 사회 전반에 걸쳐 사유재산을 폐지할 것을 주장한다. 정확히 말하면 귀족과 교회의 '토지에 대한 사적 소유권'을 폐지할 것을 주장한다.

재산이 사유되는 사회, 모든 것이 돈으로 평가되는 사회에서 정의와 번영은 불가능합니다. 그래서 플라톤은 사람들이 부를 평등하게 소유하는 것을 거부한 아르카디아에 법률을 만들어주지 않았던 것입니다. 모든 지성인은 건전한 사회의 필수 요건이 부의 균등 분배임을 인정했던 것입니다. 사유재산을 폐지하지 않는 한, 부의 평등하고 정당한 분배는 이루어질 수 없습니다.

사유재산을 폐지하고 모든 재산을 공유하는 사회가 되면 사람들이 열심히 일하려 하지 않을 것임을 모어가 몰랐

던 것은 아니다. '이익'이라고 하는 인센티브가 없으면 사람은 나태해지고 타인의 노동에 의존하는 속성을 나타내는 것도 알고 있었다. 중요한 문제이고 어려운 문제다. 하지만 토지에 대한 사적 소유권을 폐지하지 않는 한, 귀족의 봉건적 지배권을 폐절하지 않는 한, 사회 정의는 실현될 수 없다고 본 것이다. 귀족이 없는 사회, 생산자가 토지를 공유하는 사회를 모어는 꿈꾸었던 것이다. 《유토피아》의 제2부는 이렇게 시작한다.

> 그 섬은 중앙 지대가 가장 넓으며 그 폭은 약 200마일(1마일은 1.6킬로미터)이 됩니다. 섬 전체는 양쪽 끝을 제외하고는 대개 폭이 비슷하며 양쪽 끝으로 갈수록 좁아지고 굴곡이 집니다. 원둘레가 500마일이 되는 원을 그려놓은 것과 같습니다. 그러므로 이 섬은 초승달 모양을 하고 있으며 그 끝은 약 11마일 넓이의 해협에 의해 갈라져 있습니다. 이 섬에는 같은 언어와 법률 제도를 가진 54개의 도시가 있습니다. 그들은 토지를 경작해야 할 땅으로 생각하지 소유하는 재산으로 생각하지 않습니다.

토머스 모어는 영국의 절반 크기의 섬을 유토피아로 건설한다. 플라톤의 이상국가는 철학적 논변으로 치우쳐 재미가 없으나 모어의 유토피아는 사람 사는 냄새가 물씬 풍겨 정겹다.

> 2년마다 도시 사람들은 시골에 들어와 2년 동안 농사를 지은 후 다시 도시로 돌아갑니다. 추수할 때가 오면 공무원들은 어느 정도의

노동력이 필요한지 시청에 알립니다. 필요한 만큼의 일꾼이 도시에서 와, 날씨가 좋을 때에는 24시간 이내에 일을 마칩니다.

'2년의 도농 간 순환 살림살이'는 유토피아가 자랑하는 첫 번째 프로젝트다. 인간에게 농업 노동은 건강한 삶의 기본이다. 땅을 갈고 짐승을 기르고 나무를 베는 일을 하면서 조상들은 삶을 이어왔다. 모어는 농업 노동을 농부들에게 전담시키지 않고 시민들이 2년씩 농촌에서 살도록 기획한다. 도시 생활과 농촌 생활의 통합을 시도한 것이다.

모어가 살았던 16세기 초의 영국은 봉건 귀족이 몰락하면서 신흥 상공업자가 성장하던 시기였다. 국가의 권력은 국민에게서 나온다는 주권재민설을 주창하는 로크가 출현하려면 100년도 더 기다려야 하는 시기였다. 그 시기, '주민 자치에 입각한 정치 체제'를 꿈꾸었다는 것은 참으로 획기적인 발상이었다. 바로 이 점이 플라톤의 이상국가와 모어의 유토피아가 이별을 고하는 지점이다.

유토피아의 인구는 6000세대다. 공동체를 만들 경우 가장 기본적인 요소는 구성원의 수다. 수가 많을수록 공동체를 이루기 힘들다. 수가 적을수록 공동체는 현실이 된다. 우리는 공동체의 마지막 흔적으로 가족 공동체를 물려받았다. 스탈린이 집단농장으로 몰아넣은 소련의 인구는 1억 명이었다. 마오쩌둥이 인민공사로 집결시킨 중국의 인구는 8억 명이었다. 좀 많았다. 이에 비하면 유토피아의 인구 6000세대는 조촐하다. 아마도 그리스의 도시국가 폴리스를 떠올렸을 것이다.

주민 30세대당 한 명의 주민 대표를 뽑는다. 시포그란투스, 요샛말로 치면 기초의원일 것이다. 200명의 시포그란투스가 선출되면 여기에서 다시 20명의 트라니보루스가 선출된다. 시의원인 셈이다. 그리고 다시 시장이 선출된다. 시장이나 트라니보루스가 중요한 안건을 독단적으로 결정하지 못하도록 모든 안건은 시포그란투스 총회에 회부된다. 대단한 발상이다. 지방자치제가 우리나라에 정착하기 시작한 것은 1991년. 오늘날 우리가 시행하는 주민자치제를 500년 전에 생각하다니, 참으로 대단한 상상력이다.

모든 시민이 주인인 나라

플라톤의 《국가》에서 의사 결정권은 철인 통치자에게 있었다. 플라톤의 《국가》에서 생산자는 타고난 재주를 발휘하는 장인일 뿐이다. 생산자는 최선을 다해 자신의 기예를 발휘하면서 통치자에게 복종하면 되는 것이다. 이것이 생산자의 미덕, 절제다. 좋은 말을 한 사상가는 많았다. 그러나 근로대중의 노동을 중심으로 사회를 기획한 사상가는 없었다. 《유토피아》가 정치사상사에서 획기적 의의를 갖는 것은 대중을 사회의 주체로 내세운 데 있다. 플라톤의 이상국가에서 생산자는 철인의 통치 대상인 반면, 모어에게 생산 대중은 유토피아의 주인이다. 바로 이 점이 다르다.

남녀 관계없이 시민은 모두 농사를 배웁니다. 농사는 어린이 교육의 필수과목입니다. 아이들은 농업의 원리를 학교에서 배우며 정기적으로 들로 나가서 실습을 합니다. 그들은 농사를 짓는 것을 견학할 뿐만 아니라 직접 거들어주기도 합니다. 또 사람들은 농사 이외에 한 가지 특수한 기술을 배웁니다. 양모나 삼으로 옷감을 짜는 일, 혹은 석공술이나 철공술이나 목공술을 익힙니다.

모어가 《유토피아》에서 농업 노동과 공업 노동, 도시와 농촌의 통합을 기획한 것은 육체노동과 정신노동을 통합적으로 수행하는 전인을 전제한 것이다. 모어는 한 가지 일에만 종사하는 분업 노동을 숙명으로 여기지 않고, 인간이 갖고 있는 모든 역량을 실현하며 사는 사회를 상상한 것이다. 옷을 만들고, 목공실에서 책상을 만들고, 집도 지어보고, 배추를 기르고, 물고기도 잡고……. 전인의 육성은 노동에서 시작한다.

분업은 인간에게 놀라운 생산성을 제공했다. 동시에 인간이 확보하고 있던 생산의 힘을 해체했다. 현대 사회는 전체적으로 보아 과거의 그 어느 시대보다 높은 생산성을 자랑하지만, 동시에 그 어느 시대보다 무능력하고 무감각한 인간을 빚어내고 있다. 분업이 가져온 생산성 증대의 효과는 노동시간의 단축으로 연결될 때만 그 의미를 지닌다.

유토피아에서는 하루에 6시간 일을 합니다. 오전에 3시간 일하고 점심을 먹고 2시간 휴식을 취한 후 오후에 3시간 일하고 저녁을 먹습니다. 그들은 8시간 잡니다. 그 나머지 시간은 취미에 따라 자유롭게 보냅니다. 사람들은 교육을 받는 데 여가를 이용합니다. 매일 아침 공개강좌가 열립니다. 남녀의 구별 없이 강좌를 들으려고 몰려든 사람들은 저마다 자기의 취향에 맞는 강좌를 듣습니다.

유토피아인들이 일과 후 교육을 받는 까닭은 육체노동과 정신노동을 통합해야만 전인적 인간으로 삶을 누릴 수 있다는 모어의 철학을 구현하기 위해서다. 이 교육에 남녀의 차별은 없다. 프랑스혁명 당시 로베스피에르는 보통선거와 보통교육을 주장했다. 1793년 프랑스 파리 시민에게 보통선거와 보통교육은 감히 상상하기 힘든 공산주의적 강령으로 여겨졌다. 여성이 참정권을 쟁취한 것은 20세기 초의 일이다. 남녀평등이 정치와 교육에 실현된 오늘의 현실이 있기까지 많은 사상가와 혁명가가 피와 땀을 흘렸던 것이다.

노동시간을 줄이고 자유시간을 늘려라

유토피아에서는 일상의 노동에서 면제되는 사람이 500명을 넘지 않습니다. 시포그란투스, 학자, 외교관, 성직자, 그리고 트라니보루스…….

일상의 노동에서 면제되는 사람의 수를 최소화하려는 의도는 무엇인가? 소수의 지식인을 제외한 모든 시민이 생산 활동에 참여하게 만든 모어의 의도는 무엇인가? 그 목적은 생산 활동에 소요되는 각자의 노동시간을 줄이는 데 있다. 생존에 필요한 생필품 생산에 소요되는 노동시간을 최소화하여 가능한 한 많은 시간을 자유로운 활동에 투여하게 한 것이다. 생산성은 증대하는데 노동시간이 줄어들지 않는다면 생산성의 증대 효과가 고스란히 특정 소수자의 사유재산을 늘리는 쪽으로 흘러갔음을 의미한다.

당신은 토마스 아퀴나스처럼 인간이 신을 위해 존재한다고 생각하는가, 아니면 아리스토텔레스처럼 인간은 자신의 행복을 위해 존재한다고 생각하는가? 어느 쪽을 선택하든 당신의 자유다. 당신은 칸트처럼 인간의 행복이 도덕적 의무의 준수에 있다고 보는가, 아니면 벤담처럼 쾌락의 증대에 있다고 보는가? 어느 쪽을 추구하든 당신의 자유다. 유토피아는 당신의 철학과 가치관과 취향을 간섭하지 않는다. 유토피아가 하고자 하는 모든 사업의 목적은 생존을 위해 투여해야 하는 노동시간을 줄이고 자유시간을 늘리는 데 있다. 행복은 당신이 찾는 것이고 당신이 누리는 것이다. 유토피아의 목적은 모든 시민이 행복하게 살 수 있는 조건을 보장하는 것이다.

일제강점기 독립운동을 이끈 사회주의자들은 하루 7시간, 주 40시간 노동을 주장했다. 토머스 모어는 500년 전에 하루 6시간 노동을 주장했다. 우리가 놀라야 하는 것은 우리의 무능이다. 500년 전과 비교하여 100배의 생산성을 자랑하는 현대적 생산 능력을 갖고도 하루 6시간 노동을 실시하지 못하고 있으니 말이다.

미국은 1950년대에 50시간을 투입하여 만든 물건을 지금은 12시간의 노동으로 만들고 있다. 생산성이 네 배 향상한 것이다. 우리의 경우 1980년대의 생산성은 30이었는데 2000년도의 생산성은 200을 기록했다. 일곱 배의 생산성 증대를 기록한 것이다. 1980년대 우리가 주당 70시간 일했다면 지금은 동일한 생산물을 주 10시간에 생산하고 있다는 이야기다.

생산성의 증대가 노동시간의 단축으로 이어지지 않는다는 것은 일하는 사람들이 창출한 가치가 그만큼 일하지 않는 사람들에게 흘러 들어가고 있음을 의미한다. 그뿐만 아니라 생산성의 증대가 노동시간의 단축으로 이어지지 않는다는 것은 그만큼 많은 노동자를 생산의 영역에서 축출할 수 있음을 의미한다. 임금노동자의 생산 능력이 증대할수록 고용주의 해고 능력이 증대한다는 사실만큼 고통스러운 역설도 없다. 생산성이 두 배로 증대되었는데 노동시간이 절반으로 단축되지 않으면 노동자 두 명 중 한 명은 일자리를 잃는다. 우리 사회의 존립을 위협하고 있는 비정규직 노동자와 청년 실업 문제는 어떻게 풀 것인가? 모어로부터 배울 일이다.

> 당국은 노동시간 단축을 선언합니다. 유토피아에서는 시민에게 불필요한 노동을 강요하지 않습니다. 경제활동의 주요 목표는 사회적 필요를 충족시키되, 육체노동시간을 가능한 한 줄이고 가능한 한 많은 자유시간을 보장하는 것입니다. 그리하여 각자는 자신의 정신세계를 계발하는 활동에 힘쓰는 것입니다. 그들은 이렇게 사는 것이 행복한 생활의 비결이라고 생각하고 있습니다.

그들은 귀금속을 보물로 여기지 않습니다. 돈의 원료가 되는 은이나 금에 대해 귀중한 가치를 부여하는 사람은 단 한 사람도 없습니다. 은이나 금의 진가는 철의 진가에 훨씬 미치지 못합니다. 그들은 은이나 금을 경멸합니다. 하늘에 빛나는 별들과 태양이 있음에도 작은 돌조각의 희미한 빛에 매혹되는 사람들을 유토피아인들은 이해하지 못합니다.

지금 모어는 모든 성현이 공통적으로 설파한 소박한 삶을 말하고 있다. 사람이 귀금속을 걸치면 더 위대해지는가? 사람이 모피 옷을 걸치면 더 훌륭해지는가? 사람이 돈을 많이 가지면 더 존경스러워지는가? 자신의 내면에 쌓아온 가치에 충실한 인간일수록 이런 외적인 치장을 무시하며, 자신의 내면에 든 것이 없는 사람일수록 외적인 조건을 통하여 자신의 공허를 달래고자 하는 것이다. 그랜저를 타고 다니면 인생이 웅장해진다는 텔레비전의 광고는 우리를 기만하는 허위의식이다.

그들은 덕과 쾌락에 대해 사유합니다. 그들은 인간의 행복이 어디에 있는지 토론합니다. 이 점에서 그들은 쾌락을 옹호하며 인간의 행복이 쾌락에 있다는 견해에 기웁니다. 하지만 모든 쾌락에 행복이 있다고 믿지는 않습니다. 오직 선하고 정직한 쾌락에만 행복이 있다고 생각합니다.

쾌락과 관련하여 토머스 모어는 플라톤보다 아리스토텔레스의 견해 쪽으로 기울고 있다. 플라톤의 이상국가에서 통치자들은 엄격한 공동체 생활을 해야 하며, 동시에 금욕적인 생활을 해야 한다. 욕망을 절제하는 것이 훌륭하고 올바른 삶의 기본이었다. 이상국가의 실현을 위하여 인간의 욕망을 절제시켰던 스승과는 달리 아리스토텔레스는 욕망의 실현을 긍정적으로 보았다. 인간의 행복은 그 어떤 상위의 가치를 위해 희생될 수 있는 것이 아니다. 행복은 삶의 지고의 목적이다. 동시에 쾌락이 행복에 기여한다면 쾌락은 좋은 것이다.

물론 철학자에게 최상의 쾌락은 명상·관조에서 오는 정신적 즐거움이다. 아리스토텔레스와 마찬가지로 토머스 모어도 정신적 쾌락을 옹호한다. 짐승을 갈가리 찢어 죽이면서 통쾌감을 누리는 사냥에 대해 모어는 명백히 반대한다. 쾌락에 관한 한, 모어는 아리스토텔레스의 '중용'을 따랐다.

여자는 18세가 되어야 결혼할 수 있고 남자는 4년을 더 기다려야 합니다. 혼전 성교가 밝혀진 남녀는 가혹한 처벌을 받으며, 영원히 결혼 자격을 박탈당할 수 있습니다.

플라톤에게 골칫거리였던 결혼 제도가 모어에게도 골칫거리로 등장한다. 플라톤이 부부공유제를 주장하여 우리에게 웃음거리를 주었다면 모어는 혼전 성교를 금지하여 또 우리에게 웃음거리를 주고 있다. 플라톤이 남녀평등의 원리를 일관되게 관철하기 위해 벌거벗은 남녀 청소년을 운동장에 내보냈듯이, 모어도 혼전 순결의 원칙을 지키기 위해 혼례를 치르기 전에 신랑과 신부의 몸을 벌거벗겨 확인하는 절차를 밟도록 강제한다.

화폐의 소멸이 가난의 소멸

> 유토피아에는 사유재산이 없기 때문에 사람들은 열심히 일합니다. 유토피아에서는 모든 것이 공동의 소유이므로 결핍의 공포가 없습니다. 유토피아에서는 돈과 아울러 돈을 벌려는 열망도 사라졌기 때문에 돈으로 인한 많은 범죄가 사라졌습니다. 금전 사용의 종말은 사기, 절도, 강도, 말다툼, 분규, 반란, 살인, 배신, 독살 등 많은 범죄의 종말을 의미합니다. 돈이 사라지면 돈으로 인한 불안, 긴장이 사라집니다. 그렇습니다. 가난, 그것이 돈의 결핍을 의미한다면 화폐의 소멸은 가난의 소멸을 의미할 것입니다.

모어가 이 글을 쓰던 1500년대는 자본의 시초 축적(primitive accumulation) 시기다. 봉건제의 경제구조 속에서 자본주의적 경제구조가 생성되던 시기, 자본이 '응아' 소리를 내며 인류의 역사 무대에 모습을 드러낸 시기였다. 상인들의 금고에 축적되어온 금과 은이 마침내 자본으로 전화하기 시작하던 그때 화폐 없는 세상을 꿈꾸었다는 것은 희한한 역설이다. 모어는 화폐로 인한 사기, 절도, 강도, 말다툼, 분규, 반란, 살인, 배신, 독살 등 범죄의 종말을 희구했고 돈으로 인한 불안과 긴장의 소멸을 희망했으나 그렇게 사라지길 염원했던 영국의 화폐는 자본으로 성장하여 참혹한 범죄들을 저지르고 다녔다. 정복과 노예사냥, 강탈과 살육, 한마디로 대대적인 폭력이 자행되었던 것은 누구나 아는 악명 높은 역사적 사실이다.

자본이 시초 축적기에 동원한 방법들은 평화적인 것과는 정반대였다. 아메리카에서 금은의 발견, 원주민의 섬멸과 노예화, 광산에서 저지른 생매장, 동인도의 정복과 약탈의 개시, 아프리카의 상업적 흑인 수렵장으로의 전환. 이러한 것들이 자본의 탄생을 고하는 새벽의 특징이었다. 모어가 《유토피아》를 쓰고 나서 100년 후 화폐는 소멸한 것이 아니라 타인의 노동을 수탈하는 자본으로 힘차게 성장해나갔다. 영국에서는 자본의 탄생을 도왔던 시초 축적의 여러 요소가 식민 제도와 국채 제도, 근대적 조세 제도와 보호무역 제도로 발전했다. 이러한 방법들은 잔인한 폭력에 입각하는 것이었는데, 식민 제도가 그 예다.

신교의 엄격한 신봉자들인 뉴잉글랜드의 청교도는 1703년에 의회의 결의에 따라 인디언의 머리 가죽 한 장 혹은 포로 한 명에 대하여 40파운드의 상금을 걸었다. 1720년에는 머리 가죽 한 장에 상금을 100파운드로 올렸으며, 1744년 매사추세츠 지역에서는 12세 이상의 남자 머리 가죽 한 장에 100파운드, 남자 포로에 105파운드, 여자나 아동 포로에는 55파운드, 여자나 아동의 머리 가죽에는 50파운드의 상금을 내걸었다. 영국 의회는 살육과 머리 가죽 벗기기를 '신과 자연이 자기들에게 부여한 수단'이라고 선언했다.

양들이 사람을 잡아먹었다. 양들이 농민들의 토지를 빼앗고 그들을 도시의 임금노동자로 바꾸어버렸다. 이를 위해 16세기의 교수대에는 한꺼번에 20명의 목이 매달렸다. 또한 이렇게 탄생한 영국의 자본을 위하여, 영국 자본이 활개 칠 세계 시장을 열기 위하여 18세기의 아메리카 대륙은 인디언의 대량 살육을 목격했다. 그리하여 "만약 화폐가 한쪽 볼에 핏자국을 띠고 이 세상에 나온다고 하면 자본은 머리에서 발끝까지 모든 털구멍에서 피와 오물을 흘리면서 이 세상에 나온다"라고 기술해야 하리라.

"사람들은 자신이 필요한 물품을 상점에 가서 청구하기만 하면 됩니다. 필요한 것은 무엇이든 값을 치르지 않고 가져올 수 있습니다"라며 화폐 없는 세상을 꿈꾸었던 모어의 유토피아는 아직 이곳에 없다. 그런 곳은 없다. 이것이 유토피아다. 하지만 모어가 꿈꾸었던 주민자치제, 남녀평등은 이제 실현되었다. 하루 6시간 노동은 우리에겐 미래이지만 스웨덴과 네덜란드에서는 현실이 되었다. 그렇다면 모든 범죄의 온상이 되고 모든 불안과 긴장의 터전인 화폐 없는 세상이 오지 않으리라는 장담을 우리는 유보해야 할 것이다. 게바라의 말대로 불가능한 꿈을 꾸어 볼 일이요, 이의 실현을 위하여 헌신할 일이다.

"내 목이 짧으니 자를 때 유의해주게"

모어가 사형을 당한 이유는 매우 단순하다. 헨리 8세가 왕비 캐서린과 이혼하고 앤과 재혼하는 것을 교황청이 승인하지 않자 모어는 왕의 재혼에 대해 침묵한 채 대법관직에서 물러났다. 새 왕비 앤의 대관식에도 참석하지 않았다. 모어의 대중적 영향력을 두려워한 헨리 8세는 그의 침묵을 용인할 수가 없었다. 오랜 친구인 노포크 공작이 "군주의 분노를 사면 죽음밖에 얻는 것이 없다"라고 간곡히 설득하자 모어는 "그게 전부라면 나는 오늘 죽고 자네는 내일 죽는다는 것 말고는 차이가 없지"라고 대답했다.

마침내 헨리 8세는 앤 왕비가 낳은 자식이 왕위를 계승한다는 법령을 통과시키고 교황에게는 왕의 결혼을 재가할 권리가 없다는 내용의 법령에 선서하도록 모어에게 명령을 내렸다. 모어는 선서를 거부했다. 결국 반역죄로 체포되어 저 악명 높은 런던탑에 15개월 동안 갇혔다. 그리고 1535년에 웨스트민스터로 이송되어 재판을 받았다. 가족과 친구들은 다른 나라로 망명할 것을 간곡히 권유했지만 모어는 거부했다. 소크라테스가 친구 크리톤의 망명 권유를 뿌리치듯. 힘든 감옥 생활 때문에 정신이 혼미해질 정도로 몸이 약해졌지만 모어는 재판정에서 탁월한 재치로 재판관들을 압도했다.

단두대로 올라가면서도 모어는 끝까지 여유와 웃음을 잃지 않았다. 오히려 형리를 격려하여 "내 목이 짧으니 자를 때 그 점에 유의해주게" 라고 농담을 건넸다. 그러고는 "내 수염은 반역죄를 저지른 일이 없는 데"라며 수염이 잘리지 않도록 턱을 앞으로 내밀었다.

토머스 모어, 그는 죽음보다 자신의 영혼과 양심을 소중하게 여긴 영국의 소크라테스였다.

고전 읽기

《유토피아(Utopia)》

영국의 정치가이며 인문주의자인 토머스 모어가 1516년 발표한 공상 소설. 원제목은 '최선의 국가 형태와 새로운 섬 유토피아에 관하여'다. 이 책은 두 권으로 이루어져 있다. 제1권은 풍자를 통해 당시 영국 정치와 경제의 모순을 비판하고 있으며, 제2권에서는 이에 대한 해결책으로 토머스 모어가 꿈꾸던 이상 사회를 제시한다. 공화국에 사는 사람들은 하루 6시간 노동을 하며, 나머지 시간은 취미 생활을 하면서 자유롭게 보낸다. 필요한 물품은 시장의 창고에서 자유롭게 꺼내 쓸 수 있고, 주민자치제가 실현된다. 본래 '유토피아(Utopia)'는 '없다'라는 뜻의 'u'와 장소를 의미하는 'topia'의 합성어로, '어디에도 없는 곳'을 뜻했지만 이 작품을 계기로 '이상향'이라는 뜻을 지니게 되었다.

Chapter 8

이기심이 너희를 이롭게 하리라

애덤 스미스
Adam Smith

머리를 좌우로 흔들며 생각에 몰두하다가 길가 웅덩이에 빠지고 잠옷 차림으로 집 밖을 서성이던, 학자적 기질을 타고난 젊은이, 애덤 스미스. 그는 무엇을 생각한 걸까?

"우리가 식사를 할 수 있는 것은 푸줏간, 술집 또는 빵집 주인들의 이타심 덕택이 아니라 그들의 이기심 때문인 것이다. 거지 외에는 아무도 시민들의 이타심에만 의존하려는 사람은 없다."

애덤 스미스는 현실의 삶을 이끄는 동력으로 개인의 이기심을 주목했다. 국가의 개입은 쓸모없는 것이며, 모든 사람이 자신의 환경을 개선하려는 욕구에 따라 사익을 추구하다 보면 '보이지 않는 손'에 의하여 경제활동이 자연스럽게 조정되고, 결과적으로는 공익이 증진된다는 것. 이것이 경제학의 바이블로 불리는 《국부론》의 핵심이다. 한편 애덤 스미스는 그의 첫 작품인 《도덕감정론》에서 "인간이 아무리 이기적이라고 하더라도 인간의 본성에는 덕성이 있다"라는 의견을 제시하기도 했다.

인간의 이기심과 덕성, 윤리와 경제를 어떻게 읽을 것인가? 이것이 애덤 스미스가 후대 경제학자들의 몫으로 남긴 과제가 아닐까?

앞서 만난 토머스 모어가 근대 자본주의의 여명기에 활동한 인물이라면 이제 만나볼 애덤 스미스는 자본주의의 성장기에 활동한 인물이다. 애덤 스미스는 1723년에 태어나 1790년에 세상을 떠났다. 영국에서는 로크(1632~1704)와 뉴턴(1642~1727)이, 프랑스에서는 볼테르(1694~1778)와 루소(1712~1778)가 출현하여 근대 합리주의 사상의 마차를 이끌어왔다면 산업혁명(1760)을 맞이하는 자유주의경제 사상은 이 사람, 애덤 스미스의 손에 작성될 운명이었다. 조선시대로 치면 영조와 정조가 마지막 왕조의 꽃을 화려하게 피우던 시기, 동시에 양반 사회의 고루함과 격렬하게 맞서 연암 박지원이 예리한 필봉을 휘두르던 시기와 때를 같이한다. 우리가 영국에 비해 뒤늦게 공업화의 길을 걸었듯이, 뒤늦게 애덤 스미스의 리얼리즘을 공부하는 셈이다.

평생 머리를 좌우로 흔드는 병만 아니었다면 스미스는 매우 행복하게 살다 간 학자였을 것이다. 지금 한 젊은이가 잠옷 차림으로 정원을 거닐다 무슨 생각이 떠올랐는지 그대로 집 밖으로 나간다. 먼 길을 멍청하게 생각만 하며 걷다가 다시 집으로 돌아오고 있다. 타고나길 학자로 태어난 것일까? 한번 몰두하면 만사를 잊어버리는 이 젊은이는 길을 가다 웅덩이에 빠지기도 하고, 차를 끓이다가 빵 조각을 집어넣고는 "누가 끓였는지 참 맛없는 차군" 하고 투덜대기도 한다. 이 젊은이가 애덤 스미스다.

애덤 스미스는 스코틀랜드의 커콜디에서 태어났다. 아버지는 그가 태어나기 두 달 전에 사망했다. 커콜디는 스코틀랜드 동해안의 작은 마을인데 소금, 못, 석탄 등 제조업이 홍성한 상업 중심지였다. 14세에 글래스고 대학에 들어갔고, 3년 후 옥스퍼드 대학으로 유학했다. 28세에 스미스는 글래스고 대학에서 논리학 강좌를 맡게 되었다. 1759년 《도덕감정론》을 집필하여 일약 유명한 저술가로 등장했다. 재무장관을 지낸 타운센드가 스미스에게 편지를 보냈다.

"여보시오, 스미스 선생, 나는 최근 당신이 쓴 《도덕감정론》을 아주 재미있게 읽었소. 나에게는 재혼한 아내가 있는데, 그녀에게 전남편의 아들이 한 명 있다오. 이 녀석을 공부시켜야 하겠는데 선생이 내 아들을 맡아주었으면 하오. 선생의 실력이라면 아들을 훌륭하게 키울 수 있을 것이라 생각되오. 내 아내는 전남편에게서 많은 유산을 상속받았소. 대륙 여행을 하면서 아들을 가르쳐주면 평생 동안 해마다 연봉 300파운드를 지급하겠소."

아이의 개인 교사로 들어갈까, 대학 교수로 남을까? 우리 같으면 당연히 교수직을 고집할 것인데, 스미스는 전자를 선택했다. 1764년 대학을 사직하고 프랑스로 건너간 것이다. 하여 약속대로 스미스는 평생 먹고사는 문제로부터 자유로운 삶을 살게 되었다.

'보이지 않는 손'의 탄생

스미스는 대륙 여행을 통해 18세기 유럽 지식인 사회를 휩쓸었던 자유주의, 합리주의 사상의 대가들을 만날 수 있었다. 데이비드 흄, 튀르고, 콩디야크, 케네, 그리고 볼테르. 1766년 프랑스 여행을 마치고 돌아온 스미스는 고향 스코틀랜드에서 10년 동안 집필에 몰두했다. 이렇게 하여 나온 책이 《국부론》이다.

> 우리가 식사를 할 수 있는 것은 푸줏간, 술집 또는 빵집 주인의 이타심 덕택이 아니라 그들의 이기심 때문인 것이다. 거지 외에는 아무도 시민의 이타심에만 의존하지 않는다.

《국부론》을 쓰고 스미스가 '경제학의 아버지'로 추앙받는 데에는 인간의 이기심을 삶의 긍정적 요인으로 부각시킨 바로 이 대목이 대단히 중요한 역할을 했다. 애덤 스미스가 살고 있던 18세기 영국은 의연히 기독교가 지배하던 나라였다. '너의 이웃을 사랑하라'고 가르친 예수의 말씀대로 기독교는 공동체적 경제 윤리를 고집했다. 물건을 거래하면서 폭리를 취하거나 돈을 빌려주고 높은 이자를 받는 행위는 공동체적 관계를 파괴하는 악행이었다. 에드워드 6세(재위 1547~1553)의

치세에는 종교적 열정 때문에 모든 이자가 금지되었다고 《국부론》은 기록한다.

십자군 전쟁을 계기로 돈방석에 앉게 된 이탈리아의 부호들은 어떻게 종교 생활을 했을까? 베네치아와 피렌체의 거상들은 유럽 전역에 은행 네트워크를 구축하면서 부를 축적해갔다. 월요일에서 토요일까지 죄를 범하고 일요일에 신부 앞에서 죄를 용서받는 것도 한두 해지, 평생 이위선적인 생활을 반복해야 했으니 말이다.

유럽의 신흥 상공업자들이 위선적인 종교 생활을 하지 않으려면 기독교의 낡은 교리가 개혁되어야 했다. 종교개혁은 신흥 상공업자의 돈벌이를 축복해주라는 역사적 요구였다. 하느님이 사람을 내실 적에 맡아야 할 직업을 주었으니 누구나 자신의 직업에 충실할 것이요, 검소하게 살면서 돈을 모으는 것은 하느님의 축복이라고 가르치는 신교가 출현하게 된다.

루터와 칼뱅이 종교적으로 신흥 상공업자의 이익을 대변했다면 애덤 스미스는 지금 경제 이론으로 그들의 이익을 옹호한다. 그런데 스미스의 논리는 아주 소박하다. 우리가 김치찌개를 끓여 먹을 수 있는 것은 정육점 주인의 호의 덕택이 아니요, 우리가 퇴근 후에 생맥주 한잔을 마실 수 있는 것은 맥주집 주인의 봉사 덕택이 아니다. 우리가 밥을 먹고 술을 마실 수 있는 것은 돈을 벌려는 가게 주인의 이기심 때문이다. 현실에서 타인의 호의에 의존하여 생계를 꾸리는 자는 오직 거지뿐이다. 그렇지요?

현실의 삶을 이끄는 것은 인간의 이기심이라는 스미스의 발견을 찬양하려 하니 입술을 삐쭉이는 철학자들이 있다. 그게 왜 스미스의 발견이야? 나, 한비자는 이미 2000년 전에 그렇게 말했는데?

> 의원이 환자의 상처를 빨아 그 고름을 입에 담는 것은 환자에게 혈육의 정을 느껴서가 아니라 이익을 보고 하는 일이다. 그렇게 병을 고쳐주면 사례를 받고 많은 사람을 단골로 삼을 수 있기 때문에 싫지만 하는 짓인 것이다. 수레 제조자는 많은 사람이 부자가 되길, 장의사는 사람이 많이 죽길 바란다. 이는 수레 제조자가 인자하고 장의사가 잔인하기 때문이 아니다. 사람이 부유하지 않으면 수레가 팔리지 않고 사람이 죽지 않으면 관이 팔리지 않기 때문이다. 장의사는 결코 사람을 미워하는 것이 아니지만 사람이 죽어야만 그에게 이익이 있기 때문에 사람이 죽길 바라는 것이다.
>
> —《한비자》 중에서

명언이다. 인간의 의식이 그의 존재를 결정하는 것이 아니라 인간의 존재가 그의 의식을 결정한다. 인간이 어떤 사회관계 속에서 살아가느냐에 따라 그의 의식이 결정되는 것이다. 의원이 환자의 고름을 빼는 것은 그의 도덕적 의무감 때문이 아니라 그의 이해관계 때문이란다. 장의사는 그의 이해관계 때문에 죽음을 바라는 악마적 심성을 갖는 것이고. 이렇게 한비자는 인간의 이기심을 솔직하게 표현하고 있다. 또 섭섭해 하는 분이 있다. 스미스의 대선배 격인 홉스가 한마디 아니 할 수 없다.

인간의 본성에는 투쟁을 초래하는 세 요소가 있다. 경쟁심과 소심함과 명예욕이 그것이다. 경쟁심은 타인의 소유를 자신의 것으로 만들려 하고, 소심함은 자신을 보호하고 방어하도록 만들며, 명예욕은 타인을 비방하고 경멸하며 심지어는 폭력을 가하게 한다.

–《리바이어던》 중에서

만일 국가가 없다면 자연 상태의 인간은 '만인의 만인에 대한 전쟁'을 치르게 될 것이라고 홉스는 단언한다. 그야말로 인간을 아프리카 초원의 동물이나 다름없는 존재라고 본 것이다. 이렇듯 홉스나 한비자 모두 인간을 이기적인 존재로 보았는데, 우리는 왜 유독 스미스의 이기심(self-interest)에 주목하는가? 홉스나 한비자 모두 인간의 이기적 본성을 전제로 전제군주의 강력한 통치를 역설했다면 이와는 정반대로 스미스는 "정부는 경제활동에 간섭하지 말라", "각자 자신의 이기심에 충실하도록 자유방임(laissez-faire)하라", "그것이 공익을 실현하는 지름길이다"라며 자유주의경제 이론을 제시했던 것이다.

물론 그는 공공의 이익을 추진하려 하지 않으며, 그가 어느 정도 공공의 이익을 추진하고 있는지도 모른다. 그가 외국 산업보다 국내 산업을 선호하는 것은 오로지 자신의 안전을 위한 것이다. 그가 국내 산업의 생산물 가치를 극대화하려는 것도 오직 자신의 이득을 위한 것이다. 그리하여 그는 다른 많은 경우처럼 '보이지 않는 손'에 이끌려 그가 전혀 의도하지 않았던 목적을 추진하게 되는 것이다.

저 유명한 '보이지 않는 손'이 바로 이 구절에 등장한다. 애덤 스미스 하면 떠오르는 이 '보이지 않는 손'은 1000쪽이 넘는 《국부론》에서 딱 한 번 출현한다. 아마도 스미스가 이 비유를 집어넣은 것은 기독교에 대한 미안함 때문이었을 것이다. 역사는 절대정신의 자기 전개라고 헤겔이 말했을 때 절대정신은 기독교의 신을 의미했다. 지금 애덤 스미스는 기독교도를 향하여 '보이지 않는 손'을 흔들고 있다.

중국집 요리사가 최선을 다하여 짜장면을 맛있게 만들려고 노력하는 것은 공공의 이익에 복무하기 위해서가 아니라 자신의 이익을 증대하기 위해서다. 옷가게 주인이 중심지에다 가게를 내는 것은 손님의 편익을 돕기 위해서가 아니라 사업의 안전을 보장하기 위해서다. 요리사나 옷가게 주인은 공익을 추구하지도 않고, 또 자신의 활동이 공익에 얼마나 도움을 주는지 알지도 못한다. 그런데 잘나가는 중국집은 손님을 불러들여 옷가게에 가도록 도와주고, 잘나가는 옷가게 역시 중심지 상권을 풍요롭게 하는 데 일조한다. 자신의 사익을 추구하는 활동이 어쩌다 공익의 증진으로 이어지는가? 웬 조화냐? 바로 하느님의 '보이지 않는 손'이 우리를 돌보고 있는 것이다. 아멘, 할렐루야.

대중은 역사 변화의 창조자

애덤 스미스는 토머스 모어를 비웃고 있다. 당신은 유토피아가 인민에게 행복을 가져다주는 것이라 장담했지. 유토피아의 시포그란투스는 사람들의 일자리를 조정하고, 생산량을 파악하고, 물자를 배분하느라 밤잠을 설치겠지. 아마도 시포그란투스는 자신이 인민을 위한 선량이라는 대단한 자부심 속에서 일하고 있을 거야. 하지만 모어여, 당신의 가슴속에 불타는 평등의 횃불이 아무리 아름답고 화려할지라도 시포그란투스의 계산 능력은 런던 골목 시장의 분배 능력을 따라가지 못한다오. 공익을 위해 설치는 자들에 의해 어떤 좋은 일이 있었는지 나는 모르겠소.

스미스는 《도덕감정론》에서 사회를 자기 마음대로 요리할 수 있다고 자부하는 모든 전제군주를 비웃었다.

> 그들은 자신이 세운 이상적인 계획의 아름다움에 현혹되어 계획이 조금이라도 수정되는 것을 참지 못한다. 그들은 자신의 계획과 관련된 수많은 이해는 아무 고려도 하지 않은 채, 계획의 모든 부문을 완벽하게 짜나간다. 그들은 장기판에서 말을 옮기는 것만큼 사회를 계획하는 일을 쉽게 생각한다. 장기판의 말은 손이 움직이는 대로 움직이지만 인간 사회라는 거대한 사회는 저마다 자신의 독자적인 운동 원리에 입각하여 움직인다. 인간 사회가 독재자의 의지대로 움직여준다면 사회는 조화롭게 굴러가겠지만 독재자의 의지대로 움직

이지 않을 경우 사회는 불행해진다.

스미스의 신념은 확고하다. 경제 세계에는 자연스러운 조화가 존재한다. 따라서 정부의 간섭은 필요 없으며 바람직하지도 않다. 정부 조직은 경제에 관한 한 무능하다. 관료들이 무엇을 안다는 말인가. 국민이 무엇을 욕망하고 무엇을 선호하는지, 국민 스스로가 자신의 이익을 가장 잘 안다.

스미스는 현실을 있는 그대로 본 현실주의자다. 그는 인간의 이기적 본성을 토대로 경제를 분석한다. 스미스에 따르면 인간의 심리에는 타고난 특징이 두 가지 있다. 인간은 자기 자신과 가까이 있는 것들에 일차적인 관심을 갖는다. 다시 말해 자기 자신에게 가장 큰 관심을 갖는다는 것이다. 이것이 첫째 특징이다. 다음으로 인간은 자신의 환경을 개선하려는 욕구를 갖는다.

우리의 환경을 개선하려는 욕구는 자궁에서 태어나 무덤에 들어갈 때까지 지속되는 욕구다. 태어나서 죽을 때까지 사람은 자신의 상황에 완벽하게 만족하는 경우가 단 한 순간도 없다.

토머스 모어가 대중을 사회의 주체로 파악한 점에서 플라톤을 넘어섰다면 애덤 스미스는 대중을 역사 변화의 창조자로 파악한 점에서 플라톤을 능가했다. 역사는 철인의 지혜에 의해 발전하는 것이 아니라 더 좋은 환경을 만들고자 하는 대중의 창의에 의해 발전하는 것이다. 스미스의 사상은 이기심을 존중한 점에서 한비자와 유사하다면 대중의 경제활동을 존중한 점에서 맹자와 유사하다. 안정된 생산 활동이 안정된 심성을 낳는다(有恒産 有恒心).

"백성의 생업은 쉴 틈이 없습니다. 《시경》에서 말하기를, 낮에는 들에 나가 띠풀을 줍고 밤이면 새끼를 꼬아 지붕을 이어놓아야 백곡의 파종을 시작할 수 있다고 했습니다. 백성의 삶은 이러합니다. 항산이 있으면 항심이 있고 항산이 없으면 항심이 없으니, 항심이 없으면 나쁜 짓을 하게 됩니다. 백성이 범죄를 저지른 연후에 형벌을 주는 것은 백성을 함정에 빠뜨리는 것이나 다름없습니다."

– 《맹자》 중에서

인간은 자신의 상황을 어떻게 개선하는가

나는 작은 핀 공장을 본 일이 있다. 겨우 열 사람이 일을 하고 있었다. 그들은 매우 가난했고 기계류도 충분하지 않았다. 한 사람은 철사를 뽑아내고, 한 사람은 철사를 자르고, 한 사람은 철사를 뾰족하게 하고, 한 사람은 철사의 끝을 간다. 핀 머리를 만드는 일에도 두세 가지의 별개 작업이 필요하다. 한 사람은 머리를 붙이고 한 사람

> 은 핀을 희게 간다. 또 한 사람은 핀을 종이에 포장한다. 이리하여 핀 제조 과정이 18종의 세부 공정으로 나뉘는 것이다. 그렇게 하여 열 사람은 하루에 4만 8000개의 핀을 제조할 수 있었다. 따라서 한 사람당 4800개를 제조하고 있었던 것이다. 혼자서는 하루에 20개도 만들지 못했을 것이다.
>
> –《국부론》 중에서

핀 공장 노동자들은 무슨 힘으로 200배가 넘는 생산성 향상을 이루었는가? 그 비밀은 노동의 전 과정을 잘게 나누는 분업에 있었다. 한 나라의 생산력은 분업의 발전 정도에 비례한다고 스미스는 말한다. 분업의 결과 직공의 기능이 숙련되고, 작업 공정 간의 이동 시간이 절약되며, 분업 속에서 새로운 기계가 발명된다는 것이다.

호기심 많은 한 학생이 질문을 던진다. "선생님, 고대에도 분업이 있었던 것 아니에요? 고대의 분업과 근대의 분업이 갖는 차이가 뭔가요?" 똑똑한 학생이다. 소크라테스가 살던 고대에도 그릇 만드는 도공이 있었고, 조각가가 있었으며, 금속 주물공이 있었다. 잠시 고대 인도로 여행을 떠나볼까? 그곳에는 수천 년 동안 동일한 형태로 유지되어온 마을 공동체가 널려 있다.

> 토지는 공동으로 경작되며 생산물은 그 구성원에게 분배된다. 실을 뽑고 옷감을 짜는 일은 각 가정의 부업이다. 농사일을 담당하는 대다수 주민들 옆에 전혀 다른 일을 담당하는 사람들이 있다. 재판과

경찰과 징세의 업무를 맡는 공동체의 수장이 있다. 그 밑에 기후를 측정 · 기록하는 천문가가 있다. 마을의 경계선을 경비하는 경비원이 있고, 저수지의 물을 분배하는 수문장이 있으며, 종교 의식을 주도하는 바라문이 있다. 이 외에 대장장이와 목수, 도자기공과 이발사, 세탁사와 은 세공인 그리고 교사와 시인이 산다. 공동체의 분업을 규제하는 법칙은 관습이다. 관습은 자연법칙처럼 불가항력의 권위를 갖는다. 왕조의 교체도 경제의 기초를 흔들지 못한다.

– 《자본론》 중에서

고대 공동체 내의 분업과 근대 공업 내의 분업은 무엇이 다른가? 고대 공동체에서 생산물의 대부분은 공동체 자체의 직접적 수요를 충족하는 물품인 반면, 근대 공업의 생산물은 시장에 내다 팔기 위한 상품이다. 고대 공동체에서 생산물을 분배하는 원리는 관습인 반면, 근대 공업에서 각 생산물의 가격을 매기고 적당한 보수를 받게 하는 것은 시장이다. 고대 공동체에서 작업자는 물품의 전 공정을 다루는 장인인 반면, 근대 공업의 작업자는 무수히 많은 공정으로 잘게 나누어진 부분 노동의 수행자다. 요컨대 근대 공업 노동자 그 자체가 기계의 부속품이다.

분업은 인간 본성의 하나인 교환 기질에서 생긴다고 스미스는 말한다. 어떤 수렵인이 다른 사람보다 더 빨리 활을 만든다고 하자. 그는 가끔 자신의 활을 동료의 사슴 고기와 교환한다. 이렇게 하면서 그는 자기가 벌판에 나가 사슴을 잡는 것보다 활을 교환하는 편이 더 많은 사슴 고기를 얻을 수 있다는 것을 깨닫는다. 그는 자신의 이익에 대한 관심에서 출발하여 마침내 활 제작을 자신의 생업으로 삼게 된다. 이렇게 하여 목수며 대장장이며 모피공이 생기는 것이다. 사람은 자신의 노동 생산물 중 자신이 소비하고 남는 잉여 부분을 다른 사람의 노동 생산물과 교환할 수 있다는 믿음으로 특정 생업에 전력하게 된다.

《국부론》은 경제활동에 관한 방대한 사실을 담고 있으나 경제에 관한 스미스의 철학은 매우 소박하다. 인간은 이기심을 추구한다는 것, '보이지 않는 손'으로 인하여 사익 추구가 공익의 증대에 기여한다는 것, 인간은 더 나은 내일을 위하여 노력한다는 것, 분업과 교환에 의해 경제적 이익을 도모한다는 것, 분업의 발전이 생산성 향상의 비결이라는 것, 이런 정도다. 지금은 상식이 되어버린 이 간단한 몇 개의 교리를 하찮게 여기면 경제는 복수를 한다. 농민들의 사익 추구를 무시하고 그들을 집단농장으로 몰고 갔던 스탈린의 패배가 바로 그것이다. 분업이 서구 문명에서 어떤 지위를 차지하고 있는지 아널드 토인비의 진술을 들어보자. 토인비는 《역사의 연구》 서문에서 인간은 자신이 살고 있는 시대의 눈으로 세상을 볼 수밖에 없음을 강조하면서 그가 몸담고 있는 서구 문명을 이렇게 압축한다.

> 우리 시대의 서구 세계는 두 제도의 지배 아래 존속하고 있다. 경제의 공업 시스템이 그 하나라면 이에 못지않게 복잡한 정치 시스템으로서 독립된 국민국가에서 시행되고 있는, 의회정치라 불리는 민주정치가 다른 하나다. 이 두 제도는 지난 세기 말에 서구 세계에서 굳건한 지배권을 확보했다. 시대가 제기해온 주요 문제들에 대해 잠정

적이나마 그 해결책을 제공했기 때문이다. 이 두 제도의 머리 위에 왕관이 씌워졌다는 것은 시대의 완수를 의미했고 우리는 그 속에서 구원을 얻었다. 두 제도는 선조들의 창의력을 증거하고 있다. 우리는 이 제도들을 창안하지는 않았지만, 그 그림자 밑에서 자라왔다. 공업 시스템 그리고 의회 국민국가 속에서 우리는 지금 살고 있고 움직이고 있다.

공업과 의회 민주정치가 우리 시대를 지배하는 두 제도란다. 우리 역시 서구 문명을 창조하지는 않았지만 그 그림자 밑에서 자랐고 살고 있기 때문에 토인비의 견해에 동의한다. 이어 토인비는 공업 시스템의 본질을 이렇게 제시한다.

공업 시스템은 두 측면을 갖는다. 하나는 인간관계에 적용되는 분업이고 다른 하나는 인간 생활의 물질적 환경에 적용되는 서구의 근대 과학이다.

－《역사의 연구 I》 중에서

서구 문명은 과학 기술 문명이다. 중학생 시절, 어느 날 집에 와보니 텔레비전이 안방에 턱 자리를 잡고 있었다. 줄지어 냉장고가 들어오고 전화가 가설되고 우리의 삶은 본질적인 변화를 겪어나갔다. 컬러텔레비전을 처음 보던 때의 눈부심, 지금도 잊을 수 없다. 자가용이 동네 골목마다 지천으로 깔리기 시작한 것은 1990년대의 일이었을 것이다. 나는 거지나 백수나 개나 소나 다 자동차를 몰고 다닌다고 투덜거리기 시작했다. 뭔가 이게 아니라는 생각이 들었다. 한때 '사모님'들이 무전기만 한 손전화를 핸드백에 넣고 다녔는데, 지금은 초등학생들까지 휴대전화를 가지고 다닌다. 나는 기술 문명의 이기들에 대해 저항하기 시작했다. '노 카(No Car), 노 폰(No Phone)'을 다짐했다. "아직도 휴대전화가 없어?" 수없는 핀잔을 받으며 산다. 내 가슴속에 자리 잡은 기술 문명에 대한 회의는 깊다.

나는 아직도 과학 기술 문명에 대해 어떤 태도를 취하는 것이 올바른 것인지 고뇌한다. 버려야 하는 것이냐, 이용해야 하는 것이냐, 절반은 버리고 절반은 이용해야 하는 것이냐? 토인비는 과학 기술 문명을 버리려면 분업까지 버려야 한다고 말한다. 공업이 과학 기술을 가지고 자연을 가공한다면 공업은 분업의 원리에 의해 생산자들을 조직한다.

애덤 스미스를 넘어

스미스의 후배인 벤담은 스미스의 사익 추구 원리를 쾌락과 고통의 원리로 공식화했다. 벤담은 확신에 찬 어조로 이렇게 말했다.

> "자연은 인간을 고통과 쾌락이라는 두 전제군주의 지배 아래에 던져놓았다. 우리가 무엇을 해야 하는가, 우리가 무엇을 할 것인가를 결정하는 것은 바로 고통과 쾌락이다."

인간은 고통을 기피하고 쾌락을 선호한다. 쾌락은 플러스이고 고통은 마이너스다. 쾌락과 고통을 합산하여 가장 큰 효용을 얻는 것이 사익을 추구하는 인간 행동의 목표다. 그렇다면 어떤 사회가 가장 합리적인 사회인가? 최대 다수가 최대 효용을 얻는 사회다. 최대 다수의 최대 행복을 누리는 사회가 합리적인 사회라는 벤담의 공리주의는 오늘날까지 자본주의사회를 지배하는 주류 이념이다.

오늘 우리 사회를 이끌고 있는 GDP(gross domestic product)의 신화는 공리주의에 그 이론적 토대를 두고 있다. 1인당 GDP 1000달러는 후진국이요, 1인당 GDP 3만 달러는 선진국이라서 후진국 국민은 1인당 1000달러의 효용을 누리고 선진국 국민은 1인당 3만 달러의 효용을 누리는 것이다.

공리주의의 문제점은 쾌락과 고통의 합계를 양적으로 계량할 수 있다는 전제에 있다. 한 사람에게 약이 되는 것이 다른 사람에게 독이 될 수 있다는 말처럼 쾌락과 고통은 주관적인 것이며, 사람마다 다르다는 사실을 공리주의는 간과했다. 그리하여 벤담의 공리주의에 내재된 약점을 보완하기 위하여 존 스튜어트 밀은 "배부른 돼지보다 배고픈 소크라테스가 되라"는 유명한 금언을 내놓았던 것이다. 밀은 벤담의 양적 공리주의를 질적 공리주의로 발전시켰다.

정작 중대한 공리주의의 문제점은 다른 데 있다. 만일 우리 모두가 1인당 GDP 액수 그대로 물질적 재화를 고루 배분받고 있다면 공리주의는 그다지 욕먹을 것이 없다. 공리주의의 문제점은 그것이 우리 사회 내에 극단적으로 편재된 부의 불평등을 은폐하고 있다는 것에 있다. 사회 전체가 누리는 쾌락의 총량을 합리성의 척도로 간주하는 경우 왕의 쾌락은 거지의 고통을 은폐하게 된다. 몇몇 거지가 고통스러운 삶을 살지라도 그 때문에 왕과 귀족들이 호화 사치를 누릴 수 있다면 이 불평등은 정당하다.

여기 온갖 호화 생활을 누리는 마리 앙투아네트가 있고, 빵 한 조각 먹기 힘든 파리의 극빈층 아줌마가 있다. 마리 앙투아네트가 더 먹는 쇠고기 한 점은 그녀에게 쾌락을 보태지 않는다. 쇠고기 한 점의 한계효용은 제로라는 것이다. 반면에 극빈층 아줌마가 더 먹는 빵 한 조각은 굶주림을 면해주고 하루의 삶에 안식을 제공한다. 이 빵 한 조각의 한계효용이 100이라고 하자. 벤담의 주장대로 만일 우리 사회가 사회 구성원의 효용 극대화를 추구하는 사회라면 부를 어떻게 배분할 것인지 그 답은 명확하다. 풍요 속에서 더 이상의 쾌락을 느끼지 못하는 사람에게 재화를 보태줄 것이 아니라 결핍으로 인해 고통을 겪는 사람에게 재화를 배분하는 것이 전체 사회의 효용 극대화에 기여할 것이다.

자유와 평등, 어느 것을 선택할 것인가

애덤 스미스의 자유주의와 벤담의 공리주의에 대한 비판은 결국 평등의 가치를 중시하는 사회주의를 요청한다. 유럽의 지식인들은 자유와 평등을 양립할 수 없는 대립물로 간주했다. 자본가계급의 이해를 대변하는 이들은 경제의 효율을 추구하는 것이 합리적 행동이라면서 효율을 위해 자유로운 경쟁을 자연법칙으로 내세웠다. 그 결과 발생하는 사회의 불평등은 아프리카 초원에서 벌어지는 약육강식처럼 불가피한 현상이다. 이에 반해 노동자계급의 이해를 대변하는 이들은 경제의 형평을 추구하는 것이 정의로운 행동이라면서 형평을 위해 사회적 연대를 강화할 것을 요구했다. 그 결과 발생하는 경제의 비효율이나 노동자의 게으름은 부차적인 문제였다. 자유냐 평등이냐? 자유는 불평등을 낳고 평등은 자유를 제약하고, 어쩌자는 것이냐?

여기에서 자유와 평등의 조화로운 해결을 도모하는 롤스의 《정의론》이 등장한다. 그가 제시한 정의의 첫째 원칙은 매우 간결하다.

모든 사람은 기본적 자유에 대하여 동등한 권리를 가진다.

모든 사람은 전체 사회의 복지라는 명목으로 유린될 수 없는, 불가침의 권리를 갖는다. 정의는 전체의 이익을 위하여 소수의 자유를 뺏는 것을 거부한다. 정의가 보장하는 권리는 정치적 거래나 사회적 이득에 의해 침해될 수 없다. 이론이 아무리 치밀하고 간명해도 그것이 진리가 아니라면 폐기되어야 하듯이, 제도가 아무리 효율적이고 정연해도 그것이 정당하지 못하면 폐지되어야 한다. 인간 생활의 제1덕목으로서 진리와 정의는 지극히 준엄한 것이다.

우리는 전체의 공익을 위하여 개인의 자유를 제약하는 것에 대해 동의하지 않는다. 모든 사람은 인간의 자유, 기본권을 동등하게 누려야 한다. 그런데 자유는 필연적으로 불평등을 낳는다. 그렇다면 자유로운 경쟁이 초래하는 불평등을 어디까지 용인할 것인가?

만일 불평등이 싫어 절대 평등을 추구한다면 개인의 자유가 억제될 것이다. 개인의 자유를 억압하면 그만큼 사회는 답답해진다. 의대생이 의사가 되길 포기할 것이며, 배우 지망생이 배우가 되려는 노력을 포기할 것이다. 절대적 평등은 창의적 활동을 유발하는 동기를 억압함으로써 결과적으로 모두의 손실을 초래한다. 따라서 어느 정도의 불평등은 존중되어야 한다.

그렇다면 사병과 장교의 불평등을 어디까지 용인할 것인가? CEO와 평사원의 불평등을 어디까지 용인할 것인가? 장교와 CEO를 우대함으로써 그들이 기여하는 국방력의 강화, 경영 능력의 증대가 불평등한 대우로 병사와 평사원이 겪는 고통을 상쇄하는 선에서 차별 대우를 용인하면 될 것이다. 단, 누구나 장교가 될 수 있고 누구나 CEO가 될 수 있는 기회가 보장되어야 한다.

그리하여 사회의 최소 수익자가 용인하는 불평등, 사회의 약자도 이런 정도는 필요한 불평등이라고 동의하는 불평등이야말로 우리가 관념적으로 그려낼 수 있는 가장 정의로운 사회의 모습일 것이다. 아마도 롤스는 오늘날 독일이나 스웨덴 국민이 용인하는 불평등을 이론적으로 대변하고 있을 것이다. 이런 맥락에서 롤스는 정의의 두 번째 원칙을 제기한다.

사회적·경제적 불평등은 다음 두 조건을 만족시키도록 조정되어야 한다. (1) 그 불평등이 모든 사람에게 이익이 되리라는 것이 합당하게 기대된다. (2) 그 불평등이 모든 사람에게 개방된 직위와 직책에 결부되어야 한다.

– 《정의론》 중에서

행복의 경제학

지금까지 우리는 부의 분배를 둘러싼 벤담과 롤스의 이론을 살펴보았다. 이제 물질적 재화의 공정한 배분을 넘어 인간의 여러 소중한 가치로 우리의 사유를 넓히자. 노동과 여가에 대해 고찰할 필요가 있다. 놀라운 물질적 성장을 보장해주었던 분업 노동은 그 성과만큼이나 혹독한 비용을 우리에게 강제한다.

근대 기계제 공업 속에 확고히 정착된 분업 노동은 직업의 분화이길 넘어서 모든 노동 과정을 기계의 부속품처럼 잘게 자른 노동이다. 이 분업 노동은 죽은 노동이며 고역이다. 노동자에게 죽음과 같은 고역의 노동을 강제하여 획득한 물질적 재화의 열매는 그것이 아무리 위대하더라도 노동자의 삶을 희생물로 바친 불행한 대가다. 공업의 열매는 달다. 하지만 분업 노동은 쓰다. 자동차를 타고 다니는 소비자의 삶은 달지만 온종일 자동차 밑에 들어가 용접하는 노동자의 삶은 쓰다.

인간의 본질은 노동에 있다. 인간은 노동을 통하여 자연과 소통하고,

노동의 열매를 사회에 제공하면서 사회적 존재가 된다. 인간은 노동을 통하여 진화해왔으며, 노동을 통하여 자아를 실현한다. 자신의 능력을 발휘하는 이 노동의 과정이 자신의 의지와 무관한 외적 강제에 의해 통제되는 한, 인간은 불행하다. 자아를 실현하는 이 노동 과정이 기계의 부속품으로 전락했을 때 노동자가 느끼는 것은 비참함이요, 자아의 상실이다.

분업 노동은 폐지되어야 한다. 하지만 우리 삶의 기초가 되어버린 분업 노동의 시스템을 하루아침에 폐지할 수는 없다. 그렇다면 우리는 분업 노동의 점진적 단축을 주장할 수밖에. 노동생산성의 향상은 노동시간의 단축으로 이어져야 한다. 이것이 역사의 합법칙적인 발전이다. 천년왕국이 도래한 이후가 아니라 지금 바로 이곳에서 자유가 실현되어야 한다. 노동시간은 단축되어야 하며, 그만큼 많은 자유시간이 보장되어야 한다. 여가의 증대는 행복의 원천이자 이 시대가 추구하는 중요한 가치다.

여가는 단순한 휴식이길 넘어설 것이다. 먹고살기 위해 몸을 팔아야 하는, 필연의 영역에 발 묶여 사는 노동자에게 여가는 자유로운 활동 시간을 의미한다. 생필품을 얻기 위해 어쩔 수 없이 해야 하는 임금노동이 아니라 자신의 취향과 개성을 창조적으로 발휘하는 활동을 의미한다. 창조적 활동은 이웃과 함께 나누어 먹는 먹을거리 농사일 수도 있고, 사회의 약자를 돕는 봉사 활동일 수도 있으며, 그림을 그리고 글을 쓰는 예술 활동일 수도 있다. 인간 행복의 원천이 자아를 실현하는 자유로운 활동 속에 존재하는 것이라면 우리가 만들고자 하는 정의로운 사회는 최대 다수의 사람에게 최대의 여가를 보장하는 사회일 것이다.

우리는 인간의 행복에 대해 여러 각도로 접근할 필요가 있다. 인간의 행복은 어디에서 오는가?

공자는 너와 나의 어진 인격적 관계 속에서 행복을 찾았다. 인간은 사회적 동물이어서 자신이 소속한 공동체 사람들의 행과 불행이 곧 자신에게 귀속된다. 너와 나의 관계가 얼마나 인격적인가 하는 것에 인간의 행복이 달려 있다면 이제 우리는 분업의 발전 정도에서 국부의 원천을 찾았던 애덤 스미스의《국부론》을 넘어 인격적 관계를 도모하는 사회에서 행복한 나라를 찾는 새로운 경제 이론을 작성할 필요가 있으리라.

애덤 스미스가 사익 추구를 인간의 본성으로 제시하면서 상정한 인간은 근대의 공업을 주도하는 신흥 상공업자였다.《국부론》의 주인공은 상인이다. 애덤 스미스는 인간이 이웃의 고통을 보고 가슴 아파하는 연민, 공감을 또 다른 본성으로 갖고 있음을 잘 알았다. 그의《도덕감정론》은 이렇게 시작한다.

> 인간이 아무리 이기적이라고 상정하더라도 인간의 본성에는 분명 이와 상반되는 몇 가지 원리가 존재한다. 이 원리들로 인해 인간은 타인의 운명에 관심을 가지게 되며, 단지 그것을 지켜보는 즐거움밖에는 아무것도 얻을 수 없다고 하더라도 타인의 행복을 필요로 한다. 연민과 동정이 이런 종류의 원리다. 타인의 비참함을 목격하거나 생생하게 보게 될 때 우리는 이러한 감정을 느낀다.

나의 이익을 양보하면서 너와 나의 인격적 관계를 맺어나가는 것이 행복의 또 다른 원천이라면 오직 물질적 재화의 증대와 사익만을 추구하는 자본주의적 가치관을 넘어, 진정으로 인간을 행복하게 해주는 새로운 경제학을 탐색할 필요가 있다. 새 시대의 경제학은 윤리학의 안내를 받아야 한다. 경제학의 아버지 애덤 스미스가 윤리학을 쓰고 나서 경제학을 집필한 것처럼 이 시대는 경제학을 바르게 이끌어줄 윤리학의 정립을 요청하고 있다.

애덤 스미스가 국부의 원천이 어디에 있는지를 탐색했다면 이제 우리는 행복의 원천이 어디에 있는지를 탐색할 때가 되었다. 우리가 누리는 물질의 풍요는 행복한 삶의 한 조건일 뿐 행복을 보장하지는 않는다. 인간은 빵만으로 살지 않는다는 명제를 진지하게 고찰할 때가 되었다. 행복한 나라는 어디에 있는 것이냐?

고전 읽기

《도덕감정론(The Theory of Moral Sentiments)》

영국의 도덕철학자 애덤 스미스가 1759년에 발표한 작품. 인간의 행복과 덕성의 근원을 탐구하는 고전으로 인간이 아무리 이기적이더라도 인간의 본성에는 덕성과 선악을 감지하는 '도덕감정'이 있으며, 이와 같은 덕성은 시장에도 존재한다는 내용을 담고 있다. 《도덕감정론》은 훗날 《국부론》을 쓴 애덤 스미스의 경제학 체계의 근간을 이루는 인간관을 보여준다는 점에서도 주목할 만한 고전이다.

《국부론(The Wealth of Nations)》

'경제학의 아버지'라 불리는 애덤 스미스가 1776년에 발간한 경제학 저서. 《국부론》은 '국가의 부(富)의 성질과 원인에 관한 고찰(5편)'의 약칭으로, 그가 10년에 걸쳐 완성한 대작이다.

애덤 스미스는 인간의 이기심과 노동을 긍정하고, 분업의 발전이 생산성 향상으로 이어진다고 이야기한다. 나아가 '보이지 않는 손'으로 인하여 사익 추구가 공익 증대에 기여하며, 자유경쟁에 의해서 자본을 축적하는 것이 '국부 증진'의 방법이라고 역설했다.

《국부론》은 이전에 단편적인 정책 위주의 경제학과는 달리 자본주의 내에서의 가격 기능을 고찰하는 등 경제학의 근간을 만들었다는 점에서 경제학의 교과서로 평가받고 있다.

《정의론(A Theory of Justice)》

미국 철학자 존 롤스가 발표한 사회 윤리학 저서. 평생 '정의'라는 주제에만 몰입했던 롤스가 20여 년간의 탐구 끝에 발표한 역작이다.

《정의론》에서 롤스가 내세운 정의의 제1원칙은 "모든 사람은 기본적 자유에 대하여 동등한 권리를 가진다"라는 평등한 자유주의 원칙이다. 그리고 제2원칙은 "사회적 불평등은 최소의 수혜자가 최대의 이익을 보장받는 한에서 용인된다"라는 차등의 원칙이다. 자유경제 사회에 사회주의가 요구하는 복지주의를 결합하려는 그의 노력은 복지주의 또는 수정자본주의와 같은 새로운 자유주의 질서를 모색하는 이론이라 할 수 있다. 1971년에 출간된 《정의론》은 영미 철학계는 물론 유럽 대륙 전역에 광범위한 영향을 끼친 세기의 대작으로 평가받는다.

Chapter 9

'로빈슨 크루소의 섬'에 간 까닭은?

카를 마르크스
Karl Marx

영국의 한 여론 조사에 따르면 영국인들이 역사상 가장 위대한 사상가로 손꼽은 이가 바로 마르크스였다. 역사상 최초로 노동을 철학의 무대로 불러들인 사람, 마르크스.

새들은 들판의 곡식을 쪼아 먹지만 인간은 곡식을 가루로 변형하고, 가루를 반죽으로 변형하며, 반죽을 빵으로 변형한다. 곡식을 빵으로 변형하는 인간의 의식적 활동, 두뇌와 손의 통합적 행동, 이것이 인간의 노동인 것이다.

소련의 몰락과 함께 마르크스의 사상도 몰락했다고 여겨지는 이때, 마르크스의 사상을 좀 더 쉽게 이해하기 위해 저 멀리 '로빈슨 크루소의 섬'으로 떠나보자. 과연 그 섬에서는 어떤 일이 벌어질까?

이렇게 해서 완성된 울타리는 철통처럼 단단했다. 들어가는 문은 따로 만들지 않았다. 짧은 사다리를 이용해 울타리를 넘고 다시 그 사다리를 들어 올리는 방법으로 드나들었다. 나는 천막 안쪽에 있는 돌들을 처리했다. 파낸 돌을 천막 밖으로 실어냈다. 이 작업 덕택으로 천막의 뒤쪽에 동굴이 생기고 그곳이 나의 식량 저장실로 쓰이게 됐다. 이러한 작업을 완수하는 데 소요된 노동과 시일은 굉장한 것이었다.

–《로빈슨 크루소》 중에서

고고학의 연구 성과에 의하면 최초의 인간으로 진화해나간 원숭이는 오스트랄로피테쿠스였다. 400만 년 전에 형성된 지층에서 사람의 뼈를 발굴하려면 직립 보행할 수 있는 무릎 관절을 가진 뼈를 찾아야 한다. 직립 보행은 인간에게 세 가지의 큰 선물을 주었다. 하늘을 향해 똑바로 선 척추 뼈는 큰 두개골을 지탱할 수 있도록 도와주었다. 땅을 보고 움직이는 포유동물과 달리 앞을 보며 사는 인간은 코와 입, 혀와 목으로 구성된 발성 기관을 갖게 되었다. 무엇보다도 직립 보행은 인간에게 '자유로운 두 손'을 주었다.

호모에렉투스. 200만 년 전 지구에 출현한 직립 보행의 호모에렉투스는 손으로 잎새를 꺾어 침을 바른 다음 나무 구멍으로 집어넣어 그곳에 둥우리를 틀고 사는 흰개미를 잡아먹었다고 한다. 사자들이 사냥한 사슴 고기 한 덩이를 훔쳐 먹는 법을 터득한 것도 그들이었다. 고기의 맛을 알게 된 호모에렉투스는 먹이를 찾아 원거리의 이동을 하면서 서서히 아프리카 대륙을 탈출하기 시작했다. 유럽으로, 인도네시아로, 시베리아로…….

피뢰침을 발명한 미국의 벤저민 프랭클린이 "인간은 도구를 사용하는 동물이다"라고 정의했을 때 그는 인간의 본성에 대한 그 어떤 철학자의 심오한 사유보다 더 정직한 관념을 우리에게 제시했다. 인간은 이성적인 존재이기 이전에 도구를 사용하는 동물이며, 사회적인 동물이기 이전에 노동을 통해 자신의 생존을 유지하는 동물이다. 인간이 발견한 가장 위대한, 최초의 도구는 불이다. 모든 동물을 지배하는 힘을 인간에게 주기 위해 태양에서 불을 훔친 프로메테우스의 형벌은 혹독했다. 그만큼 불의 발견은 인간이 동물로부터 분리되는 결정적 사건이었다.

아담과 이브에게도 조상이 있다면 아마도 그들은 호모사피엔스일 것이다. 불을 다룰 줄 알고 100여 개의 단어를 구사하는 지혜로운 인간, 호모사피엔스. 인간이 자연을 정복할 힘을 갖게 된 것은 전적으로 불을 사용한 덕택이다. 그런데 인간은 홀로 살지 않고 무리를 지어 살았다. 무리의 힘은 인간이 동물을 지배하는 또 하나의 원천이다. 평원을 가로지르는 들소 떼를 상상해보라. 그중 가장 뒤처진 들소 한 마리를 강변의 습지로 몰아넣어 들소의 멱통을 따는 날랜 인간 무리를 상상해보라. 그들은 들소 포획을 목표로 공동 행동을 조직하기 위해 다양한 소리와 신호를 주고받는다. 기원전 10만 년 전 마침내 '인간의 언어'가 탄생한 것이다.

인간의 노동은 무리의 공동 노동이다. 그러므로 아리스토텔레스가 말한 인간의 사회성은 노동에 연원한다. 공동 노동은 소리와 신호를 요구하며, 이것들의 진화된 형태인 언어를 탄생시킨다. 꿀벌도 날갯짓으로 신호를 보내고 늑대도 울음소리를 내지만 수만 가지의 다양한 분절음을 낼 수 있는 것은 오직 인간뿐이다. 원시 언어는 고작 100여 가지였다고 한다. 엄마, 아빠, 물, 불, 하나, 둘, 셋, 많이…… 등등이었을 것이다. 세계에 대한 분별 능력이 증대하면서 언어 구사 능력이 발달했고, 동시에 인간의 사유 능력이 신장되었다. 호모사피엔스사피엔스, 사람의 슬기는 하늘에서 뚝 떨어진 능력이 아니라 몇백만 년에 걸친 인간 진화의 산물이었으며, 이 진화의 원동력은 인간의 노동이었다.

인간이 거미와 꿀벌과 다른 이유

그렇다면 노동이란 무엇이냐? 사자도 자기 무리의 생존을 위하여 사냥을 하고, 개미도 자기 무리의 거처를 위하여 집을 만드는데, 이들의 운동도 노동인 것이냐? 이 물음에 대하여 마르크스는 다음과 같은 명문을 준비해놓았다.

거미는 직포공이 하는 일과 비슷한 일을 하며, 꿀벌의 집은 많은 건축가를 부끄럽게 한다. 그러나 가장 서툰 건축가라도 가장 훌륭한 꿀벌보다 뛰어난 점은, 그는 집을 짓기 전에 미리 자기의 머릿속에서 집을 짓는다는 것이다. 노동 과정의 끝에 가서는 그 시초에 이미 노동자의 머릿속에 존재하고 있던 결과가 나오는 것이다. 노동자는 자연물의 형태를 변화시킬 뿐만 아니라 자기가 의식하고 있는 목적을 자연물에 실현하는 것이다.

–《자본론》 중에서

거미는 하룻밤에 직포공보다 더 정교한 줄무늬를 짜고 꿀벌은 가장 솜씨 있는 건축가를 부끄럽게 하지만 거미와 꿀벌의 운동은 본능에 따른 행동이다. 인간은 자신의 의식에 따라 자연물을 변화시킨다는 점에서 모든 동물적 특성을 넘어선다. 본능적 행동이 아닌 의식적 행동, 이것이 인간 노동의 특성이다.

그러면 어머니가 해준 밥만 먹고 자란 우리의 청소년들에게 노동이 무엇인지 실감나게 이해시키기 위해 '로빈슨 크루소의 섬'을 탐방해보자. 10년 동안 면도 한 번 하지 못해 덥수룩한 구레나룻을 달고 있고 짐승 가죽으로 옷을 해 입은, 외모는 원시인이나 눈빛은 영국인인 이상한 사나이가 빵을 만들기 위해 온갖 궁리(!)를 하고 있다.

벼나 보리를 벨 낫이 없어 애를 먹었다. 나는 배에서 주워놓았던 단검을 이용했다. 내 최초의 수확은 보잘것없었기 때문에 곡식을 베는 데 큰 고생은 하지 않았다. 이삭을 끊어 커다란 광주리에 담아 운반했다. 두 손바닥을 비벼서 껍질을 벗겼다. (중략) 그런데 여기서 어려운 문제에 부딪히고 말았다. 어떻게 곡물을 가루로 갈 것인가, 가루를 어떻게 빵으로 만들 것인가 하는 문제(!)에 부딪히자 그만 기가 죽고 말았다. 빵을 구워낼 도구가 없으니 말이다.

이번 수확물은 먹지 않고(!) 종자로 저장해두기로 했다. 빵의 자급자족이라는 큰 목적(!)을 달성하기 위하여 모든 노력을 다하여 연구(!)하기로 결심했다.

–《로빈슨 크루소》 중에서

바로 이것이다. 새들은 들판의 곡식을 그냥 쪼아 먹지만 인간은 곡식을 가루로 변형하고, 가루를 반죽으로 변형하며, 반죽을 빵으로 변형한다. 자연 상태의 곡식을 먹기 좋게, 다시 말해 합목적적으로, 빵으로 변형하는 인간의 의식적 활동, 두뇌와 손의 통합적 활동, 이것이 인간의 노동이다.

철학의 무대에 노동을 불러들이다

5만 년 전의 지구에는 들소의 뒤를 쫓아 사냥하는 한 떼의 사냥꾼들이 살고 있었고, 5000년 전의 지구에는 마을을 이루어 구슬땀 흘리며 농사짓는 농부들이 살고 있었다. 짝을 지어 아이를 낳으면 이 아이를 키우기 위하여 우리는 천 근이 넘는 노동을 힘들다 아니 하고 기쁜 마음으로 한다. 먹을거리를 위하여 수고하는 인간이야말로 가장 정직한 인간이다. 노동이야말로 가장 인간적인 속성이며, 인간은 노동을 통하여 오늘의 인간으로 진화해온 것이다.

추운 겨울 산에서 떨어본 사람은 알 것이다. 따뜻한 집이 얼마나 그립던가. 하지만 일상의 삶에서 우리는 집의 고마움을 잊고 산다. 문제는 인간 존재에게 이렇게 소중한 집 짓는 일에 대하여 우리는 아무래도 눈 아래로 멸시하는 시선을 보내고 있다는 것이다. '노가다'라고 말이다. 굶어본 사람은 알 것이다. 밥이 얼마나 소중하던가. 하지만 일상의 삶에서 우리는 쌀을 만들어주는 분들의 고마움을 잊고 산다. 노동을 천시한다.

언젠가부터 인간은 자신의 노동을 비하하는 허위의식을 만들어내기 시작했다. 《성경》은 아담과 이브를 등장시켜, 여성에게는 아이를 낳는 출산의 고통을, 남성에게는 땅을 가는 노동의 고통을 원죄에 대한 형벌로 각인해놓았다. 아마도 이 신화의 제작자는 자신이 흘린 땀으로 자신의 생존을 해결하는 사람이 아니었을 것이다. 인간의 노동에서 '의식'이 분리되면서, 다시 말해 육체노동과 정신노동이 분리되면서 정신노동이 육체노동을 지배하기 시작했다. 정신노동을 독점한 철학자와 종교 지도자들은 육체노동을 전담한 종들을 비웃는 이야기를 만들어냈다.

플라톤은 그의 《국가》에서 생산자 계급을 천시했다. 생산자에게 필요한 덕목은 절제와 복종이다. 생산자는 자신의 직업에 충실하여 좋은 물건을 생산하는 것이 그의 덕목이다. 지혜, 즉 정신 활동은 철학자의 전유물이다. 왜 이렇게 인간을 구분하고 차별하게 되었는가, 인간 세계의 불평등에 항의하는 자를 위하여 플라톤은 미리 '금속의 신화'를 준비해 놓았다. 금, 은, 철의 세 성분으로 인간을 만든 것은 신의 뜻이니, 철의 성분으로 탄생한 생산자 계급이여, 그저 절제하고 복종하며 살지어다.

'이데아'라는 것도 그렇다. 여기 침대가 있다. 플라톤은 목수가 만든 현실의 침대를 가짜, 침대의 이데아를 진짜라고 보았다. 존재와 의식, 물질과 정신을 둘로 갈라놓은 플라톤의 이분법은 이후 모든 서양철학자의 공통된 한계가 되었다. 사실 이런 이분법은 치자와 피치자, 정신노동과 육체노동으로 이분된 현실의 반영에 지나지 않았다. 중요한 것은 침대의 이데아를 현실의 침대보다 진실한 것으로, 상위의 가치로 간주하는 플라톤의 세계관에서는 침대를 만들기 위해 땀 흘리는 목수의 노동이 천시되고 있다는 점이다.

인간의 노동을 경시한 것은 동양의 불교도 마찬가지다. "모든 것은 불타고 있다"라는 석가의 경고는 집착에 빠지기 쉬운 우리 인간에게 소중한 각성의 기회를 준다. 하지만 불교는 욕망을 구분하지 않는다. 생존을 위한 근로대중의 소박한 욕망과, 부와 권력에 대한 과도한 욕망, 즉 치자들의 탐욕을 구분하지 않았다. 모든 욕망을 범죄시한다는 점에서 불교는 인간 실존으로부터 너무 먼 곳에 서 있다. 불가의 수행 공동체가 근로대중의 노력에 의존하고 있으면서, 막대한 규모의 불사를 국가 권력에 의존하고 있으면서 생활 수단을 창출하는 노동의 의의를 경시하는 것은 안타까운 이율배반이다.

그리스 철학이 아폴론적 인간을 중시하고 디오니소스적 인간을 경시하면서 서양 문명은 불모의 운명을 겪게 되었다고 니체는 비판했다. 사실 소크라테스는 몸을 철학의 굴레로 보았고 플라톤은 인간의 욕망을 절제의 대상으로 여겼다. 감성이 아닌 이성을, 육체가 아닌 정신을 극단적으로 추구하는 문명이 인간의 실존을 배반하는 결과를 낳으리라는 것은 쉽게 이해된다. 만일 니체가 유럽의 문화사 비판에서 유럽의 경제사 비판으로 시야를 확장했다면 그 역시 문명을 낳기 위해 희생되어온 수억 근로대중이 겪은 노동의 소외를 발견했을 것이다. 바로 그 일을 해낸 사람이 마르크스다. 사상의 역사에서 최초로 노동을 철학의 무대에 호명한 것이 마르크스의 공적이다.

로빈슨 크루소의 섬

마르크스는 극심한 궁핍 속에서도 노동자의 세계관을 작성하기 위해 일했다. 20년 동안 흘린 그의 땀은 '노동자의 성경'이라 불리는 《자본론》으로 결실을 맺었다. 책은 이렇게 시작한다.

> 자본주의적 생산양식이 지배하는 사회의 부는 방대한 상품들로 나타난다. 부의 기본 단위는 상품이다. 그러므로 우리의 연구는 상품의 분석에서 시작된다. 상품은 우리의 외부에 있는 하나의 대상이

며, 그 속성들로 이러저러한 인간의 욕망을 충족 해주는 물건이다. 한 물건의 유용성은 그 물건으로 하여금 사용가치를 갖게 한다. 사용가치는 소비에 의해서만 실현되며, 모든 부의 실체다. 우리가 고찰하고자 하는 사회에서 사용가치는 동시에 교환가치의 물질적 담지자다.

자본주의적 생산양식, 상품, 사용가치, 교환가치……. 《자본론》은 그 서두부터 낯설다. 특히 〈상품과 화폐〉 편은 강한 집중력과 끈질긴 인내심을 지닌 노동자라도 두 손을 들게 할 만큼 난해하다. 힘들면 에둘러 가라고 했다. '로빈슨 크루소의 섬'은 자본주의적 생산양식 속에서 살고 있는 우리의 삶을 객관적으로 인식하도록 돕는 좋은 탐방지다.

다행히 배 안에 돛대에 쓰는 막대기가 몇 개 있었다. 나는 뗏목을 만들기로 했다. (중략) 빵, 쌀, 치즈, 말린 양고기를 실었다. 나는 연장이 든 상자를 발견했다. 이것은 나에게 황금보다도 훨씬 더 값어치 있는 물건이었다.

난파선에서 로빈슨 크루소가 찾아낸 '빵과 쌀과 치즈'는 영국 시장에서 구입한 상품이었지만 지금은 상품이 아니다. '빵과 쌀과 치즈'보다 값어치 있는 물건을 찾았다. 그것은 연장통이었다. '연장통이 황금보다도 훨씬 더 값어치 있는 물건'이라는 크루소의 생각은 착각일 뿐이다. 지금 연장통의 값은 없다. 연장통은 크루소에게 교환가치가 아닌 사용가치일 뿐이다.

> 나는 얼마 되지 않는 넝마들을 정리해보았다. 우선 나는 외투와 그 밖의 몇 가지 재료를 가지고 조끼를 만들기로 했다. 그것은 재봉이라기보다 단지 잇고 끊고 하는 작업에 불과했다. 하여간 보기에도 흉한 작품을 만들었는데, 그래도 나에게는 새 옷이었다. 두세 벌 만들어 앞으로 오랫동안 유용하게 입기로 했다.

넝마들을 얼기설기 기운 크루소의 새 옷 역시 상품이 아니다. 뜨거운 햇볕으로부터 몸을 가려줄 이 옷은 크루소에게 다만 유용한 물건이다. 크루소가 앞으로 만들 모든 물건은 사용가치를 갖지만 교환가치는 갖지 않는다.

크루소의 물건이 교환가치를 가지려면 두 가지 조건이 필요하다. 첫째는 분업이다. 크루소는 자신의 생존에 필요한 물품을 자신의 노동으로 획득한다. 혼자 산양을 사냥하고 고기를 낚으며 밀을 수확하고 옷을 만든다. 이처럼 자급자족하는 곳에선 교환이 없으며 교환이 없는 곳에 교환가치는 없다. 사냥꾼과 어부와 농부가 각각의 일을 전담하고 자신의 생산물을 교환하는 곳에서 물건은 교환가치를 갖는다. 그렇겠지?

그러므로 크루소의 생산물이 교환가치를 갖는 상품이 되려면 최소한 한 사람의 생산자가 섬에 더 들어와야 한다. 그런데 이 생산자는 크루소의 종이나 다름없는 프라이데이(크루소가 식인종으로부터 구출한 사람. 후에 크루소의 충실한 하인이 되었다)여서는 곤란하다. 크루소의 생산물이 상품이 되려면 우리의 프라이데이가 자신의 노동의 결과물을 소유하고 교환하는 독립적 인격이어야 한다.

이제 로빈슨은 사냥에 전업하고 프라이데이는 농사에 전업하는 '새로운 로빈슨 크루소의 섬'을 상상해보자. 애덤 스미스의 관찰대로 분업은 두 생산자의 생산성을 높여줄 것이다. 로빈슨은 더 많은 산양을 포획하고 프라이데이는 로빈슨이 수확했던 것보다 더 많은 양의 밀을 수확할 것이다. 두 생산자는 먹고 남는 고기와 밀을 교환한다. 상품이 탄생한다.

로빈슨은 대다수의 영국인처럼 충실한 기독교도이지만 이웃 사랑의 계명보다 교환의 법칙을 존중한다. 로빈슨은 한 마리의 양고기를 밀 몇 되와 교환해야 할지 잘 알고 있다. 10년 동안 혼자 살면서 양을 사냥하는 데 들어가는 노동시간과 밀을 수확하는 데 들어가는 노동시간을 잘 알고 있기 때문이다. 그는 성실하게 '노동 일기'를 작성한 적이 있다.

4월 28일: 연장의 날을 가는 데 이틀을 몽땅 소비했다.

5월 3일: 톱으로 배의 용골 하나를 절단했다.

5월 4일: 낚시를 나갔다. 돌고래 한 마리를 잡았다.

6월 17일: 거북을 요리하는 데 온종일을 소비했다.

6월 26일: 암산양 한 마리를 잡아서 간신히 끌고 왔다.

프라이데이가 섬에 들어오기 전 크루소가 애써 만든 물건들은 사용가치만을 가졌다. 빵, 쌀, 치즈, 양고기, 연장통, 옷, 막대기, 돌고래, 거북알, 산양은 크루소의 배를 불리고 몸을 보호하는 유용성을 지닌 물건이다. 프라이데이가 섬에 들어오고 그와 생산물을 교환하기 시작하면서 크루소의 물건들은 교환가치를 갖는 상품이 되었다.

크루소가 만든 탁자는 하나의 교환가치만을 갖는 것이 아니라 다양한 교환가치를 갖는다. 탁자 한 개는 양 다섯 마리와 교환될 수도 있고 거북 알 100개와도 교환될 수 있다. 여기에서 마르크스는 우리에게 묻는다. '탁자 한 개=양 다섯 마리=거북 알 100개'라는 등식이 성립할 수 있는 까닭은 무엇일까? 그것은 탁자와 양과 거북 알이 '공통된 그 무엇'을 표현하고 있기 때문이다. 교환가치는 상품 속에 들어 있는 이 '공통된 그 무엇'의 현상 형태다. 그렇다면 이 '공통된 그 무엇'은 무엇일까?

오직 생존하기 위하여 필요한 물건을 제작해야 하는 크루소, 그리고 프라이데이와 약속한 분업을 통해 연명하는 크루소에게 마르크스가 던진 질문의 답은 너무 간단하다. 그거 '노동' 아닌가배?

상품에 사용가치와 교환가치가 있듯이, 상품을 만드는 노동에도 유용노동과 추상적 노동이 있다고 마르크스는 어려운 말을 한다. 유용노동은 상품의 사용가치를 창조하는 구체적 인간 노동이다. 연장의 날을 갈고, 돌고래를 잡고, 거북을 요리하고, 암산양을 사냥하는 일 등이 그것이다. 상품에서 사용가치를 배제하면 교환가치만 남듯이, 이제 크루소의 노동에서 유용노동을 배제하면 무엇이 남을까? 크루소의 노동에서 노동의 구체적 특성들을 배제하면 일기는 이렇게 쓰일 것이다.

4월 28일: 연장의 날을 가느라 이틀간 '일했다'.

5월 3일: 톱으로 '일했다'.

5월 4일: 낚시를 하며 '일했다'.

6월 17일: 거북을 요리하느라 열심히 '일했다'.

6월 26일: 암산양 잡는 어려운 '일을 했다'.

크루소는 부지런한 노동자다. 온종일 일만 했다. 하루 노동의 구체적인 특성들을 무시한다면 남는 것은 열심히 '일했다'는 기억뿐이다. 그리하여 마르크스는 인간의 노동에서 '구체적 유용노동'을 배제하면 '추상적 인간 노동'만이 남는다고 떠든다. 캬! 이것이야말로 나의 위대한 발견이여! 이 '추상적 인간 노동'이 상품의 '가치'라는 것이다. 크루소가 보기에는 말장난들에 불과하다.

어떤 유용성을 갖는 물건이 가치를 갖는 것은 거기에 인간 노동이 체현되어 있기 때문이라면 '가치의 크기'는 어떻게 측정될까? 마르크스는 또 묻는다. 어려운 문제다. 인간 노동을 자로 잰담, 저울로 잰담? 다시 크루소의 일기를 뒤적여보자.

11월 4일: 어제부터 작업하는 시간, 사냥하는 시간, 기분 전환을 위한 시간을 규제하기 시작했다. 매일 아침 비가 오지 않으면 총을 가지고 두서너 시간 사냥을 한다. 11시쯤까지 작업한다. 다음에는 식사를 한다. 12시부터 2시까지는 수면을 취한다. 저녁때 다시 작업을 한다. 이날과 다음 날의 노동시간은 탁자를 만드는 데 바쳤다.

크루소가 프라이데이와 교환할 때 '탁자 한 개=양 다섯 마리'의 등식에 따른 것은 탁자 한 개를 만드는 데 그만큼 많은 노동을 투입했기 때문이다. 크루소는 양심적인 인간이다. 아무리 탁자 한 개를 만드는 데 커다란 수고를 했다 하더라도 프라이데이에게 양 여섯 마리를 요구하지는 않는다. 그는 양 한 마리를 사냥하는 일에 하루가 걸리고 탁자 한 개를 만드는 데 닷새의 수고가 드는 것을 잘 안다.

크루소에게 '가치의 양'은 물건에 투입한 '노동의 양'으로 측정된다. 그리고 현명한 크루소가 노동의 양을 측정하는 기준은 '노동시간'이다. '동일한 노동량이 들어 있는 상품들은 동일한 가치량을 가지며, 한 상품의 가치와 다른 상품의 가치 비율은 각 상품의 생산에 필요한 노동시간의 비율'이라는 마르크스의 난해한 학설을 크루소는 몸으로 안다. "가치로서 모든 상품은 일정한 크기의 응고된 노동시간에 불과하다"라는 마르크스의 테제는 크루소에겐 상식이다.

《동물농장》의 돼지

조지 오웰의 《동물농장》은 주지하다시피 스탈린 체제를 희화한 풍자 소설이다. "내 평생에 피땀을 쏟아 넣은 유일한 작품"이라고 저자 자신이 말했듯이 기지 넘치는 관찰과 생동감 있는 표현으로 가득 찬 걸작이다. 하지만 발표될 당시에는 출판조차 순조롭지 않았다고 한다. 소련은 제2차 세계대전에서 독일을 물리친 영국의 은인. 동맹국을 공격하는 책을 발간할 수는 없다는 이유로 책의 간행이 거절되었던 것이다.

《동물농장》은 《이솝우화》처럼 동물들을 의인화하여 스탈린 독재 체제를 풍자한 작품. 《동물농장》의 예언자 메이저 영감은 마르크스이고, 매너 농장의 주인 존스 씨는 자본가이며, 《동물농장》의 새로운 지도자 나폴레옹은 스탈린이다. 주인 존스 씨가 잠든 어느 날 밤, 죽음을 예감한 동물의 스승 메이저가 동료들을 모아놓고 마지막 연설을 한다.

> "나는 지금 살고 있는 어떤 동물 못지않게 이 지상에서의 삶의 본질을 이해하고 있다고 말해도 좋을 것 같습니다. 내가 여러분에게 말하려 하는 것은 이 점에 관한 것입니다.
> 자, 동무들, 그러면 우리의 이 삶의 본질은 무엇일까요? 우리 그것을 직시해봅시다. 우리의 삶은 비참하고 고되며 짧습니다. 우리는 태어나서 간신히 목숨을 유지할 정도의 식량만 받고, 일할 수 있는 자들은 마지막 힘이 다할 때까지 노동을 강요당합니다. 그리하여 나중에 쓸모가 없어지면 우리는 곧바로 가차 없이 잔인하게 학살당합

니다. 영국에서는 어떤 동물이든 태어난 지 한 해가 지나면 행복이나 여가란 말뜻을 아는 자는 하나도 없습니다. 영국의 동물은 자유가 없습니다. 동물의 생활은 비참함과 노예 상태 그 자체입니다. 이것은 명백한 사실입니다.

그러나 이것이 단지 자연의 질서일까요? 우리의 이 땅이 메말라서 여기에 살고 있는 자들에게 여유 있는 생활을 제공하지 못하기 때문일까요? 아닙니다. 동무들, 절대로 그렇지가 않습니다. 영국의 땅은 비옥하고 기후가 좋아서 현재 살고 있는 수보다 훨씬 더 엄청나게 많은 동물에게 풍부한 식량을 공급할 수 있습니다. 우리의 이 농장 하나에서도 12마리의 말과 20마리의 암소, 수백 마리의 양을 먹여 살릴 수 있으며, 그것도 지금으로서는 거의 상상도 되지 않을 만큼 편안하고 품위 있는 생활을 할 수 있습니다. 그러면 왜 우리에게 이렇게 비참한 상태가 계속되고 있습니까?

그 이유는 우리가 일해서 생산한 것 대부분을 인간에게 약탈당하기 때문입니다.

인간은 생산을 하지 않고 소비만 하는 유일한 동물입니다. 그들은 젖을 만들지 않고, 알을 낳지 않으며, 힘이 약해서 쟁기를 끌지 못하고, 토끼를 잡을 만큼 걸음이 빠르지도 못합니다. 그런데도 그들은 동물의 왕입니다. 그들은 동물에게 일을 시키고 그 대가로 겨우 굶어 죽지 않을 정도의 식량만을 주면서 나머지는 자신들을 위해 쌓아 둡니다. 땅을 가는 것은 우리의 노동이고 땅을 거름지게 하는 것은 우리의 똥인데도 우리는 누구나 헐벗은 가죽 이상 아무것도 가진 것이 없습니다. 내 앞에 있는 암소 여러분, 여러분이 지난 한 해 동안 짜낸 우유가 몇천 갤런입니까? 그 우유는 한 방울도 남김없이 우리 적들의 목구멍으로 넘어가버렸습니다. 그리고 암탉 여러분, 여러분은 지난해에 얼마나 많은 알을 낳았으며 그중 병아리로 깬 것이 몇 마리나 됩니까? 그 나머지는 모두 존스와 그의 일당에게 돈을 벌어 주기 위해 시장으로 팔려 나갔습니다."

현명한 독자들은 돼지 메이저로 변신한 마르크스의 이 연설이 누구를 겨냥한 폭로인지 잘 알 것이다. 자본주의 생산양식의 모순을 이처럼 생동감 있게 풍자하기도 힘들 것이다. 그러나 우리의 현실이 정녕 《동물농장》의 모순과 똑같다면 인간의 세계사는 마르크스를 필요로 하지 않았고 《자본론》도 쓰이지 않았을 것이다. "인간은 생산을 하지 않고 소비만 하는 유일한 동물입니다"라는 비난을 받는 농장주 존스 씨는, 오웰의 의도와는 달리, 현대의 자본가를 닮았다기보다 오히려 고대의 귀족을 닮았다. 마찬가지로 동물의 스승 메이저는 마르크스를 닮았다기보다 오히려 로마 검투사의 지도자 스파르타쿠스를 닮았다고 보아야 한다.

영국의 동물들아,
아일랜드의 동물들아,
온 누리의 동물들아,
황금빛 미래를 알리는 즐거운 소식을 들으라

언젠가 그날이 오리니
폭군 인간은 타도되고
풍요로운 영국의 들판에는
오직 동물만이 활보하는 그날이

코에서는 코뚜레가 사라지고
등에서는 마구가 벗겨지고
재갈과 박차가 영원히 녹슬고
가혹한 채찍질도 이젠 없으리라

이루 말할 수 없는 풍요가
밀과 보리,
귀리와 건초,
클로버와 콩,
그날이면 모두 우리의 것

〈인터내셔널〉가(노동계급의 투쟁가)를 풍자한 것으로 보이는 동물들의 해방 노래는 노동자의 해방이 아닌 노예의 해방을 염원한 것이었다. 노예와 임금노동자는 역사적으로 동일한 피지배계급이지만 2000년 전의 노예와 현대의 임금노동자는 경제적 조건에서 근본적으로 다르다.

이 노래는 동물들을 흥분의 도가니로 몰아넣었다. 메이저가 노래를 끝내기도 전에 그들은 스스로 노래하기 시작했다. 아무리 우둔한 동물들도 벌써 곡조와 몇 마디 가사를 주워듣고 배웠으며 돼지나 개처럼 머리 좋은 동물들은 몇 분 사이에 그 노래 전부를 외워버렸다. 그리하여 몇 번 연습한 목소리로 〈영국의 동물들〉을 합창했다. 암소는 음매, 개는 워워, 양은 앵앵, 말은 히히, 오리는 꽥꽥, 노래를 불렀다. 그들은 노래가 얼마나 즐거웠던지 연거푸 다섯 번이나 계속해서 불렀고 훼방만 없었더라면 밤새도록 계속해서 노래를 불렀을 것이다. 불행히도 이 소란 때문에 존스 씨가 잠을 깼으며, 그는 뜰 안에 여우가 들어온 것으로 생각하고 침대에서 뛰쳐나왔다. 그는 침대 귀퉁이에 항상 세워둔 총을 잡아 어둠 속으로 6호 산탄을 발사했다.

사진과 남편을 혼동하는 여인의 슬픔

바로 이것이다. 《동물농장》의 존스 씨가 동물들을 지배하는 힘은 총에서 나온다. 폭력에 의한 직접적 지배라는 점에서 《동물농장》의 경제적 관계는 고대의 노예적 생산양식을 닮았다. 아무리 아둔한 노예일지라도 자신의 노동의 결과물을 노예주에게 모조리 빼앗기는 현실을 모르지 않는다. 폭력에 의한 지배를 우리는 경제외적 강제라고 하는데, 하느님의 은총과 예수의 십자가로 신비화되었던 중세의 봉건적 생산양식하에서도 농노들은 자신의 노동이 대가 없이 수탈되고 있음을 뚜

렷이 의식한다. 마르크스는 이렇게 기술한다.

> 농노와 영주, 가신과 제후, 속인과 성직자가 장원에서 살고 있다. 여기에는 로빈슨 크루소처럼 독립적으로 살아가는 사람은 없다. 모두가 상호 의존적 관계 속에 있다. 여기에서는 인격적 예속이 생산의 사회적 관계를 결정한다. 그러나 중세의 인격적 예속관계는 자신을 은폐하는 다른 환상적인 모습을 취하지 않는다. 농노의 노동과 생산물은 영주에게 바치는 부역과 공납의 모습을 취한다. 부역은 상품을 생산하는 노동과 마찬가지로 시간에 의해 측정되지만 어떤 농노도 그가 자기의 영주를 위하여 지출하는 것은 자신의 노동력의 일정한 양이라는 것을 잘 안다. 그가 교회에 바쳐야 하는 10분의 1세는 명백히 자신의 노동의 결과물이지, 성직자로부터 받는 축복의 대가가 아님을 잘 안다. 중세에 개인들이 맺는 사회적 관계는 어떤 경우에도 그들 자신의 인격적 관계로서 나타나며, 영주와 농노, 성직자와 속인 간의 수탈관계가 위장되지는 않는다.

현대의 임금노동자는 《동물농장》의 돼지와 소가 아니다. 임금노동자의 발에는 노예를 묶는 쇠고랑이 없으며, 임금노동자의 손에는 농노를 묶어놓았던 신분적 예속이라는 끈이 없다. 말 그대로 자유로운 노동자다. 임금노동자는 자본가와 마찬가지로 대등한 상품 소유자이며, 자신의 상품을 자유롭게 팔 권리를 보장받고 있다. 임금노동자와 자본가 사이에는 합의한 '계약서' 이외에 아무런 구속이 없다. 싫으면 떠나!

돼지는 존스 씨와 계약을 맺은 적이 없다. 말은 존스 씨에게 자신의 노동력, 즉 땅을 가는 근육의 힘을 판매한 적이 없다. 닭은 존스 씨에게 자신의 노동력을 판매한 대가로 달걀 몇 개를 임금으로 받아본 적이 없다. 노예들처럼 돼지는 음식 찌꺼기, 말은 건초, 닭은 모이를 먹을 뿐이다. 자신이 만드는 노동의 결과물은 모두 주인의 것이기 때문에 이러한 경제 구성체에서 주인과 노예의 수탈관계는 환히 보인다.

자본주의 생산양식은 다르다. 자본가가 자신의 금고 속에 집어넣는 것도 화폐이고 노동자에게 임금으로 지불하는 것도 화폐다. 만일 존스 씨처럼 노동자에게 모이를 주고 달걀을 거두어간다면 우리의 노동자도 이 관계의 실재를 명확히 의식할 것이다. 그런데 우리의 현명한 자본가는 노동자에게 모이를 주는 것이 아니라 그가 생산한 달걀을 준다. 암소가 짜낸 우유를 암소에게 지급한다.

"내 앞에 있는 암소 여러분, 여러분이 지난 한 해 동안 짜낸 우유가 몇 천 갤런입니까? 그 우유는 한 방울도 남김없이 우리 적들의 목구멍으로 넘어가버렸습니다"라고 동물의 스승 메이저가 목청을 높이자 당장 존스 씨가 달려와 메이저를 논리적으로 반박한다. "너희의 젖, 너희가 먹잖아?"

노동자가 자본가와 자유롭게 계약을 맺는 관계, 자신의 노동력(!)을 상품으로 팔고 그 대가인 임금을 화폐 형태로 지불받는 관계 속에서 자본가와 노동자의 수탈관계는 은폐된다. 마르크스의 《자본론》은 이 은폐된 관계를 드러내는 책이다. 그는 이렇게 기술한다.

부역노동에서는 농노가 자신을 위해 하는 노동과 영주를 위해 하는 강제노동이 매우 명확하게 구별된다. 공간적으로도 구별되고 시간적으로도 구별된다. 한편 노예노동에서는 노동일 가운데서 노예가 그 자신의 생활 수단을 보전하는 노동까지 주인을 위한 노동으로 나타난다. 그의 전체 노동이 수탈노동으로 나타난다. 그래서 노예들은 도구를 함부로 다룬다. 이와 반대로 동굴 속의 임금노동에서는 잉여노동까지도 지불노동으로 나타난다. 임금이 노동의 대가라는 환상을 주입한다. 노예노동에서는 소유관계가 노예 자신을 위한 노동을 은폐하는데, 임금노동에서는 화폐관계가 노동자의 수탈노동을 은폐한다.

소가 생산한 우유 전량이 인간의 목구멍으로 넘어갔다는 선동은 노예들에게 먹히는 선동이다. 우유를 판매한 대금의 일부가 소의 사료 구입에 투입되었으므로 소는 자신이 생산한 우유의 일부를 자신이 마신 것이다. 그럼에도 메이저의 선동이 동물들에게 먹히는 것은 그들의 노예적 지위 때문이다. 노예에게는 그의 전체 노동이 수탈노동으로 인식된다.

한편 현대판 동물농장에서 일하는 소들은 자신이 생산한 우유의 정당한 대가로 임금을 받는다는 착각을 한다. 임금은 노동자가 목숨을 유지하는 데 소요되는 최소한의 생존 비용일 따름이다. 소가 먹는 건초 비용이 그의 임금이며, 소가 생산한 젖과 임금은 아무 관계가 없다. 그런데 소는 임금을 젖의 보상으로 의식한다. 닭이 먹는 모이의 양과 닭이 낳는 달걀의 개수는 아무런 관계가 없다. 그런데 모이와 달걀이 화폐 형태를 취하면서부터 동물들의 의식은 몽롱해진다. 그런 것 같기도 하고 아닌 것 같기도 하고…… 의식은 마비된다. 뭐가 뭐냐? 세상은 요지경.

자본주의 생산양식이 만들어내는 화폐의 신비화 효과를 우리는 물신숭배(fetishism) 현상이라 부른다. 먼저 간 남편을 못 잊어 사진을 품에 안고 우는 것은 아내의 안타까운 마음이다. 떠나간 옛 애인을 못 잊어 애인이 선물한 빨간 스카프를 간직하는 것은 연인의 슬픈 그리움이다. 하지만 사진이 남편은 아니며, 스카프가 떠나버린 연인은 아니다. 사진을 남편으로 착각하고 스카프를 연인으로 인식하는 것, 이 아름다운 그리움이 남녀의 애정관계를 떠나 자본주의 생산양식으로 들어오면 물신숭배는 인간에게 무서운 복수를 한다.

노동의 소외

잉여노동을 처음 발명한 것은 자본이 아니다. 사회의 일부 사람들이 생산수단을 독점하고 있는 곳이라면 어디에서나 노동자는 자기 자신을 유지하는 데 필요한 노동시간에다 여분의 노동시간을 첨가해서 생산수단의 소유자를 위한 생활수단을 생산하지 않으면 안 된다. 그것은 이 생산수단의 소유자가 아테네의 귀족이건 미국의 노예 소유주이건 현대의 자본가이건 다 마찬가지다.

그러나 생산물의 사용가치를 중시하는 사회 구성체에서 잉여노동은 한정된 욕망의 범위에 의해 제한된다. 잉여노동에 대한 무제한적인 욕망이 생산 그 자체의 성격에서 발생하지 않는다는 것이다. 고대에는 오직 금광에서만 과도노동이 무서울 정도로 나타났다. 거기에서는 죽도록 일을 시키는 강제노동이 과도노동의 공인된 형태였다.

자본주의 생산양식이 지배하는 세계 시장의 소용돌이 속으로 끌려 들어가면 노예제나 농노제 위에 과도노동이라는 문명적 잔혹성이 접목된다. 미국의 남부 주들을 예로 들어보자. 예전엔 생산의 목적이 주로 노예주들의 직접적인 수요 충족에 있었다. 이때 흑인 노동의 수탈은 가부장적 지배하에 온건한 성격을 유지할 수 있었다. 그러나 면화의 수출이 남부 주들의 사활이 달린 문제가 됨에 따라 흑인에게 과도노동을 시키는 것, 때로는 흑인의 생명을 7년간의 노동으로 소모해버리는 것이 수익 증대의 요인이 되면서 흑인으로부터 어느 정도의 유용한 생산물을 뽑아내는 것은 중요하지 않게 되었다. 이제 중요한 문제는 잉여가치 그 자체의 생산이었다.

노동 과정은 자본가에 의한 노동력의 소비 과정이다. 상품의 사용권은 상품의 구매자에게 있듯이 노동력의 사용권은 자본가에게 있다. 생산물은 자본가의 소유물이지 노동자의 소유물은 아니다. 포도주 창고에서 이루어지는 발효 과정의 결과물이 포도주 주인의 소유이듯, 노동과 정의 결과물 역시 자본가의 소유다.

자본가에게 노동자는 노동력 이외에 아무것도 아니다. 노동자가 처분하는 모든 시간은 자연적으로나 법률적으로나 자본의 가치 증식을 위해 바쳐질 자본가의 노동시간이다. 육체적 · 정신적 생명력의 자유로운 활동을 위한 시간 모두가 자본가의 것이다. 자본가는 잉여노동에 대한 무제한적인 충동으로 노동일의 도덕적인 한계만이 아니라 육체적인 한계까지도 넘는다. 자본은 신체의 성장, 발육, 건전한 유지에 필요한 시간을 빼앗는다. 자본은 신선한 공기와 햇빛을 이용하는 데 필요한 시간을 도둑질한다. 자본은 식사 시간을 깎아내며, 가능하다면 그 식사 시간을 생산 과정에 편입시킨다. 마치 보일러에 석탄을 공급하고 기계에 석유를 공급하듯이, 자본가는 노동자에게 식사를 제공한다.

노동력의 일정 부분은 노동자의 생존에 필요한 필수품을 생산하는 데 쓰이고, 노동력의 일정 부분은 자본가의 가치를 증식하는 데 쓰인다. 전자가 필요노동이고 후자가 잉여노동이다. 바로 이 잉여노동이 잉여가치의 원천이다. 자본은 잉여가치의 축적물에 지나지 않는다.

'인간의 산물이 인간의 손을 떠나 독립적인 세력이 되어 거꾸로 인간을 지배하는 현상'을 헤겔은 소외라고 정의했다. 자본은 노동의 산물이다. 노동의 산물인 자본이 노동자의 손을 떠나 독립적인 세력이 되어 거꾸로 노동자를 지배한다. 그런데 임금노동자에게 자본은 하늘에서 떨어진 초역사적 힘으로 보일 뿐 노동의 축적물로 인식되지 않는다. 임금노동자에게 자본은 신이다. 종교의 세계에서는 인간 두뇌의 산물인 신들이 독립된 존재로 나타나서 인간을 지배하듯이, 노동의 산물인 자본이 독립적인 존재가 되어 노동자를 명령·감독하는 관계가 펼쳐진다.

애덤 스미스의 정치경제학은 개인의 이기심이 사회의 조화로운 성장을 낳는다고 주장했다. 그의 이론에 따르면 고용주만큼이나 임금노동자도 성장의 열매를 공유한다는 것이다. 이 철없는 이론에 맞선 이가 마르크스다. 그는 아주 간단한 직접적인 사실에서 출발하여 '노동의 소외 이론'을 완성한다.

첫째, 노동자는 노동의 결과물을 소유하지 못한다. 현대자동차의 노동자들은 자동차를 생산하지만 자동차를 소유하지 않는다. 현대중공업의 노동자들은 배를 만들지만 배에 대한 소유권은 없다. 노동의 결과물이 노동자에게 돌아가지 않고 타자에게 귀속되는 경제적 관계가 노동의 소외를 일으키는 일차적 요인이다.

둘째, 노동자는 자신의 의지에 의해 노동을 하는 것이 아니라 타인의 명령에 의해 노동을 한다. 고용주의 명령과 감시하에 놓여 있는 공장 노동은 고역이다. 화가에게 그림을 그리는 일은 기쁨의 원천이지만 임금노동자에게 노동은 강제노동이요, 고통의 원천이다. 노동자의 노동 과정이 소외된다.

셋째, 노동의 결과물로부터 소외되고 노동 과정 속에서 소외된 노동자에게 노동 그 자체는 모두 소외된 노동이다. 열심히 일한다는 것은 그만큼 자신의 생명과 건강을 빼앗긴다는 의미다. 노동은 상실이다. 이것이 노동의 소외다.

넷째, 노동이 소외되면 인간은 자연으로부터 멀어진다. 자연은 인간의 몸이다. 인간은 노동을 통하여 자연과 소통을 하는데, 노동의 소외는 자연과의 단절을 초래한다. 노동이란 인간의 의식성을 자연에 구현하는 과정이다. 소외된 노동에서 인간의 의식성은 마비된다. 농부는 흙을 사랑하지만 포클레인 기사에게 산은 파헤쳐야 할 대상일 뿐이다. 어부는 개펄의 조개를 사랑하지만 둑을 쌓는 인부에게 바다는 막아야 할 타자다.

다섯째, 노동이 소외되면 인간은 사회로부터 분리된다. 인간은 사회적 존재다. 인간은 노동을 통해 자신의 사회성을 실현한다. 노동의 결과물을 빼앗긴 노동자는 사회에 내놓을 생산물이 없다. 노동 과정에서 자신의 창의를 박탈당한 노동자는 사회에 기여할 열정이 없다. 이제 노동자에게 남는 것은 생존 수단이요, 추구할 것은 동물적 쾌락이다. 노동의 소외는 노동자의 정신을 타락시키면서 노동자를 사회로부터 단절시킨다.

여섯째, 노동자를 자연과 단절시키고 사회와 격리시키는 노동의 소외는 인간의 유적(species) 소외를 낳는다. 인간은 자연과의 관계 속에서만 인간이다. 인간은 사회적 관계 속에서만 인간이다. 자연을 떠난 인간, 사회가 없는 인간은 인간성을 상실한 인간이다. 한마디로 노동의 소외는 총체적 인간 소외를 낳는다.

일곱째, 자본주의사회의 모든 측면에서 나타나는 인간 소외는 노동의 소외와 동전의 양면관계다. 소외된 인간이 해방되려면 소외된 노동으로부터 해방되어야 한다. 하지만 먼저 노동 해방이 이루어지고 나중에 인간 해방이 완수되는 것이 아니다. 노동 해방과 인간 해방은 동시

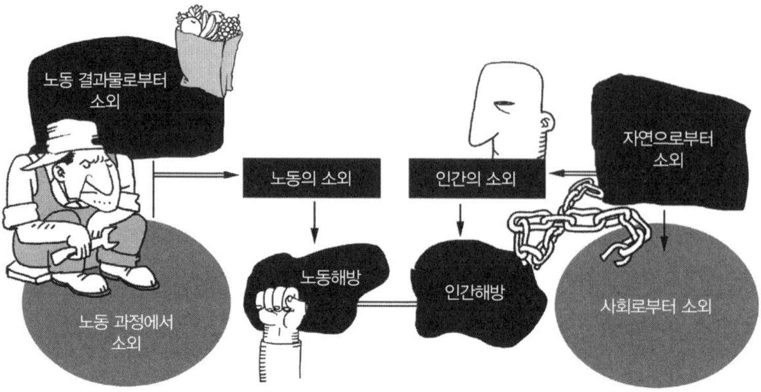

에 쟁취되어야 할 동일한 사건의 두 측면이다. 이상을 도표로 그리면 위와 같다.

세계사를 보는 눈, '역사유물론'

영국인의 여론 조사에서 역사상 가장 위대한 사상가로 마르크스가 꼽혔다고 한다. 마르크스의 핵심 사상의 하나인 '역사유물론'은 세계사를 보는 눈이다. 《반야심경》이 석가의 사상을 압축된 형태로 옮겨 놓았듯이, 다음 《정치경제학 비판을 위하여》의 서문에 나오는 몇 구절은 역사유물론의 핵심 교리다.

> 1. 인간은 자신의 의지와는 독립된 특정의 생산관계 속에 편입된다. 생산관계는 물질적 생산력의 특정 발전 단계와 조응한다. 이러한 생

산관계의 총체가 사회의 경제구조를 형성하고, 이 경제구조 위에 법적 · 정치적 상부구조가 세워지며(교육, 예술, 종교, 윤리 등) 특정 형태의 사회의식들이 이 상부구조에 조응한다. 물질생활의 생산양식은 사회적 · 정치적 · 정신적 활동 전반의 성격을 결정한다. 인간의 의식이 자신의 존재를 결정하는 것이 아니라 거꾸로 인간의 사회적 존재가 자신의 의식을 결정한다.

역사는 인간의 역사다. 생활 수단을 만드는 생산 활동은 역사의 대전제가 된다. 석기에 의존하던 기나긴 채집과 수렵의 시대가 가고 유목과 농경의 시대가 개시되면서 인간의 삶에는 여러 가지 직업의 분화가 나타났다. 아주 더딘 속도로 공동체는 계급으로 분열되어갔다. 종교와 정치를 담당하는 자들이 사회의 지배자로 군림하게 되었고, 공동체의 유지를 위해 거둬들이던 부역과 공물이 지배자의 전유물로 바뀌어갔다.

종족 간의 전쟁은 계급사회의 형성을 가속화했다. 종족 내의 채무자와 종족 밖의 포로가 생산 활동의 가장 낮은 지위인 노예로 전락했다. 모든 고대 국가가 광범위한 노예층을 거느렸음을 역사는 기록한다. 이후 역사는 고대의 노예제적 생산관계와 중세의 농노적 생산관계를 보여주었고 근대에 이르러 또 하나의 생산관계, 즉 자본주의적 생산관계를 보여주었다. 내가 1000년 전 유럽에 태어났다면 나의 의지와 무관하게 봉건적 생산관계에 편입된다. 현대인은 자신의 의지와 무관하게 자본주의적 생산관계에 편입되지 않을 수 없다.

경제적 시대를 구별하는 것은 무엇이 생산되는가가 아니고 어떻게,

어떠한 노동수단으로 생산되는가다. 무명옷이냐 비단옷이냐에 의해 경제적 시대가 구별되는 것이 아니라 옷을 어떻게 생산하느냐, 물레로 만드느냐 방직기로 만드느냐에 따라 경제적 시대가 달라진다는 것이다. 노동수단은 인간 노동력 발달의 척도일 뿐 아니라 노동자가 맺는 사회적 관계의 지표이기도 하다. 봉건적 생산관계는 물레에 조응하며, 자본주의적 생산관계는 방직기에 조응한다.

특정의 생산력에 조응하는 특정의 생산관계가 결합되면 이것이 사회의 물질적 기초인 경제구조를 이룬다. 이제 이 경제구조를 토대로 기둥과 들보가 올라간다. 기둥과 들보는 소유관계를 공고히 해주는 법적·정치적 제도들이다. 《경국대전》은 조선 양반의 종에 대한 지배, 즉 그들의 소유관계를 법적으로 표현한 것이다.

법적·물리적 강제만으로 시스템을 유지하는 것은 어리석은 일이다. 지붕에 기와를 얹듯, 생산관계와 지배 구조를 장식해줄 이데올로기적 예술품이 필요하다. 이 이데올로기적 예술품은 건축물의 내구성을 강화하는 데 중대한 역할을 맡기도 한다. 중세 유럽의 귀족은 기독교로부터 종교적 지원을 받았으며, 조선의 양반은 성리학으로부터 이데올로기적 장식물을 공급받았다. 고대 그리스의 위대한 사상가 아리스토텔레스가 노예를 '말하는 짐승'으로 인식했던 것은 그가 타고난 불평등 옹호자여서도, 그의 지적 능력이 부족해서도 아니라 그가 살고 있는 그리스 사회가 노예노동에 의존하고 있었기 때문이다. 그는 자신의 존재를 부정할 수 없었다. 아리스토텔레스의 의식이 노예의 인격을 부정한 것이 아니라 그의 삶을 둘러싼 사회적 조건이 노예의 인격을 부정했다. 인간의 의식이 사회적 존재를 결정하는 것이 아니라 인간의 사회적 존재가 그의 의식을 결정한다.

중세의 농민들은 삼중의 부담을 지고 살았다. 왕실에 인두세와 20분의 1세를 납부했으며, 걸핏하면 도로 공사의 부역을 떠맡았다. 그러고 나면 또 성직자들에게 10분의 1세를 물었다. 농민은 밀, 호밀, 귀리, 보리는 물론, 양과 돼지, 닭 등을 바쳤다. 마지막으로 영주에게 농민들은 보유지에 대한 연공을 납부했다. 영주는 재판권을 행사하여 농민들을 수탈했을 뿐만 아니라 제분기, 포도 압축기, 빵 굽는 솥 등 공동으로 사용하는 시설의 이용료를 부과했다.

평상적인 시기에 자신의 자작지에 의지하여 빠듯하게 생활하던 일반 농민들은 경제 위기가 닥치면 봉건적 부과를 납부하느라 자신의 수확을 다 빼앗기고 도리어 곡식을 비싼 값으로 사 먹어야 했다. 1788~9년은 바로 위기의 시기였다. 농민들은 영주에 대한 증오를 진정할 수 없었다. 가장 큰 부담이었던 봉건적 부과조와 십일조는 과중하고 굴욕적이었을 뿐만 아니라 왜 납부해야 하는지 그 이유가 설명되지 않았다.

2. 기존의 생산관계는 생산력을 구속하는 질곡으로 변한다. 이리하여 사회혁명의 시기가 도래한다. 경제적 기초가 변하면 거대한 상부구조 전체가 재빨리 변혁된다. 어떠한 사회 구성체도 생산력이 그 안에서 발전할 여지가 있는 한 결코 사멸하지 않으며, 보다 높은 새로운 생산관계는 낡은 사회의 태내에서 새로운 물질적 조건들이 성숙하기 이전에는 출현하지 않는다. 그러므로 인류는 스스로 해결할

수 있는 과제만을 자기에게 제기한다.

"2000만 농민의 가슴 위에 무겁게 짓눌린 오랜 압제, 궁핍, 이것이 프랑스혁명의 원동력이다. 왕비의 허영도 철학자의 궤변도 장사치의 이기심도 아니다"라고 칼라일이 말했을 때, 그는 사회혁명의 시기에 직면한 프랑스의 모습을 그려낸 것이다. 영국의 존 로크가 자유권, 생명권, 소유권은 인간이 하늘로부터 부여받은 자연권이며, 이를 보장하지 못하는 정부는 전복해야 한다고 주장했을 때, 그는 사회혁명의 시기를 대변하고 있었다.

로크에게 봉건적 생산양식이 낡았듯이, 그에 상응하는 전제군주제도 낡은 것이었다. 봉건적 생산양식 속에서 태어난 자본주의 생산양식이 충분한 물질적 힘을 확보하자 자본주의 생산양식은 가차 없이 낡은 것을 폐지했다. 로베스피에르가 루이 16세를 단두대에서 처형한 것은 루이 16세에 대한 개인적 원한 때문이 아니었다. 루이 16세가 낡은 것, 봉건적인 것을 지탱하는 마지막 기둥이었기 때문이다.

사람들은 소련의 몰락과 함께 마르크스의 사상도 몰락한 것으로 간주한다. 프랜시스 후쿠야마의 《역사의 종말》은 일본인 특유의 경박함을 과시한다. 인간 사회가 모순을 안고 있는 한, 이를 극복하기 위한 인간의 실천은 계속되는 것이고 역사도 계속되는 것이다. 생산력이 발달할수록 자본주의의 모순은 심화된다. 사적 소유의 조종이 울릴 것이라는 마르크스의 예견은 여전히 현재 진행형이다.

소련의 몰락은 역설적으로 '역사유물론'의 충실한 자기실현이었다.

1920년대의 소련은 사회주의사회로 갈 수 있는 물질적 전제가 마련되지 않은 사회였다. 중세의 봉건적 구제도를 타파하고 이제 막 근대적 세계로 진입하려던, 경제적으로 매우 낙후한 사회였다. 레닌이 분석했듯이, 혁명 후 러시아는 여전히 가부장제적 소농 생산이 지배하는 경제체제였다. 몰락한 것은 마르크시즘이 아니라 자본주의를 거치지 않고 사회주의로 갈 수 있다고 생각한 혁명가들의 환상과 조바심, 그리고 이를 집약한 스탈린의 일국 사회주의론이었다.

지금은 정보화, 자동화가 만개한 시기. 나는 정보화, 자동화야말로 사회주의사회를 요청하는 물질적 전제들이라고 본다. 농업이 중세적 생산관계를 요청하는 생산력이었다면 공업은 근대적 생산관계를 요청하는 생산력이었다. 공장제 수공업이 자본주의적 생산관계를 탄생케 했고 기계제 대공업이 자본에 세계를 지배하는 힘을 제공했다면 앨빈 토플러가 떠드는 굴뚝 공장의 소멸은 바로 근대 자본주의적 생산관계의 사멸을 예고한다. 동시에 정보화와 자동화는 자본주의적 생산관계를 대체하는 새로운 생산관계의 출현을 요청하는 역사적 징후다. 21세기는 자본주의의 강 언덕에서 사회주의의 강 언덕으로 건너는 뗏목을 띄울 시기일 것이다.

마르크스의 잉여가치론은 인류에게 새로운 과제를 제기했다. 인류는 스스로 해결할 수 있는 과제만을 자기에게 제기한다.

고전 읽기

《정치경제학 비판을 위하여(Kritik der politischen Ökonomie)**》**

상품 · 화폐 · 자본에 관한 마르크스의 견해를 담고 있는 초기 작품으로 1859년에 출간되었다. 마르크스는 이 책을 완전한 경제학 논문의 제1부로 삼을 예정이었으나 8년 후에 《자본론》 1권을 출간하면서 '정치경제학 비판'이라는 부제를 단다. 내용 면에서 《자본론》의 초고와 같은 성격을 띠며, 유물론적 사상을 간결하고 체계적으로 서술하고 있다.

《자본론(Das Kapital)**》**

마르크스가 1867년 출간한 대표적인 경제학 저서. 자본주의사회에 대한 총체적 분석과 강도 높은 비판을 담고 있는 '사회주의의 바이블'로 평가받는다. 마르크스가 직접 세상에 선보인 것은 제1권뿐이며, 그의 친구이자 동지인 엥겔스가 마르크스 사후에 유고를 추려 제2권과 제3권을 발간했다.

《자본론》은 총 17편 97장으로 구성되며, 제1권은 상품 · 화폐 · 자본 · 잉여가치의 생산 과정과 자본의 축적을 담고 있다. 제2권은 자본순환의 형태와 사회총자본의 재생산 과정을 이야기하며, 제3권은 잉여가치의 계급적 분배 법칙과 자본주의사회에서 재편되는 계급 등의 내용을 담고 있다. 이 책은 19세기 산업자본주의 시대를 지나며 여러 가지 논란을 낳았지만 자본의 운동을 정밀하게 분석한 뛰어난 사회주의 고전으로 현재까지도 큰 영향을 미치고 있다.

Chapter 10

21세기 유토피아, 동막골

노자
老子

《도덕경》 제80장을 보면 영화 〈웰컴 투 동막골〉이 떠오른다. 노자의 이상향은 동막골이다. 노자는 동막골의 촌장이다.

“촌장님, 이 많은 사람이 다투지 않고 화목하게 살아가는 영도의 비결이 무엇입니까?”

“영도랄 게 있겠어요? 그저 배부르게 먹이는 것이지.”

인생이 별거냐. 밥 맛있게 먹고 예쁜 옷 입고 따뜻한 방에서 자고 노래하고 춤추며 사는 것이지. 이 소박한 인생관 속에 노자의 사상이 담겨 있다.

포클레인과 불도저가 온 산하를 괴롭히고 소비와 경쟁이 미덕인 이 시대에 “모든 인위적인 것을 버리고 자연스레 살자”라는 《도덕경》의 가르침은 우리가 가야 할 길을 보여준다. 《도덕경》이 제기하는 가치관의 전복은 21세기를 살아가는 이들에게 새로운 사유 방식, 삶의 방식을 보여주는 지표다.

프랑스인은 루소에 대한 자부심이 대단하다. 빅토르 위고가 문학계를 대표하는 세계적인 작가라면 루소는 사상계를 대표하는 세계적인 사상가라고 그들은 본다. "자연으로 돌아가라"는 루소의 사상이 왜 그렇게 위대한 것인지, 우리로서는 좀 이해가 되지 않는다. 과학과 기술, 인간의 문명이 인간의 순수를 타락시켰다는 루소의 문명비판론은 서양의 전통에서 보면 매우 독창적일지 모르나 동양의 전통에서 보면 평범한 상식의 하나다. 소박한 삶을 지향하는 우리네 정신의 원류, 노자의 무위자연은 늘 우리의 마음에 살아 있다.

루소가 《인간 불평등 기원론》에서 "인간은 태어날 때에는 자유였으나 문명이 인간의 족쇄가 되고 있다"라고 말한 것이나 《에밀》에서 "자연은 아이가 어른이 될 때까지 아이로 있기를 원한다"라고 말한 것을 보면, 어쩌면 그리 노자를 닮았는지, 루소가 혹시 《도덕경》을 커닝한 것은 아닌가 하는 생각이 든다. 루소가 《에밀》을 출간한 1762년은 정약용 선생이 태어난 해다. 이미 오래전 프랑스 선교사들은 북경에서 《도덕경》을 읽었을 것이다.

모든 인위적인 것을 버리고 자연스레 살자(無爲自然).

귀한 재화를 우습게 보라(不貴難得之貨).

감히 천하에 나서지 말라(不敢爲天下先).

21세기는《도덕경》의 부활을 부른다. 파고 헐고 뚫고…… 포클레인과 불도저가 온 산하를 괴롭히고 있는 이때, 나라의 지도층 인사들이 1인당 1만 달러도 부족하여 2만 달러, 3만 달러를 소비해야 잘사는 나라인 것으로 알고 있는 이때, 죽기 살기로 국가 경쟁력을 높여야 한다고, 여기에서 뒤떨어지면 우리 모두 죽는다고 불안을 유포하는 이때,《도덕경》은 우리가 가야 할 길을 보여준다.《도덕경》이 제기하는 가치관의 전복은 21세기를 살아가는 이들에게 새로운 사유 방식, 삶의 방식을 보여주는 지표다.

노자를 닮은 여러 얼굴들

《도덕경》은 81편의 글로 구성된 간결한 책이다. 우리는《도덕경》이 노자 한 사람에 의해 집필된 것이라 알고 있다. 그러나 꼼꼼히 읽어보면《도덕경》 속에는 여러 명의 노자류가 서로 상충된 사상을 펼치고 있음을 감지하게 된다. 공자가 찾아가서 가르침을 얻었다는 주나라의 태사는 원조 노자일 것이다.《도덕경》은 원조 노자의 음성을 들려주지만 전국시대에 활약했던 제자들의 여러 음성도 들려준다.

도라 부르는 도는 참된 도가 아니요, 우리가 부르는 이름은 참된 이름이 아니다(道可道 非常道 名可名 非常名).

유명한《도덕경》제1장의 서두다. 너와 내가 주고받는 명칭이나 법칙, 모든 관념은 '있는 그대로의 실재'가 아니라는 것.《도덕경》은 세계와 인간 의식의 불일치를 선언하면서 시작하는데, 아무래도 철학적이다. 나는《도덕경》제1장은 무위자연과 소박한 삶을 가르친 원조 노자의 작품이 아닐 것으로 추정한다. 철학적 사유를 즐기며 살았던 후대 제자들의 작품일 것이다. 전국시대 노자류의 작품들을 하나의 책으로 편집하면서 이 철학적 언설이 서두에 배치된 것이 아닐지.

보아도 보이지 않는 것, 이름 하여 이(夷)라 합니다.
들어도 들리지 않는 것, 이름 하여 희(希)라 합니다.
잡아도 잡히지 않는 것, 이름 하여 미(微)라 합니다.
모양 없는 모양, 물체 없는 형상, 이를 황홀(恍惚)이라 합니다.

이런 황홀경 역시 원조 노자의 것이 아닐 것이다.《도덕경》은 고도의 철학적 훈련을 받은 사람만이 이해할 수 있는 글을 많이 담고 있다. 철학적 담론을 넘어 신비주의적인 글도 많다. 소박한 삶을 살라고 가르친 노자가 자신의 사상을 이렇게 난해한 개념으로 풀이하지는 않았을 것으로 나는 믿는다. 현학적 수사와 신비주의적 표현은 노자가 지향한 소박함과 거리가 멀다.

무위자연이 원조 노자의 사상이라면 노자의 제자들은 스승의 가르침에 따라 모든 작위적인 언행을 거부해야 옳다. 그런데 《도덕경》을 보면 유가 사상에 대해 핏대 올리며 성토하는 사람이 나온다. 대립되는 정파에 대한 과도한 비판적 언행은 아무래도 노자답지 않다.

> 대도가 사라지니 인이니 의라는 말이 생긴 것이고, 이런 지혜들이 나오면서 대규모의 거짓이 자행되는 것이다(大道廢 有仁義 智慧出 有大僞).

인과 의는 유가의 핵심 사상이다. '인과 의를 떠드는 이들아, 너희의 지혜가 나오면서 오히려 대규모의 사기가 자행되고 있다'라고 발언하는 것은 명백히 유가에 대한 규탄이다.

> 인을 끊고 의를 버리면 백성이 다시 효성스럽고 자애롭게 될 것이다(絶仁棄義 民復孝慈).

춘추전국시대, 사상의 시장에서 유가 사상이 잘 팔렸나 보다. 《논어》의 도처에서 공자와 그 일당을 감시하는 의심의 눈초리가 번뜩이듯이, 《도덕경》의 전편에서 유가를 향한 성토의 목소리가 시끄럽게 들린다. 인을 끊고 의를 버리라니? 그러면 백성의 품성이 효와 자애로 복귀한다는 이 테제는 유가 너희의 요망한 언동으로 인하여 백성의 품성이 타락했다는 질책이다. 좀 심하다. '인이나 의나 모두 진흙탕에서 핀 연꽃이다.' 원조 노자라면 이런 정도로 언급하고 넘어갔을 것이다.

배움을 끊어야 근심이 없다(絶學無憂).

《도덕경》 제20장의 테제도 그 칼끝이 유가를 겨냥하고 있다. 공자는 배움에 한을 품은 사람이다. 《논어》의 시작이 "배우며 익히는 것은 참으로 즐거운 일이다"라는 구절로 잘 알려진 〈학이〉 편일 만큼 공자의 일생은 처음부터 끝까지 배움의 연속이었다. 절학무우(絶學無憂)를 요즘 말로 바꾸면 학교를 자퇴해버려야 걱정이 없어진다는 것이다. 좋은 말이긴 하지만 너무 유가를 의식한 발언이 아닌가 싶다. 한자를 배우지 않았으면 어떻게 '絶學無憂', 네 글자를 쓴담? 원조 노자가 이렇게 명백한 이율배반의 논리를 전개할 만큼 멍청한 사람은 아니었을 것이다. 《도덕경》에 흐르는 '반유가주의'는 《도덕경》이 유가와 격렬한 논쟁을 거쳐 형성된 것임을 시사한다.

무위의 경지에 이르면 이루지 못할 일이 없으니 천하를 얻는다(無爲而無不爲 取天下).

제48장에 나오는 취천하(取天下) 역시 명백히 반노자적인 가치다. 천하를 얻는 것은 원조 노자의 가치관에 반대되는 것이요, 왕과 제후를 만나 천하를 얻는 방편을 가르쳐주는 것은 더욱 노자류가 할 일이 아니다.

공자의 제자들이 왕에게 덕치를 주장한 것도 되잖은 이상주의이지만 노자의 제자들이 왕에게 무위의 철학을 설하는 것은 더더욱 황당한 일이다.

> 위정자가 흐리멍덩하면 백성은 순박하게 되고, 위정자가 똑똑하면 백성은 순박함을 잃는다(其政悶悶 其民淳淳 基政察察 其民缺缺).

사마천이 전하는 원조 노자는 주나라 왕립도서관 관장직도 지겨워서 시골로 떠나버린 인물이다. 왕과 제후를 만나 좋은 말을 해주는 것도 선행이고 말푼을 팔아 밥을 얻어먹는 것도 이해할 수 있는 일이겠지만 권력자를 만나 유세를 하는 것 자체가 노자의 정신에 위배되는 것임을 제자들은 어찌 몰랐단 말이냐. 차라리 세상의 불의를 격렬히 성토하면서 깊은 산속으로 사라지는 것이 노자다운 선택이다.

> 하늘의 도는 마치 활대를 펴는 것과 같아 높은 것은 누르고 낮은 것은 높인다. 사람의 도는 이와 달라 부족한 데서 덜어내어 여유 있는 데 보탠다(天之道 其猶張弓 高者抑之 下者擧之. 人之道則不然 損不足而奉有餘).

잘 오셨습니다, 동막골

사마천에 따르면 노자가 세상을 버리고 시골로 들어가는데 국경 검문소를 지키던 관리가 노자를 알아보고 글을 써달라고 하여 일필휘지로 써 내려간 것이 《도덕경》이라 한다. 《도덕경》은 분량은 적지만 그 속에 들어 있는 사상의 깊이는 매우 심오하다. 다시 말해 하룻밤에 쓸 수 있는 글이 아니다. 원조 노자가 일필휘지한 글이 있다면 아마도 《도덕경》 제80장, '작은 마을(소국과민)'일 것이다.

> 이런 기구 저런 기계 많아도 쓰지를 말고(使有什佰之器而不用)
> 살고 죽는 일은 중요한 일이니 전쟁터에 나가지 말자(使民重死而不遠徙).
> 배와 수레가 있어도 타지를 말고(雖有舟輿 無所乘之)
> 갑옷과 칼, 무기가 많아도 싸움을 벌이지 말자(雖有甲兵 無所陳之).

'이런 기구 저런 기계 많아도 쓰지를 말고 배와 수레가 있어도 타지를 말자'라는 말은 노자의 반문명 사상을 대표한다. 요즘 우리는 자동차가 없으면 생활을 할 수 없다. 자동차의 편리는 거저 누리는 것이 아니다. 자동차 한 대를 굴리는 데 드는 비용을 계산해보면 편리는 그만큼의 비용을 강요하고 있음을 알게 된다. 자전거로 오고 가는 작은 도시가 좋을 것이다.

노자의 반문명주의는 여느 생태주의와 달리 근본적이다. 너무 근본적

이어서 좀 황당하다는 느낌을 주기도 한다. 그러나 사상을 말하려면 일관되어야 하고 원칙적이어야 한다.

> 사람들아, 문자일랑 버리고 새끼 꼬아 표시하며 살자(使人復結繩而用之).

노자는 물질문명만을 버리자는 것이 아니라 인간의 정신문명까지 버리자고 이야기한다. 정말 극단적인 주장이다. 하지만 노자의 사상은 일관되어 좋다.

'살고 죽는 일은 중요한 일이다. 전쟁터에 나가지 말자. 갑옷과 칼, 무기가 많아도 싸우지 말자'라고 주장한 반문명주의자 노자가 철저한 평화주의자인 것은 당연한 일이다. 춘추전국시대의 소용돌이에서 노자는 혼란을 근절하는 근본 방안을 찾은 것이다. 우리야 본디 전쟁과 침략을 싫어하는 평화의 민족이니까 노자의 평화주의를 새삼 강조할 필요가 없을 것이다. 허구한 날 남의 나라를 침략하여 영토를 확장하는 것만을 추구하는 패권국가의 국민은 꼭 《도덕경》을 읽어야 한다. 영원한 패자는 없다. 강한 것은 부러진다.

> 밥은 맛있게 먹고 옷은 예쁘게 차려입을 것이며(甘其食 美其服)
> 안락한 집 지어 춤추고 노래하며 살자(安其居 樂其俗).

내가 석가보다 노자를 좋아하는 이유는 바로 이러한 민중적 소박함 때문이다. 석가나 노자는 모두 쾌락주의를 거부했다. 석가는 집착을 버리라고 했고 노자는 "마음을 비우고 뜻을 줄이라(虛其心 弱其志)"고 했다. 석가는 모든 것이 공이라 가르쳤다. 그 무엇에도 걸림이 없는 대자유의 삶을 가르친 것인데, 이 점에서 노자는 다르다. 인생이 별거냐. 밥 맛있게 먹고 예쁜 옷 입고 따뜻한 방에서 자고 노래하고 춤추며 사는 것이다. 아무리 보아도 백석은 20세기의 노자인 것 같다.

한가한 애동들은 어둡도록 꿩사냥을 하고
가난한 엄매는 밤중에 김치가재미로 가고
마을을 구수한 즐거움에 싸서 은근하니 흥성흥성 들뜨게 하며 이것은 오는 것이다
(중략)
아배 앞에는 왕사발에 아들 앞에는 새끼 사발에 그득히 사리워 오는 것이다
(중략)
아, 이 반가운 것은 무엇인가

-〈국수〉

《도덕경》 제80장을 보면 영화 〈웰컴 투 동막골〉이 떠오른다. 노자의 이상향은 동막골이다. 노자는 동막골의 촌장이다. "촌장님, 이 많은 사람이 다투지 않고 화목하게 살아가는 영도의 비결이 무엇입니까?" "영도랄 게 있겠어요? 그저 배부르게 먹이는 것이지."

건넛마을 마주하여(隣國相望)
닭 울음소리 개 짖는 소리 들려도(鷄犬之聲相聞)
늙어 죽을 때까지 오고 가지 말자(民至老死不相往來).

'멍멍멍' 개 짖는 소리, '꼬끼오' 닭 울음소리 들리는 가까운 곳에 이웃 마을이 있어도 늙어 죽을 때까지 오고 갈 일 없이 태평하게 살자. 동막골처럼…….

도는 철학, 덕은 정치학

우리는 초등학교 때 배운 도덕 교과서를 통하여 도덕이라는 단어를 인간의 윤리로 인식하고 있다. 《도덕경》을 읽어보니 그게 아니다. 도덕은 도와 덕의 합성어인데 도는 우주 자연의 원리, 요샛말로 철학이요, 덕은 이 자연의 이치대로 세상을 다스리는 정치학이다.

> 천하의 사람들은 아름다운 것이 아름다운 것으로 알지만 사실은 더러운 것이다. 착한 것이 착한 것으로 알지만 사실은 착하지 않다(天下皆知美之爲美 斯惡已. 皆知善之爲善 斯不善已).

《도덕경》 제2장, 미와 선의 상대성을 설파하는 구절이다. 사람이라면 누구나 아름다운 것을 좋아하고 착한 것을 지향한다. 그런데 《도덕경》

에 따르면 미와 선에 대한 우리의 집착이 고정관념이 아니냐는 것이다. 가치의 상대성은 여러 측면에서 풀이할 수 있다. 아름다운 것은 아름답지 못한 것과 비교관계에서 상대적으로 더 아름다운 것이지 절대적인 아름다움은 없는 것이라 풀이할 수 있다. 비교급을 버리라는 것이다.

또 봄날 피어나는 목련꽃은 화사하지만 뚝뚝 떨어지는 목련꽃은 추하다. 영원한 아름다움은 없다는 것, 언젠가 아름다움이 더러움으로 바뀐다. 미와 선이라는 가치의 가변성에 주목하라는 것으로 풀이할 수도 있다. 처음 만난 장희빈은 숙종에게 한 송이 싱싱한 꽃이었을 것이다. 그렇게 애지중지하던 장희빈, 알고 보니, 사약을 먹여야 할 악녀였음을 숙종은 몰랐다는 것이다.

아마도 미와 선의 상대성에 관한 노자의 본심은 미와 선이라는 가치판단이 '있는 그대로의 자연'이 아님을, 인간의 인위적인 관념임을 지적하는 데 있지 않을까? 목련꽃은 피고 지면서 자신의 아름다움을 뻐기지 않으며, 자신의 추한 몰락을 서러워하지 않는다. 목련꽃을 기다리는 것도 목련꽃의 낙화를 서러워하는 것도 인간이다. 천지자연에는 아름다움도 착함도 본디 없는 것이다. 이것이 천지자연의 원리, 도(道)다.

> 이리하여 성인은 무위로 일을 하고 불언의 가르침을 준다(是以聖人處無爲之事 行不言之教).

성인은 하늘의 뜻대로 사는 사람이다. 이 사람에게 세상을 다스리라고 맡겼더니, 이것 보소. 하루 종일 아무 일도 하지 않는다. 노자의 '무위'는 아무 일도 하지 않고 낮잠만 자는 게으름의 무위가 아니라 인위적인 것을 하지 않는 무위다. 자연의 흐름대로 일을 하는 것이다. 봄이 오면 씨 뿌리고, 장마가 오면 집구석에 들어가 새끼 꼬고, 천고마비의 가을이 오면 곡식을 거두어들이고, 겨울이 오면 곰이 겨울잠 자듯 휴식하는 것이다. 무엇 하러 콩 놔라 팥 놔라 말을 한단 말이냐. 그저 묵묵히 행하는 것이다. 이것이 성인의 다스림이요, 성인의 덕이다. 도로 시작하여 덕으로 마무리되는 이것이 《도덕경》의 기본 구조다. 한 번 더 《도덕경》의 기본 구조를 익혀보자.

> 현명한 자를 숭상하지 말라, 그러면 백성이 다투지 않는다(不尙賢 使民不爭).

현명함은 권력으로 올라가는 사다리다. 권력의 심장부, 겉보기엔 화려하나 그 속은 얼마나 썩었는가. 하여 권력을 우습게 보라. 그러면 권력으로 가는 그 추악한 암투와 음모, 시기와 경쟁은 사라질 것이다. 이것이 세상의 이치, 하늘의 도다.

> 얻기 힘든 재화를 귀중하게 여기지 말라, 그러면 백성이 훔치지 않는다(不貴難得之貨 使民不爲盜).

도둑질은 범죄의 시작이다. 도둑은 강도가 되고 강도는 살인범이 된다. 전쟁이 무엇인가? 그것은 전리품을 사유하고자 벌이는 집단 살인이다. 세상의 모든 혼란이 얻기 힘든 재화에서 비롯되는 것이라고 노자는 가르친다. 부의 불평등, 부에 대한 집착은 인간세의 타락을 초래한다. 이것은 하늘이 정한 이치다.

> 그리하여 성인의 다스림은 마음을 비우고 배를 든든히 하며 뜻을 줄이고 뼈를 튼튼히 한다(是以聖人之治 虛其心 實其腹 弱其志 强其骨).

하늘의 뜻을 따르는 성인의 다스림은 그저 동막골의 주민처럼 마음을 비우고 사는 것이다. 하지만 배는 든든히 해야지. 세상에 이름 석 자 알리려는 입신양명의 뜻일랑 버리자. 하지만 뼈는 강골로 만들고 몸은 튼튼히 하자. 바로 이것이 《도덕경》의 정치 원리인 덕이다. 다시 한 번 《도덕경》의 기본 구조를 공부해보자.

> 하늘은 넓고 땅은 유구하다. 천지가 넓고 유구할 수 있는 까닭은 스스로를 드러내지 않기 때문이다(天長地久. 天地所以能長且久者 以其不自生).

캬, 웅장하다. 뒤통수 때린다. 저 하늘이 넓고 이 땅이 유구한 것은 무엇 때문이냐? 사람들은 서로 잘났다고 뻐기는데, 하늘과 땅은 말이 없다. 그저 곡식이 자라게 비구름을 보내주고, 그저 열매를 맺으라고 양분을 보내줄 뿐 스스로를 드러내지 않는다. '부자생(不自生)'은 '부자현(不自現)'이다. 아이를 키우는 어머니의 마음, 이것이 천지의 도다.

그러므로 성인은 물러선다(是以聖人 後其身).

어쩌면 노자는 예수와 똑같은가. 하늘나라에서 누가 가장 위대한 자인지 서로 입씨름하는 제자들을 향해 예수는 어린아이가 가장 위대하다고 가르친 적이 있다. 어린아이처럼 순결무구한 사람이 가는 곳이 하늘나라, 이 나라의 사람들은 물러서는 사람들이다. 바로 이것이 성인의 덕이다.

공을 이루면 몸은 물러서는 것이다(功遂身退).

물처럼 낮은 곳으로 내려가기

《도덕경》은 기존의 모든 속물적 가치를 뒤엎는다. 한 치의 타협이나 양보 없이 《도덕경》은 사상의 링 위에서 물질주의에 대한 격렬한 투쟁을 전개한다. 노자 앞에 서면 우리가 추구했던 모든 가치는 붕괴된다. 높은 곳으로 오르는 사람에게 내려가라고 한다. 강한 것을 좋아하는 사람에게 약해지라고 한다. 굳센 것을 추구하는 사람에게 부드러워지라고 한다. 뜻을 세우고자 하는 젊은이에게 뜻을 줄이라고 한다. 공을 이룬 사람에게 그냥 물러나라고 한다. 지혜로워지고자 노력하는 이에게 멍청하게 살라고 한다. 아름답게 치장하는 여인에게 머리 풀고 지저분하게 살라고 한다. 학처럼 고고하게 살려는 선비에게 홍진에 묻혀 살라고 한다.

> 날카로움을 버리고, 번뜩이는 눈빛 좀 누그리고, 미친년처럼 머리 풀고, 티끌 속에 묻혀 살아(挫其銳 解其紛 和其光 同其塵).

노자는 완전한 페미니스트다. 고대의 사상가 중 노자만큼 여성을 찬미한 이도 없다. 권력을 잡기 위해 음모를 꾸미고 다투는 사람은 남자다. 남을 지배하고 수탈하는 사람은 남자다. 군사를 일으켜 전쟁을 벌이는 이는 남자다. 반대로 생명을 잉태하고 출산하고 양육하는 이는 여성이다. 여성은 자식을 위하여 무한히 희생한다. 여성은 평화를 사랑한다. 춘추전국시대의 폭력적 비극을 제거하고 인류가 평화의 대동 세상을 누리려면 통치자들이여, 여성의 부드러움을 배우라.

> 골짜기의 신은 죽지 않는다. 이를 현빈이라 하는데 현빈의 문, 이것을 천지의 뿌리라 한다(谷神不死. 是謂玄牝 玄牝之門 是謂天地根).

현빈은 여성이다. 현빈의 문은 여성의 자궁이다. 여기에서 모든 생명이 탄생한다. 골짜기의 신은 영원하다. 계곡처럼 낮은 곳, 비어 있는 곳에 머물라. 더 높은 곳으로 오르기 위하여 전쟁 같은 경쟁을 치르며 사는 자들이여, 낮은 데 머무는 마음, 비어 있는 마음, 하방의 마음을 새길 일이다.

세상에 다시 없이 착한 것은 물이다. 물은 만물을 이롭게 도우면서 다투지 않는다. 사람들이 머물기 싫어하는 낮은 곳에 머문다(上善若水. 水善利萬物而不爭. 處衆人之所惡).

만물을 이롭게 도우면서 다투지 않는 마음은 어머니의 마음이다. 나는 《도덕경》에서 이 구절을 제일 좋아한다. 상선약수(上善若水). 지리산 계곡에서 흘러나오는 뱀사골의 물은 우리의 마음을 깨끗이 한다. 냇물아, 흘러 흘러 어디로 가니. 낮은 곳으로 낮은 곳으로 더 낮은 곳으로 흘러가는 저 냇물처럼 세상을 산다면 경쟁과 투쟁과 전쟁으로부터 오는 모든 고뇌는 사라질 것이야.

《도덕경》은 고난의 삶을 견뎌나가는 민중의 지혜를 이렇게 전한다.

회오리바람은 아침 내내 불지 아니하고 소나기는 하루 종일 내리지 않는다(飄風不終朝 驟雨不終日).

회오리바람아, 네가 불어보았자 아침나절을 가느냐? 소나기야, 네가 내리쳐보아야 하루 종일 쏟아붓겠느냐? 반자도지동(反者道之動), 권불십년(權不十年)이라 했거늘 불의의 세상은 엎어지는 법.

나에게 애지중지하는 보물

세 가지가 있으니, 하나는 자애요, 둘은 검소요, 셋은 감히 세상에 이름을 드러내지 않는 것이다(我有三寶 持而保之 一曰 慈 二曰 儉 三曰 不敢爲天下先).

책상 앞에 붙여놓고 늘 마음에 새겨도 좋을 명언이다. 조상들의 어진 마음, 자애로운 마음을 잊은 지 너무 오래. 조상들의 검소한 삶을 잊은 지 너무 오래. 세상에 드러내지 않고 묵묵히 하늘의 도를 따르는 민중의 삶을 버린 지 너무 오래다……. 21세기는 노자를 부르고 있다.

잊어버린 조상의 마음을 되찾으려면 백석의 시를 읽을 일이다. 버스를 탈 때, 지하철을 탈 때 백석의 시 한 편을 읽고 읊조릴 일이다.

어니젠가 새끼거미 쓸려나간 곳에 큰거미가 왔다
나는 가슴이 짜릿한다
나는 또 큰거미를 쓸어 문밖으로 버리며
찬 밖이라도 새끼 있는 데로 가라고 하며 서러워한다
(중략)
나는 이 작은 것을 고이 보드러운 종이에 받어 또 문밖으로 버리며
이것의 엄마와 누나나 형이 가까이 이것의 걱정을 하며 있다가 쉬이
만나기나 했으면 좋으련만 하고 슬퍼한다

– 〈수라〉

조상들은 섬돌 밑에 사는 개미하고도 처마 밑에 사는 거미하고도 생

명의 아픔을 함께 느꼈다. 흥부가 제비 다리를 고쳐준 것은 그만큼 흥부의 마음이 아팠기 때문이다. 어미가 없어진 것으로 알고 아물거리는 새끼 거미를 보며 가슴이 메는 슬픔을 느끼는 이 마음이 바로 인(仁)이요, 자(慈)다.

우리는 검소한 삶을 망각한 지 오래다. 부어라 마셔라, 흥청망청 먹고 마시며 사는 우리는 청빈을 모르고 살며 검소를 잊고 산다. 자식들 먹일 식량이 떨어져가도 손님이 오면 정성껏 대접하던 마음, 가난 속에서도 깨끗하고 높은 마음을 지니고 살았던 선조들의 삶을 보려면 백석의 시를 읽자.

> 사랑하는 어린것에게 엿 한 가락을 아끼고 위하는 안해에겐 해진 옷을 입히면서도
> 마음이 가난한 낯설은 사람에게 수백 냥 돈을 거저 주는 그 인정을 그리고 또 그 말을
> 사람은 모든 것을 다 잃어버리고 넋 하나를 얻는다는 크나큰 그 말을
>
> —〈허준〉

백석은 조선의 노자였다. 사랑하는 나타샤와 더불어 깊은 산골 오두막에 가서 살자는 시인의 마음은 세상에 이름을 드러내지 않으며 살고 싶은 노자의 마음이다. 나타샤와 헤어지고 백석은 함경도 깊은 산속과 만주 들판을 외로이 헤매고 다녔다. 귀농에 성공한 백석은 어린아이처

럼 기뻐한다.

날은 챙챙 좋기도 좋은데
눈도 녹으며 술렁거리고 버들도 잎트며 수선거리고
저 한쪽 마을에는 마돌에 닭 개 즘생도 들떠들고
또 아이 어른 행길에 뜨락에 사람도 웅성웅성 홍성거려
나는 가슴이 이 무슨 흥에 벅차오며
이 봄에는 이 밭에 감자 강냉이 수박에 오이며 당콩에 마늘과 파도
심그리라 생각한다

– 〈귀농〉

"사람은 땅을 따르고 땅은 하늘을 따르며 하늘은 도를 따르는데 도는 자연을 따른다(人法地 地法天 天法道 道法自然)"라는 테제는 노자의 세계관을 농축한다. 농사꾼은 자기 힘으로 생명을 기르지 않는다. 땅의 힘을 얻어 곡물을 키우는 것이다. 그래서 사람은 땅을 따라야 하는 것이다.

땅은 봄, 여름, 가을, 겨울 절기에 따라 생명을 키운다. 또 하늘이 주는 비를 얻어서 촉촉해진다. 벼를 심을 때가 따로 있고 감자를 심을 때가 따로 있다. 이때를 하늘이 정하므로 땅은 하늘을 따르는 것이다.

그런데 땅과 하늘의 변화에는 나름의 질서가 있고 법칙이 있다. 가을이 다가오면 나무는 이파리를 다 버린다. 겨울을 견디기 위해서다. 여름이면 가지들은 하늘을 향해 두 팔을 벌린다. 더 많은 햇볕을 쪼이기 위해서다. 음양의 법칙이 바로 도인데, 도는 자연에서 오는 것이다. 사유

의 중간 항을 지우면 인간은 자연을 따르게 된다.

우리 선조들은 하늘과 땅이 묘하게 어우러져 사람이 났다고 보았다. 몸에는 하늘의 신(神)과 땅의 정기가 흐른다. 우리에게 한울은 몸 안에 들어와 있는 신이다. 백석은 한울과 자연과 시인의 묘합(妙合)을 한 폭의 수채화로 보여준다.

한울은
울파주 가에 우는 병아리를 사랑한다
우물돌 아래 우는 돌우래를 사랑한다
그리고 또
버드나무 밑 당나귀 소리를 임내내는 시인을 사랑한다

한울은
풀 그늘 밑에 삿갓 쓰고 사는 버섯을 사랑한다
모래 속에 문 잠그고 사는 조개를 사랑한다
그리고 또
두툼한 초가지붕 밑에 호박꽃 초롱 혀고 사는 시인을 사랑한다

한울은
공중에 떠도는 흰 구름을 사랑한다
골짜구니로 숨어 흐르는 개울물을 사랑한다
그리고 또

아늑하고 고요한 시골 거리에서 쟁글쟁글 햇볕만 바래는 시인을 사랑한다

한울은
이러한 시인이 우리들 속에 있는 것을 더욱 사랑하는데
이러한 시인이 누구인 것을 세상은 몰라도 좋으나
그러나
그 이름이 강소천인 것을 송아지와 꿀벌은 알을 것이다

〈'호박꽃 초롱' 서시〉는 백석 시의 백미다. 서양인은 자연을 정복하고 이용하고 수탈하는 대상으로 보는 사고에서 빠져나오지 못한다. 주체와 대상의 이분법, 의식과 존재의 이분법은 너무 뿌리가 깊어 한번 서양인의 사고방식에 빠져들면 좀체 헤어나기가 힘들다. 여기 《도덕경》에 출구가 있다. 사람과 땅과 하늘을 통일된 하나로 보는 세계관이 바로 그것이다. 사람은 땅을 따르고(人法地) 땅은 하늘을 따르고(地法天) 하늘은 도를 따르면(天法道) 도는 자연을 따른다(道法自然). 그런데 이 노자적 언어는 이해는 되는데 생동감이 없다. 여기 백석이 있어 하늘과 땅과 사람의 따스한 하나 됨을 느끼게 해준다.

한울과 땅이 어우러져 사람이 되었다는 선조들의 천지인삼재 묘합의 사상은 백석의 〈'호박꽃 초롱' 서시〉에서 사상의 추상성을 벗고 생명력을 획득한다. 백석의 시에서 사람과 땅과 하늘과 도와 자연은 어떤 인위적 계열을 이루는 것이 아니라 서로서로 사랑하는 하나가 된다. 백석에

게 한울은 외로운 산골 마을 마당에서 삐악삐악 모이 주워 먹고 다니는 병아리를 돌보는 아늑한 생명의 기운으로 등장하며 이 생명의 원천은 흰 구름과 개울물을 사랑하듯 가난한 시인의 마음을 채워주는 정갈한 기운으로 스며든다. 송아지와 꿀벌은 한울과 함께 시인의 벗이 되는 것이다.

고전 읽기

《도덕경(道德經)》

중국의 철학자 노자의 저서로 '노자(老子)'라고도 한다. 선진(先秦) 시대에 원본 《노자》가 있었다고 하나 전체적인 내용으로 보면 노자 한 사람의 작품이라기보다 도가 사상이 집약된 것으로 짐작된다.

약 5000자, 총 81편의 글로 구성된 《도덕경》은 유가가 말하는 인·의·예나 번잡한 법령 등을 배제하고 태고(太古)의 소박한 세상을 이상으로 삼고 있다. 이 책에서 노자가 설파하는 '도'는 천지보다 앞선 만물의 근원을 의미하고 '덕'은 자연의 이치인 '도'로 세상을 다스리는 것을 말한다. 노자의 이러한 사상은 오늘날 크게 유행하여 21세기의 사유 방식과 삶의 방식을 보여주는 지표로 새롭게 떠오르고 있다.

에필로그

철학 고전에 얽힌 나의 삶 이야기

여행은 자주 할 일이다. 작년 여름 시베리아에 갔다. 한반도에서 1만 리 떨어진 곳에 호수 바이칼이 있다. '바이'는 '밝'이요, '칼'은 몽골어로 '바다'이니 '바이칼'은 '밝은 바다', '빛나는 바다'다. 이 호수에서 앙가라 강이 흘러나오고 앙가라의 강변엔 도시 이르쿠츠크가 자리 잡고 있다. 여기저기에 중세의 성당들이 은근하니 고풍스러운 멋을 자아내고 있었다. 도심 한복판에는 레닌 동상이 서 있고 마르크스를 기념하는 건물도 있다. 그리고 조선의 청년들이 항일 운동을 했음을 알리는 동판이 세월의 부식을 견디고 아직까지 벽에 붙어 있었다. 이르쿠츠크는 머나먼 남의 나라 땅이 아니다.

우리의 여행을 도운 이는 알료나였다. 그녀는 이제 갓 대학을 졸업한 러시아 처녀였는데 한국을 매우 좋아했다. 경북대에서 석 달 동안 한국어를 익힌 그녀는 우리말을 제법 구사했다. "나의 소원은 한국에서 사는 것이어요"라고 말하는 그녀의 눈빛은 맑았다. 안타깝게도 알료나는 마르크스와 레닌이 누구인지 전혀 몰랐다. 나는 그녀에게 많은 이야기를 들려주고 싶었다.

만주와 시베리아를 남의 땅으로 생각하는 사고방식은 우리 세대의 한 특징일 것이다. 지난 80년대 '서울에서 평양까지 택시 요금 5만 원'으로 시작하는 노래를 우리는 신나게 불렀는데, 머지않아 지린으로 이르쿠츠크로 모스크바로 열차가 달릴 것 같다. 시베리아 횡단 열차를 타고 모스크바와 파리를 오갈 날이 다가오고 있다. 역사는 우리에게 성숙한 세계인의 의식을 요청하고 있다.

언어는 사상이다. 서양 사상가들의 언어를 알아야 서양인들에게 좋은 질문을 던질 수 있을 것이다. 동양 사상의 정수를 알아야 그들의 질문에 의미 있는 답변을 할 수 있을 것이다. 조선인의 철학과 시심을 아는 것은 물론이다. 지난 100년 우리의 현대사가 서양의 문명을 따라 배우는 과정이었다면 이제 우리는 서양인에게 의미 있는 사상의 꽃 한 송이를 건네줄 때가 되었다.

20대의 나이에 예수와 마르크스를 만난 것은 행운이었다. 1979년 1월, 나는 양산의 육군 교도소에 갇혔다. 군대에 들어오기 전 삐라를 뿌린 것이다. 박정희 독재 정권을 타도하자는 내용의 유인물을 서울의 산동네에 살포하고 다녔는데, 함께 유인물을 뿌리던 벗들이 경찰에게 잡히면서 나는 군교도소에 투옥되었다.

교도소는 좋은 공간이다. 책만 있으면 하루 내내 학습의 즐거움을 누릴 수 있다. 육군 교도소는 죄수에게 《성경》을 허용했다. 바닥은 마루, 이불은 담요 두 장, 때는 한겨울. 오봉산 중턱에 위치한 육군 교도소 하늘에서 바람은 밤새 여우처럼 울었다. "할 수만 있다면 이 고통의 잔을 거두어주소서."

1979년 4월, 군사 재판정에서 징역 2년 형을 선고받은 나는 군인의 자격을 박탈당하고 민간 교도소로 이감되었다. 육군 교도소의 철책을 빠져나와 김해 교도소로 이감 가던 그날은 나에게 해방의 날이었다. 민간 교도소에서는 육군 교도소와 달리 마음껏 빵을 먹을 수 있었기 때문이다. 무전유죄. 어느 겨울 영화 〈홀리데이〉를 보면서 나는 연신 눈물을 훔쳤다. 주인공 지강헌이 탄 그 이감 버스를 타고 나는 김해 교도소로 갔다. 버스 철망 밖에선 개나리꽃이 봄의 찬란함을 뻬기고 있었다. 얼마나 건빵이 먹고 싶었던지 이감되던 바로 그날 나는 건빵 두 봉지를 사서 배를 불렸다.

민간 교도소는 육군 교도소와 달리 밖에서 책을 넣어줄 수 있었다. 머지않아 어머님이 면회를 오셨고 나는 군대에 가기 전에 읽기 시작한 서적들을 넣어달라고 말씀드렸다. 물론 서적을 교도소 안으로 넣으려면 약간의 기술이 필요했다. 교도소 보안과의 검열을 통과해야 했기 때문이다. 합법적인 책들의 표지를 뜯어 불온서적의 내용물을 포장하는 것이다. 내용물이 영문일 경우 보안과는 식별 능력이 없었던지 그대로 통과시켜주었다. 그때 교도소에서 읽던 책 한 권이 지금도 서가에 꽂혀 있다. 이 책을 뒤져보면 향후 감옥에서 읽을 책들의 목록이 꼼꼼히 적혀 있다. 지금은 빛바랜 이 책 목록이 내가 감옥 안에서 읽을 '2년의 학습 계획서'였다. 애덤 스미스의 《국부론》에서 마르크스의 《자본론》과 레닌의 《제국주의론》에 이르기까지의 경제학 고전, 그리고 《논어》와 《맹자》와 《노자》 등 동양 사상의 고전이 빼곡히 적혀 있다. 돌아보니 웃음이 나온다. 2년 동안 읽겠다는 감옥 안의 학습 계획서를 실행하는 데 이후 20년의 세월이 걸렸으니 말이다.

우리에게 절실한 것은 고전 읽기다. 자식에게 좋은 음식을 먹이고 싶은 것이 어머니의 마음이다. "아이에게 무슨 책을 읽혀야 하나요?" 하고 묻는 어머니들께 나는 항상 고전을 읽히라고 답한다. 그러면서 고전을 자신의 힘으로 소화할 수 있을까, 안타까운 마음이 들었다. 이 한 권의 책이 고전 여행의 좋은 안내자가 되길 희망한다.

철학 인터뷰

안광복이 묻고 황광우가 답하다

《철학 콘서트》는 2006년에 1권을 출간했고, 2017년이 11주년입니다. 그동안 30만 부가 판매되면서 철학의 대중화에 일조했다는 평을 들었습니다. 개정증보판을 기념해 황광우 작가와 안광복 선생(중동고 철학 교사)이 나눈 대담을 싣습니다.

문 : 《철학 콘서트》는 일반 독자들은 물론, 중고등학교 선생님들과 부모님들께도 인기를 끌었습니다. 감회가 어떤가요?

답 : 1997년 겨울이었나요? IMF가 터지고 세상이 수상하던 시절, 눈이 푹푹 오는데요, 제자들과 함께 무등산에 올라 '10년 후 이루고 싶은 자신의 희망'을 산속에 묻고 내려온 적이 있었어요. 일명 타임캡슐이라고 하죠. 그때 난 '오래 읽히는 책 한 권 쓰고 싶다'는 서원(誓願)을 묻었죠. 그 서원이 이루어

진 것 같아요.

문 : 자, 2006년으로 돌아가 보죠. 선생께서 《철학 콘서트》를 쓰게 된 이유를 듣고 싶습니다.

답 : 소련이 몰락하고 우리는 길을 잃었습니다. 내가 탄 배는 '마르크스'호였습니다. 그 배의 밑창에 구멍이 나고 배가 가라앉기 시작한 것입니다. 마르크스 사상은 어디까지가 유효하고 어디서부터 정정해야 하는가? 나는 아직도 묻고 있습니다. 《철학 콘서트》는 마르크스를 넘어서는 등정에서 작성된 나의 일기장입니다.

문 : 기존의 철학 개론서들과 《철학 콘서트》의 가장 큰 차별점은 무엇이라고 생각하는지요?

답 : 《철학 콘서트》의 작가는 두 눈을 동그랗게 뜨고 질문을 하고, 답을 얻으면 무릎을 치며 탄성을 지르는 철학도입니다. 철학 지식을 전달하고자 쓴 철학 전문가의 연구서가 아니라 묻고 읽고 철학의 비밀 속으로 한 발 한 발 들어가면서 얻은 '깨달음'을 자술한 철학 입문자의 고백입니다. 기존의 철학 개론서들이 철학적 앎을 독자에게 가르치는 책이라면 《철학 콘서트》는 철학적 깨달음을 독자 앞에서 고백하는 책입니다.

《철학 콘서트》를 쓰면서 나는 어엿한 철학도가 되었습니다. 사람이 책을 만들지만, 책이 사람을 만드는 경우도 있는 것 같아요. 《철학 콘서트》는 나를 철학도로 만들어버렸습니다.

문 : 선생님은 언젠가 자신과 세상의 불화에 대해 말씀하였습니다. 조선시대에도 보면, 김시습은 자신과 세상은 모순이라며 끝없는 방랑을 했고, 허균 역시 자신과 세상의 관계를 불화라고 하면서 세상과 맞섰습니다. 황광우 선생은 어떤 점에서 세상과 불화한다고 생각합니까?

답 : 나는 고교 시절부터 박정희 독재 정권과 싸웠습니다. 이런 말씀을 드리면 사람들은 나를 '타고난 투사'로 생각할지 모르겠습니다. 진실은 정반대였습니다. 저는 부모님과 선생님이 바라는 모범생이었습니다.

내가 세상에 싸움을 건 것이 아니라 세상이 나에게 싸움을 걸어온 것이죠. 1972년 유신헌법을 선포하고 장기 집권에 들어간 박정희는 젊은 시절 일왕을 '천황 폐하'라고 부르면서 독립군을 때려잡는 데 앞장섰던 왜놈의 앞잡이였지요. 이런 자가 청와대의 주인 노릇을 하고 있는데 어떻게 가만히 공부만 하고 있겠습니까? 제가 처음 감옥에 들어간 게 1975년이었습니다. 고등학교 2학년 때의 일입니다.

이후 투옥과 수배를 거듭하면서 1987년 6월 대항쟁을 맞이합니다. 그런데 대항쟁은 절반의 성공을 거두었지만 절반의 실패로 끝났습니다. 우리도 유럽의 네덜란드나 스웨덴과 같은 나라를 만들 수 있고, 만들어야 하는데, 지난 30년간 낡은 현실과 싸우다 나의 몸은 무너졌습니다.

문 : 우리 사회에서는 자신의 직업을 '철학자'라고 하는 사람이 없습니다. 대학에서 철학을 가르치는 사람들도 자신의 직업을 철학 교수라고 하지 철학자라고 하지 않습니다. 《철학 콘서트》의 저자는 철학자입니까?

답 : 저는 '철학 교수'도 아니고 '철학자'는 더더욱 아닙니다. 나는 철학도입니다. 살다 보니 본의 아니게 철학에 대해 글을 쓰는 '작가'가 되어버렸습니다. 나는 '작가'로 살고 싶습니다.

문 : 《국가》는 플라톤이 중기에 쓴 저작으로 알려져 있습니다. 《소크라테스의 변론》 같은 초기 저작에서 스승을 변호하기 위해 소크라테스를 주인공으로 등장시킨 것을 납득할 수 있습니다만 스승이 죽은 지 오랜 세월이 지났고 내용으로 보아도 소크라테스의 주장이라고 하기 어려운 《국가》에서 소크라테스를 주인공으로 등장시킨 이유가 무엇이라고 생각합니까?

답 : 플라톤이 만년에 쓴 《법률》에는 소크라테스가 등장하지 않습니다. 나머지 모든 대화집의 주인공은 소크라테스입니다. 플라톤의 대화집에는 소크라테스의 이야기와 플라톤의 생각이 섞여 있습니다. 따라서 대화집에서 전개되는 이야기가 소크라테스의 발언인지 플라톤의 생각인지 구분해야 하는 어려운 문제가 등장합니다. 《국가》에는 전부 10편의 글이 있습니다. 나의 사견입니다만, 1권과 2권은 소크라테스가 생전에 제자들과 함께 주고받은 이야기를 토대로 작성된 글인 것 같습니다. 물론 이후의 글에도 소크라테스적 사유가 자주 출현합니다.

문 : 플라톤이 그리워한 '불멸의 세계'와 관자재보살이 본 '적멸의 세계'가 같

은 것인지, 아니면 다른 것인지에 대해 질문만 하고 답변이 없었습니다. 두 세계는 같은 것입니까, 아니면 다른 것입니까?

답 : 매우 힘든 질문입니다. 플라톤이 말하는 '불멸의 세계'는 까놓고 말하여 '신들의 세계'입니다. 그런데 관자재보살이 보았다는 '적멸의 세계'에 대해서는 솔직히 말하여 잘 모르겠습니다. 과연 살아 있는 인간이 '욕망의 불이 꺼진 세계'를 경험할 수 있는 것인지 모르겠다는 겁니다.

문 : 예수는 서른 살 때부터 본격적인 '공적 생활'을 시작했다고 합니다. 공자는 서른 살 때 '입(立)'했다고 했습니다. 한 사람의 인생에서 서른 살이 어떤 의미가 있다고 생각하는지요?

답 : 작고한 김남주 시인은 후배에게 "자식아, 한 번 죽지 두 번 죽냐?"라고 했답니다. 시인은 자신의 일에 목숨을 걸었던 것입니다. 예수의 '공적 생활'은 위선에 찬 유대교 성직자들을 폭로하고 투쟁하는 삶의 개시였습니다. 우리는 '독재자를 몰아내고 민중이 주인 되는 세상의 건설'을 위해 젊음을 바쳤습니다. 1987년 6월 항쟁에서 우리들은 역사의 조연으로 뛰었습니다. 그때 저의 나이 서른이었습니다. 시대의 소명을 온전히 자신의 것으로 받아들여 실천에 나서는 것, 그것이 '공적 생활'이요, '이립(而立)'이 아닐까요?

문 : 이황은 스스로 주희의 충실한 제자라고 했습니다만, 주희의 학설을 넘어서는 견해를 제출했을 것이라고 생각합니다. 만약 그런 것이 없었다면 이황을 따르는 수많은 학자가 생겨나지 않았을 것입니다. 또 일본에까지 이황의 이름이 알려지지 않았을 것입니다. 이황의 학설 중 주희의 학설을 넘어서는 부분이 있다면 그것은 무엇이라고 생각하는지요?

답 : 《철학 콘서트 1》에 출연하는 10분 중 내가 가장 모르는 분이 '퇴계 이황'입니다. 매일 1000원짜리 지폐를 만지면서도 나는 이황의 전모를 설명할 수 없습니다. 그 이유는 내가 주희에 대해 공부한 적이 없기 때문입니다. 이것이 한국 지성의 솔직한 현주소 아닐까요? 최근 김태완이 옮긴 《주자평전》을 읽었습니다. 지금은 이광호 역주의 《근사록집해》를 보고 있습니다. 2017년 한 해 주희와 퇴계에 대해 열심히 공부하고자 합니다.

문 : 토머스 모어가 《유토피아》에서 '6시간 노동'을 강조한 이유는 생존을 위한 노동이 아니라 인간적인 활동이 더 중요하다고 보았기 때문입니다. 이와 관련하여 '기본소득'에 대해 생각할 수 있습니다. '기본소득'에 대해 어떻게 생각하는지요?

답 : '기본소득 개념'은 적극적으로 도입되어야 합니다. 재정의 100조 원을 사회복지에 쓴다고 봅시다. 100조 원은 1000만 가구에게 연간 1000만 원을 지급할 수 있는 재정입니다. "복지는 의지"라는 말에 저는 공감합니다.

문 : '최대 다수에게 최대의 여가'는 행복한 삶을 이루기 위해 중요한 문제라고 생각합니다. 그런데 문제는 일자리조차 구하지 못한 사람들이 매우 많다

는 것입니다. 이에 대해 어떻게 생각하십니까?

답 : 소크라테스가 강조한 무소유 혹은 자발적 가난은 현대인들이 곱씹어보아야 할 중요한 삶의 지혜입니다. 의식주에 투입되는 비용을 최소로 줄이면 그만큼 삶이 홀가분해집니다. 개인적 차원에서 고찰할 때 소크라테스의 무소유는 진리입니다. 그런데 무소유를 사회적 차원으로 확장할 때 무소유는 아주 해괴한 논리가 됩니다.

헌법은 국민의 행복추구권을 보장하고 있습니다. 누구나 인격적인 삶을 영위하는 데 소요되는 기본적인 생계수단을 제공받을 권리가 있습니다. 실업자에게도 최소의 수입이 보장되어야 합니다. 저임금을 받는 아르바이트생들에게 국가가 나서서 최저생계비를 지급해야 합니다. 산에서 절을 지키는 스님들에게도 국가가 나서서 생계비를 지급해야 합니다.

문 : 정보화·자동화가 자본주의적 생산관계를 대체하는 새로운 생산관계의 출현을 요청하는 역사적 징후라고 했습니다. 이러한 주장은 물레는 봉건적 생산관계에 조응하고 방적기는 자본주의적 생산관계에 조응한다는 마르크스의 학설에 바탕을 둔 것입니다. 그런데 역사의 변화를 생산력의 변화에 따른 것으로 본 것은 지나치게 단순한 역사 해석이 아닐까요?

답 : 맞는 지적입니다. 추상 수준이 높은 개념으로 인간 역사의 구체를 해명하고자 할 때 많은 무리가 따릅니다. 고민스러운 지적인데요. 하지만 모든 역사적 변화의 이면에는 생산력의 변화가 있음을 부인할 수 없습니다. 그런데 마르크스는 역사 변화를 풀이하면서 어떤 곳에선 생산력을 주된 변수로 말하다가 어떤 곳에선 계급투쟁을 주된 변수로 말합니다. 생산력과 계급투쟁의 상

호관계를 엄밀하게 규정하지 않은 것이 마르크스 역사관의 '비어있는 점'인 것 같습니다. 또《공산당 선언》에서는 계급투쟁을 중심으로 논의를 전개하고 있고《자본론》에서는 생산관계를 중심으로 논의를 전개합니다.

네덜란드는 주 32시간 노동을 합니다. 나는 현대의 생산력이 주 3일 노동을 가능케 한다고 봅니다. 장차 우리의 자식들이 살게 될 '주 3일 노동하는 사회'는 지난 시절 우리의 선조들이 살았던 '주 6일 일하는 사회', 마르크스가《자본론》에서 기술한 '그 사회'와 아주 다른 사회일 것입니다. 나는 그 사회의 이름을 무엇이라 규정하고 싶지 않습니다. 다만 우리의 발아래 '희구하였던 유토피아'가 와 있는데, 우리는 '그 사회'로 나아가길 주저하고 있음을 강조하고 싶습니다.

문 : 노자의 사상과 공자의 사상에 공통으로 등장하는 것 중에 '이름'에 대한 것이 있습니다. 노자는 '무명(無名)'을 주장합니다. 반면 공자는 '정명(正名)'

을 주장합니다. 두 주장 중 어느 것이 올바르다고 생각합니까?

답 : 한 개인의 마음을 다스리는 수신(修身)의 관점에서 볼 때, 《도덕경》과 《장자》처럼 위대한 고전이 없습니다. 이는 서양 문명이 갖지 못한 동양 문명의 자랑거리입니다. 저는 '도는 이름 없이 숨는다'는 도은무명(道隱無名)을 좌우명으로 삼아 살아갑니다. 그런데 모두가 도은무명을 추구하며 살면 이 사회는 정체된 사회, 죽은 사회로 전락할 것입니다. 공자는 개혁가였습니다. 세상을 개조하는 일에 목숨을 걸었던 사람이었습니다. 세상의 이름을 바로잡고, 세상의 질서를 바로 세우려는 '정명'을 잊어선 곤란합니다.

참고문헌

Chapter 1 | 소크라테스가 독배를 든 까닭은?

- 《에우티프론, 소크라테스의 변론, 크리톤, 파이돈》, 플라톤 지음, 박종현 옮김, 서광사 발행, 2003.

Chapter 2 | 이상국가 건설 프로젝트

- 《플라톤의 국가·정체》, 플라톤 지음, 박종현 옮김, 서광사 발행, 1997.
- 《The Republic of Plato》, Platon, F. M. Cornford, Oxford University Public, 1951.

Chapter 3 | 고통의 바다를 건너다

- 《반야심경 금강경 읽기》, 김윤수 지음, 마고북스 발행, 2005.

Chapter 4 | 천하주유에 나선 돈키호테들

- 《논어》, 표문태 역해, 현암사 발행, 1965.
- 《도올논어》, 김용옥 지음, 통나무 발행, 2000.

Chapter 5 | 누가 예수를 죽였는가

- 《Good News Bible》, American Bible Society, American Bible Society, 2002.

Chapter 6 | 제1자를 향한 그리움, 태허

- 《성학십도》, 이황 지음, 이광호 옮김, 홍익출판사 발행, 2001.
- 《퇴계 평전》, 정순목 지음, 지식산업사 발행, 1969.
- 《퇴계와 고봉, 편지를 쓰다》, 김영두 옮김, 소나무 발행, 2003.
- 《퇴계집》, 장기근 지음, 홍신문화사 발행, 2003.

Chapter 7 | 내 수염은 반역죄를 짓지 않았네

- 《유토피아》, 토머스 모어 지음, 원창엽 옮김, 홍신문화사 발행, 2006.
- 《Utopia》, Sir Thomas More, J. M. Dent & Sons Ltd, 1982.

Chapter 8 | 이기심이 너희를 이롭게 하리라

- 《국부론》, 애덤 스미스 지음, 최호진·정해동 옮김, 범우사 발행, 1992.
- 《도덕감정론》, 애덤 스미스 지음, 박세일·민경국 옮김, 비봉출판사 발행, 1996.
- 《사회정의론》, J 롤즈 지음, 황경식 옮김, 서광사 발행, 1989.
- 《A History of Economic Theory and Method》, Robert B. Ekelund, Robert F. Hebert, Waveland Pr Inc, 2004.
- 《The Wealth of Nations》, Adam Smith, Edwin Cannan, Modern Library, 1994.

Chapter 9 | '로빈슨 크루소의 섬'에 간 까닭은?

- 《자본론》, 카를 마르크스 지음, 김수행 옮김, 비봉출판사 발행, 1990.
- 《Capital》, Karl Marx, Samuel Moore·Edward Aveling·Ernest Untermann, Swan Sonnenschein & Co., 1902.

Chapter 10 | 21세기 유토피아, 동막골

- 《나와 나타샤와 흰 당나귀》, 백석 지음, 백시나 엮음, 다산초당 발행, 2005.
- 《노자와 21세기》, 김용옥 지음, 통나무 발행, 1999.
- 《도덕경》, 노태준 역해, 홍신문화사 발행, 1999.

찾아보기

철학 콘서트 ❶

초판 1쇄 발행 2017년 2월 20일
초판 6쇄 발행 2023년 8월 20일

지은이 | 황광우

발행인 | 박재호
주간 | 김선경
편집팀 | 강혜진, 이복규, 허지희
마케팅팀 | 김용범
총무팀 | 김명숙

디자인 | 석운디자인
교정교열 | 윤정숙
종이 | 세종페이퍼
인쇄·제본 | 한영문화사

발행처 | 생각정원
출판신고 | 제25100-2011-000320호
주소 | 서울시 마포구 양화로 156(동교동) LG팰리스 814호
전화 | 02-334-7932 팩스 | 02-334-7933
전자우편 | 3347932@gmail.com

ISBN 979-11-85035-80-2 04100
ISBN 979-11-85035-79-6 (세트)

이 도서의 국립중앙도서관 출판시도서목록(CIP)은 서지정보유통지원시스템 홈페이지(http://seoji.nl.go.kr)와 국가자료종합목록 구축시스템(http://kolis-net.nl.go.kr)에서 이용하실 수 있습니다(CIP2017003536).